U0851155

西南财经大学法学院
光华法学文丛

高晋康 主编

公产利用法律问题研究

余睿 著

本书为作者主持的国家社科基金项目《公物利用法律问题研究》（09XFX009）的结项成果

法律出版社
LAW PRESS·CHINA
北京

图书在版编目(CIP)数据

公产利用法律问题研究 / 余睿著. -- 北京 : 法律出版社, 2024

(西南财经大学法学院光华法学文丛 / 高晋康主编)

ISBN 978-7-5197-8807-0

Ⅰ. ①公… Ⅱ. ①余… Ⅲ. ①行政法－研究－中国 Ⅳ. ①D922.104

中国国家版本馆CIP数据核字(2024)第017850号

公产利用法律问题研究
GONGCHAN LIYONG FALÜ WENTI YANJIU

余 睿 著

责任编辑 孙东育 曲 杰
装帧设计 臧晓飞

出版发行 法律出版社
编辑统筹 学术·对外出版分社
责任校对 李慧艳
责任印制 胡晓雅
经　　销 新华书店

开本 A5
印张 11.625　**字数** 269千
版本 2024年1月第1版
印次 2024年1月第1次印刷
印刷 北京虎彩文化传播有限公司

地址:北京市丰台区莲花池西里7号(100073)
网址:www.lawpress.com.cn
投稿邮箱:info@lawpress.com.cn
举报盗版邮箱:jbwq@lawpress.com.cn

销售电话:010-83938349
客服电话:010-83938350
咨询电话:010-63939796

版权所有·侵权必究

书号:ISBN 978-7-5197-8807-0　**定价**:88.00元

凡购买本社图书,如有印装错误,我社负责退换。电话:010-83938349

内容提要

行政法中的公产制度作为国家公共给付体系中的核心法律制度,是域外法治发达国家行政法学的重要研究领域。我国行政法学对公产(公物)制度的研究起步较晚、基础较弱,远未形成科学而全面的研究体系和相对一致的理论通说。这与当前我国公共财产利用的法治化趋势并不匹配。

行政法中的公产是国家实施公共行政给付的重要载体,公产利用则是实现公产的公用目的性价值之重要环节,亦是人民分享公共利益的重要渠道。本书以公产利用为切入点,从公产界定、公产物权体系、公产利用权利属性及结构、公产利用方式、公产利用法律适用及救济5个基本环节渐进展开。对“公产是什么?”“公产从何而来?”“谁来支配公产?”“谁来利用公产?”“如何利用公产?”“如何实施救济?”等一系列公产利用制度中的重要理论命题给予积极回应，勾勒出我国公产利用的法治化脉络。

全书共分八章：第一章着力探讨公产及其利用法律制度之于行政法学的特殊研究价值、研究方法，并提出了新的研究思路。第二章在归纳公产发展历程的基础上，科学界定了识别公产范畴所必须的确定标准，以此厘清了公产概念的内涵与外延；同时，就公产利用制度与公产物权制度的理论关联性展开了深入分析。第三章从公法、私法的跨学科视角，针对公产利用中的两种物权形态——公产所有权及公产支配权——的法律属性及其效力进行了深入分析，纠正了国内公产理论中“由所有权导出行政权”的错误观念。第四章就公产利用中的权利源泉及其法律属性展开论述，提出了公民对公产享有利用与受益的专属权利——公物用益权。这种权利本质上是一种公法权利，其来源于公民利用公产过程中的个人公法利益。第五章以大陆法系“主观公权利”理论为指导，进一步解析了公产用益权的具体构造，明确了公产用益权的4种权利形态，进而提出以“公产物权二元结构理论”为指导推动我国统一公产框架的形成。第六章以公产利用法律关系为主线，分别就公产支配权法律制度和公产用益权法律制度的具体内容进行了归纳和分析，阐明了公产从设置到利用，从管理到废止全过程的法治化路径；同时，还对作为公产特殊形态的公营造物组织进行了深入研究。第七章针对公产利用中的法律适用及权利救济进行探讨，分别探讨了公产利用中公法和私法的适用理论，并结合当前公产利用救济的不足提出对现有制度的完善建议。第八章综合运用公产利用理论，采取实证分析法，结合我国目前的保障性住房制度和小产权房治理问题进行了较为系统的公产利用实践性探索。在深刻反思我国保障性住房制度和小产权房治理存在的问题基础上，提出了公产理论指导下的我国住房保障制度的改革方向和小产权房治理新模式。

目　录

第一章　导　论

第一节　问题的源起及研究意义

一、问题源起

“公产”，也称为“公物”，是行政法学领域对公共财产的特有称谓。从字面意思理解，公产乃是公众共同所有（利用）之财产或物品。然而，近现代以来国家公权力尤其是行政权力对公共财产制度的逐步渗透，使公共财产逐渐具有了鲜明的公法特色和公益内涵，由此形成了从公法学尤其是行政法学观察和研究公产制度的独特视角。在行政法之中，公产通常是指为满足公用目的需要，依据公法规则确立的，供公众使用或受益的财产。

公产制度在人类悠久而漫长的社会进化过程中始终扮演着重要的角色。“公物制度一方面调整人们日常享受的大量行政给付，是范围最广泛的一个国家生存照顾领域；另一方面调整公共行政主体为执行其任务所必要的人力和物力手段。"①尤其在当代社会，伴随着民权与民生理念的深入人心，国家运用公权力的范围正在不断扩张，政府的职能也在日趋丰富。与此同时，政府功能的价值定位也正从管理型政府向服务型政府转变。以公产制度为核心的国家给付功能的发展，成为体现这种转变的最直观标志。然而，作为公产制度的核心内容——公共财产权制度，却始终未能得到足够的重视。2007 年我国《物权法》②的颁布，在一定意义上确定了以国家所有权为核心的公共财产权制度的初步建立，也标志着一场曾经围绕着如何保护国家财产而产生的大论战硝烟散尽。但与此同时，似乎更需要从不同的角度对公共财产权制度进行更为深入的反思与研讨。

公共财产权是指基于公产而形成的权属总称。公共财产权的结构是围绕公产的设置、支配、利用、受益等一系列物权问题展开的。当我们回顾当年《物权法》颁布前曾经针对国家财产保护的大论战时，③不难发现三个值得关注的特征：其一，所有参与论争的学者们几乎都是从宪法与民法的角度探讨公产（公物）物权的；其二，学者们的争议实际上都是仅仅围绕着国家财产的所有权展开的；其三，无论是宪法学者还是民法学者，其争议的焦点主要在于：国家财产是应当"特别保护"还是与其他私有财产"一体保护"。一言

① ［德］汉斯·J. 沃尔夫等：《行政法》（第 2 卷），高家伟译，商务印书馆 2002 年版，第 455 页。

② 《物权法》，2007 年 3 月 16 日颁布，2007 年 10 月 1 日起施行。2021 年 1 月 1 日《民法典》施行后，《物权法》同时废止。

③ 所谓国家财产保护大论战，是指从 2005 年到 2007 年《物权法》正式颁布之间，法学界曾围绕国家财产权是否应当与公民财产权平等受到《物权法》保护这一问题而产生的一系列学术争鸣。

以蔽之，所谓物权法之争其实质就是在探讨国家所有权的法律属性到底是“权力”还是“权利”，或者说是“姓公”还是“姓私”的问题。尽管当年的《物权法》最终采纳了平等保护理念，并在2020年的《民法典》物权编中得以延续，①但学界和实务界仍无法系统解释国家所有的财产在特定情况下受到的“优待”与“全社会财产一体保护”之间的矛盾现象。

纵观那场延续至今的论争，本书认为，对国家所有权状态下的国有财产的保护是毋庸置疑的，但如果只从私法角度关注这种静态意义上的物权，对于公共财产制度本身而言并无太大意义，反而将陷入过度看重公共财产物质形态而忽视公共财产设置目的的误区，其结果就是这种源于传统私法中的以财产所有权为中心的物权思想，使公产的给付成为一种所有权人的“恩赐”，同时基于所有权人身份的国家及其委托组织或其他公产的私法所有人却可以不受控制地终止这种“恩赐”，且无须承担责任。

事实上，从公产存在的目的性来看，公共财产权的核心问题不在于公产由谁所有，而在于公产能够被谁利用，使谁受益。如果将公产比作一个苹果，从私法所有权上来看，即便这个苹果单纯地停留在所有权人手上直至腐烂，那只是所有权人的损失；但如果从公共财产给付的角度来看，同样是这种价值的消灭将直接侵害社会公众对“苹果”的分享权利。因为，公共财产只有被置于用益权主体的实际利用过程之中，才能实现它的价值。所以，我们决不能忽视公共财产权所具有的公法上的特殊构成与特别属性，也绝不能抛却公共财产制度中的社会期待利益而空谈苹果归谁所有，否则

---

① 参见《民法典》第207条规定：“国家、集体、私人的物权和其他权利人的物权受法律平等保护，任何组织或者个人不得侵犯。”

将会导致巨大的异化和误导。由此,我们应当将目光聚焦于公共财产制度背后社会公众的热切企盼,应当更多地关注如何满足和实现社会公众对公共财产的利用和受益,应当更积极地探索对我国仍然薄弱的公共财产法律制度的构建和完善,应当更积极地尝试回答在公共财产制度运行过程中所形成的各种理论和实践中的现实性法律困惑,包含但不限于以下命题:

第一,行政法上的公共财产究竟是什么?公产的内涵和外延如何确定?可供公众利用的公产具体包含哪些情形或种类?

第二,公共财产利用的法理基础是什么?当前各种涉及公共财产设置和利用的立法和政策在运行过程之中产生了哪些困惑或遇到了哪些理论障碍?传统的物权理论或者国家所有权理论足以支撑和支配整个公共财产权属体系吗?

第三,公共财产所蕴含的财产权内涵是什么?公共财产之中包含了哪几种权利(权力)形态?民法、宪法、刑法、行政法乃至其他部门法在公共财产法治化过程中应当扮演何种角色?哪一种公共财产权才是能够主宰公产终极价值实现的核心权利?

第四,国家所有权状态下的公共财产到底是一种“权利”还是一种“权力”?国有财产与公共财产、国有资产等概念是否具有同种法律属性?它们之间的法律关系如何?是并列关系还是隶属关系?如何将它们完整地统一起来?

第五,如果说国家是一种抽象人格,那么公产的所有权到底归谁享有?公产机关或公产组织又是基于何种权力处分公共财产?当侵吞、挪用、弃置、扣留、私分公产的现象已经屡见不鲜之时,我们应该如何及时加以法律上的规制?

第六,公共财产权的“公法效力”是如何获得的?为什么公产具有诸如不得抵押、不适用善意取得、不得任意处分等特殊法律保护？这与当年的《物权法》和现行的《民法典》所倡导的全社会财产一体保护是否矛盾？公法与私法，在公物权制度之中的功能如何分配？宪法、行政法、民法、刑法、经济法等部门法在公产利用过程中分别应当扮演何种角色？

第七，社会公众对公共财产的利用是一种“权利”抑或仅为一种“反射利益”？社会公众能否基于利用目的主张对公共财产的设置、使用和受益？

第八，社会公众究竟能够通过哪些途径利用公产？评价公产价值实现的标准是什么？现实生活中存在着哪些亟待解决的公共财产利用法律难题？

第九，公众在利用公共财产过程中可能受到的权利影响甚至侵害有哪些情形？面对国家机关不符合公益目的的公产设置、管护和处置行为以及排斥公众利用公产的行为，公民能否主张救济？又如何实现救济？

……

面对这些困惑，至少就目前而言，由于对传统私法物权理论的“吸收和接纳”，我国公法学者尤其是行政法学者对公共财产制度的研究热情仍显不足；换言之，公共财产的法治化命题在行政法研究领域中，相比行政主体理论、行政行为理论、行政救济理论仍属冷门，这与其他法治发达国家行政法中公共财产制度所占据的重要地位更是形成巨大的反差。实际上，公法上的物权与传统私法意义上的物权具有截然不同的构成与形态。同样的物权，同样被冠以“财产，地役权，财产所有权，公用合同，赔偿及偿还请求”等名称，由于其“公共的”或者“公法上的”附注表明了这些名称与民法原型的一致性只是表面上的，其法律制度是根植于不同土壤之上的，从而所有的调节手段都是在公权力参与的基础上产生的。这就是作为出离于民法之外的第二种国家法律制度——行政法。①本书即是作为行政法学者对上述困惑加以回应的粗浅尝试。

二、研究价值

(一)理论价值

党的十八大以来,随着依法治国、民生理念的倡导以及对人权保护的逐渐重视,中国行政法的发展面临着一个重大的转折点——政府职能的转变。人们已经不再仅仅期待有一个严于律己、有所不为的政府,更期待能有一个关注民生、有所作为的政府。对公共财产制度的研究,正是为了督促政府重视对公民的人文关怀。从而进一步印证了"公权力应服务于人民的重要理论",公产的实质是人民作为国家肌体的血库而存在。②

首先,我们希望通过研究公产的起源与沿革、内涵与外延等问题,在对公共财产权和传统物权理论充分对比的基础上,吸收和借鉴域外先进的"主观公权利"和"给付行政"理论,确立以主观公权利理论为核心的公共财产权理论基础。一方面作为明确和划分以行政法为主要调整手段的公共财产制度的理论前提;另一方面也成为公民主张公共利用及公产救济的理论依据。对主观公权利研究的另一重要理论意义在于,相比德国、日本政法学界,国内学者对主观公权利的关注仍显不足,主要原因就是缺乏一个可以完整论证和检验的载体。而公共财产制度无疑可以很好地承载这一使命。尤其在当代中国,随着人权入宪,更有必要将宪法中的抽象人

① 参见[德]奥托·迈耶:《德国行政法》,刘飞译,商务印书馆2002年版,第120页。

② 参见张树义:《变革与重构——改革背景下的中国行政法理念》,中国政法大学出版社2002年版,第141页。

权具体化为行政法上的公民主观公权利。

其次，我们希望通过对公共财产的多角度、多层次的分析，推导出行政法视野下公共财产及其权利（权力）的特殊法律属性和特殊结构。揭示公产所有权、公产支配权、公产用益权的不同权属内涵，进而得到公共财产权二元化结构的分析模板。公共财产权的二元化结构具有重要的理论价值。其一，这种结构将公产的所有权与支配权相分离，赋予了公产支配权和用益权的相对独立性，彰显公法中行政权的公定力与公信力。其二，这种结构突出了行政法中的公共财产制度所调整的独特对象——行政主体与相对人之间基于公共财产支配与利用而形成的行政法律关系，折射出公产存续的价值目标。其三，在这种结构之下所构建的统一公产框架，可以理顺现有的各种公产（公物）关系，而且能更好地协调各部门法在调整公共财产过程中的功能定位与分工。

最后，我们希望通过研究公共财产制度的具体运行，对与公共财产利用相关的各种权利（权力）行为进行细化。在探究公共财产权及公产利用行为的内容与规律的过程中，一方面厘清行政主体在对公共财产进行设置、变更和终止过程中的行政权界限，同时约束行政主体以公产价值保护为目的而采取的各种公产管理权行为；另一方面探讨公民对公产的用益权的具体实现，强调公产满足公众使用或受益的核心价值。此外，除了明确在重视公众对公用公产的直接使用权外，还强调公众对非直接使用公产如公务用公产享有的受益权，从而解决特许使用、间接使用或公务使用没有客观评价标准的难题。不仅如此，对公产特殊形态之一的公营造物组织（公益事业法人和公用企业法人）的运行过程中的公产利用研究，也将为我们建立规范的公务法人制度提供理论参考。

总之，行政法视野下的公产利用法律问题研究，无论从哪一个角度,都始终指向一个终极目标,那便是以主观公权利为基础的法治状态——国家权力必须服务于公民所享有的公法权利,并且,这些公法权利对国家权力的引导和制约将是渗透整个法治进程的基本原则。

(二)实践价值

改革开放以来,随着我国经济实力的增强,政府承担的公共产品供给无论是从形式上还是从内容上都有很大的改善。但在公共财产制度的具体实践中,也不乏公共财产的给付主体忽视自身职能内涵的情形。比如,政府部门在公民行使公产用益权利用公共财产的过程中设置了一些条件影响公民对公产的使用或受益。又如,由于缺乏公产公用价值实现的评估标准,政府给付的公共财产往往与社会公民的期待还有一定的差距。甚至引发诸如营利性公共财产、医疗产业化、教育产业化等“瑕疵”观念的一时兴起。社会公众可能需要因为利用公产而支付一些不必要的费用。① 某些法律事件产生的根源,恰恰是因为前期公共财产(公共服务)给付力度不够,手段有限所引发的。②

诚然,任何一种权利在缺乏义务主体和救济渠道的情况下都是纸上谈兵。公产制度自欧洲大陆法系发源至今,其与人民生存之间的紧密关系当然毋庸置疑,然而从公产利用制度的实践来看,由于缺乏理论的必要指导而受阻碍。因此,从行政法视野之下研究公产利用制度,首先将有利于为我国的公共财产立法提供理论上的支撑,便于协调宪法、刑法、民商法、经济法、环境法等各部门法对公产调整的立法职能分工;其次将有利于指导公共财产给付行为的开展,约束公

① 参见《我国日常生活附加费有30多种、年用电附加费达270亿》,载《人民日报》2015年2月6日,第5版。

② 参见魏一平、邱杨:《毕节儿童死亡事件调查》,载《三联生活周刊》2012年第48期。

产支配权人滥用职权或者行政不作为，进而保障公共财产供给的效率性和公产价值的持久性；最后将有利于公共财产利用司法救济实践的运作，保障以主观公权利为核心的公民公产用益权。进而构建合理的公产利用司法救济框架，解决公产利用司法救济存在的受案范围、原告资格和诉讼标的等问题。这对于当前我国正在推进的公产法治化进程无疑具有重要的实践价值。

“权力”、“人力”和“财力”是确保政府及时有效履行公共管理和公共服务职能的三大要素。随着我国全面推进依法治国方略的逐步推进，以《行政机关编制法》《公务员法》为代表的行政组织法律体系已初步形成。同时，以《行政许可法》《行政处罚法》《行政强制法》为代表的行政权力规范法律体系亦初具雏形。但以规范政府“财力”为要旨的公共财产法律体系还未成形。由于缺乏高位阶基础性立法的集中指导，现有涉及公产的法律规定较为散乱，导致缺乏对公共财产支配、利用及管理的有效法律规制。党的十八大以来，中央所颁行的一系列如“八项规定”“反对四风”“约法三章”“厉行节约”等倡俭治奢、限制挥霍公共财产的政策，折射出中央对当前公共财产被支配过程中存在的“随意性”“低效能”等现象的高度警觉。在全面推进依法治国大背景下，只有从法治视野深入探究公共财产及其利用制度的理论及实践，方能实现对公共财产及其利用过程的监管从“政策化”向“法治化”转型，方能通过行政法治的手段确保行政主体所掌控的公共产品、公共资源、公共资金等公共财产受到稳定、持续且有效的规制。

总之，本书希望通过公共财产权的角度对公产利用进行全方位的探讨，让行政法“以人为本”的思想更多地渗透于公产法实践之中，这并非对政府行政权力的扩大，恰恰相反，这应当被视作政府行政功能的必然回归，亦是对当代我国行政法治的全新思考。

三、研究现状

当前，国内法学界对于公产（公物）制度的关注，绝大多数直接指向了公共财产所有权保护。例如，在刑法学领域，目前刑法所规定的公产专指特定的公共财产，并设有挪用特定公产的罪名，但对刑法列举的特定公产之外的公共财产，没有相应的罪名和惩罚措施，许多刑法学者呼吁设立挪用非特定公产罪的专门罪名。又如，在民法学领域，国家所有权的法律地位也是一个长盛不衰的热点问题。有民法学者就曾一针见血地指出：无论是罗马时代还是现代社会，无论是资本主义还是社会主义，国有财产都存在一个同样的问题：国家机关或法人管理国有财产，能否恪尽职守、全力维护国家所有权的合法权益？① 在宪法学领域，学者们也正在通过各种努力，贯彻国家财产神圣不可侵犯的理念。但从行政法角度完整探讨公共财产及其利用制度的研究成果屈指可数。这与公共财产制度在公法尤其是行政法中应当具备的核心价值并不相称。如果说一国之私法财产制度是以物权保护制度为中心，那么公产利用制度无疑是公共财产制度本身的精髓。毕竟相比私法物权，公民得到国家公产给付是公民的公法权利，公民对公产价值的享有不是国家的恩赐，而是国家不可推卸的义务。因此，行政法学对公产制度的研究目标，应当淡化或者尊重其他部门法已经日渐成熟的公共财产所有权理论，在合理衔接的基础上，更加侧重于公共财产制度中以公产价值实现为目的的公产利用制度，以及在此制度中所蕴含的公产支配权与公产用益权。

---

① 参见孟勤国：《物权二元结构论——中国物权制度的理论重构》（第2版），人民法院出版社2004年版，第34页。

从公产理论的域外研究来看，德国、法国、日本均已建立起较为成熟的公产（公物）制度，其研究的思路通常都是以公产组织为起点，以公产行为为中心，以公产价值的实现为目的。这些理论从一定程度上反映了前述行政法视野下公产研究的重心所在，因而对我们具有巨大的参考价值，例如，法国的国家私产制度，特许利用制度（公私合营）；德国的公物权属分离制度，公物命名制度，公物家主权制度；日本的公物目的外使用制度等。值得注意的是，域外研究更加倾向于将公产置于行政组织法中，且由于上述绝大多数国家或地区所采取的政治经济制度与我国不同，因此形成了允许行政机关享有公产所有权（处分权）的必然观点。所以对上述理论的引入，尚需进一步考量与我国国情相符的程度。事实上，在以公有制为主体且处于社会主义初级阶段的中国，社会主义的优越性不正是应当通过政府更大范围、更为丰富的公共财产给付得以体现的吗？因此，我们在借鉴与吸收域外公共财产制度研究的精髓的同时，更应当注重对我国国情的考量，注重构建一种以民生和分享为评价标准的公共财产制度体系。

第二节　研究构思、框架及研究方法

一、研究构思

本书的研究思路是立足于理论与实务的结合，重点解决行政法治视野中公产利用所涉及的重要法律问题，构建系统的公共财产权理论体系，以便构筑科学的立法体系，合理界定公产支配权与公产用益权的关系，减少实际公产利用过程中的各种冲突之目的，以进一步推动行政法学研究向纵深发展，进而推动中国行政法治迈上更高的台阶。

公产利用制度更多是从作为彰显公产最终价值——公民对公产用益权的实现角度进行探讨的。因此,从广义的公产制度所包含的物权内涵(公产所有权、公产支配权、公产用益权)来看,公产利用制度处于整个公共财产法律制度的核心,它保障了人们“分享权”的实现,也揭示了公产之所以存在、为何而存在的理论依据。毋庸置疑的是,作为重要的行政给付手段,公产利用离不开行政权的作用。行政法上的公产利用制度从本质上应当体现为公共组织的公产支配权与公民的公产用益权两种权属所共同构成的公产利用法律关系。同时,在公产利用的过程之中,基于对公产支配而获得的公法权力与基于对公产受益而形成的公法权利共同构成了狭义的行政法上的公共财产权利(权力)制度。

本书所要突破的关键问题均是当代中国行政法学理论中的前沿问题和中国行政法治发展进程中面临的最紧迫问题,主要有如下方面:第一,如何合理界定公产的内涵与外延问题?从而确定公产利用的范围?第二,如何采用科学的研究方法,具体确定现代行政法中公产利用制度所涉及的公共财产权属的性质与种类问题,并作进一步的分层研究?第三,如何科学、合理地在我国公产利用制度中引入公法权利制度,从而实现基本人权保障基础上的政府“职能升位”与公民“权利升级”?第四,如何在均衡成本的基础上实现公产利用价值的最大化与持久性?第五,如何对各种公产利用过程中的公权力行为进行监督制约?尤其是如何形成科学的立法体系,真正达到制度化和法律化的监督效能?第六,如何把握公法权利与公共利益的“量度”关系,合理划定公产利用救济的范围与途径?进而科学构建未来中国法治框架下对公产利用的司法审查制度与行政判例制度。

二、研究框架

基于上述思路，本书将主要围绕如下几个部分的内容展开研究。

首先，关于公产利用制度的理论前提——公产及公共财产权制度的研究。在公产制度中，“公产确认—公产物权—公产利用”是一组循序渐进的概念，尽管公产利用是公产制度的核心，但其本质上也不例外地体现为公产利用过程中的权力与权利的交锋。因而必须以一个完整的公产及公产物权制度框架作为理论前提。尤其在目前行政权扩大化与政府职能复杂化的趋势之中，首当其冲需要解决的是目前尚处于争议状态之中的公产内涵与外延的界定问题，以及众说纷纭的公产权属构造问题。本部分将从公产及公产物权的基础理论出发，对公产的起源与发展、内在属性、外在范围与种类进行重新厘清与界定，并尝试以全新的公产物权二元化理论对公产物权的基本结构进行梳理，揭示公产利用制度在整个公产制度中的定位。

其次，关于公产利用制度的理论基础——公法权利学说的研究。公产利用权制度的变迁实际上昭示着行政法基本理念的演进，公产利用制度的构建与发展，必然需要奠定一定的理论基石，否则它将失去生存的“理论空间”。在西方法学界，公产理论是围绕着公法权利学说展开的，其经历了从“反射性利益论”到“规范保护论”再到“事实上利益保护论”的三个阶段。希望通过研究，在对公产利用权和传统物权理论充分对比的基础上，吸收和借鉴西方先进的“公法权利”和“给付行政”理论，确立以主观公权利理论为核心的公产利用制度的理论基础。一方面用以解释公产用益（利用）权之所以存在、又何以成为当代公产制度核心等基础理论问题,进而明确在公产利用制度中以行政法为主要调整手段的必要性;另一方面将其作为评价公产利用价值是否准确实现的客观标准,同时成为公民主张公产权利救济的理论前提。这一研究的另一重要理论意义在于,国内学者对主观公权利的关注仍显不足,主要原因就在于缺乏一个可以完整论证的平台。而公产利用权制度无疑可以很好地承载这一使命。在我国,将宪法中的抽象人权具体化为行政法上尤其是公产利用过程中的公民主观公法权利显得尤为关键。总之,这种以公法权利为理论基础的分析将贯穿于整个公产利用制度研究之中。

再次,关于公产利用法律制度构建研究。这部分主要从制度建设的角度对公产利用过程中的各种权利(权力)行为进行细化探讨。在探究公产物权及公产利用行为的内容与规律的过程中,一方面厘清公产组织在公产法律属性的设置、变更和终止过程中行使行政权的界限,同时约束公产组织以公产价值保护为目的而采取的各种公产管理权行为;另一方面探讨公民所享有的公产用益权的具体实现,强调公产满足公众使用或受益的核心价值。此外,除了明确在重视公众对公用公产的直接使用权外,还强调公众对非直接使用公产如公务用公产享有的受益权,从而解决特许使用、间接使用或公务使用没有客观评价标准的难题。不仅如此,对公产特殊形态之一的公营造物组织(事业单位)的公产利用制度研究,也将为我们建立规范的公务法人制度提供理论参考。此外,随着当代行政法的发展,国家承担公产给付的范围不断扩大,程度也日趋加深。这不仅带来了社会公产供给质与量上的快速扩张,同时根据瓦格纳定律,这也将不可避免地带来公共支出的不断上升,从而造成政府沉重的财政负担。面对这种矛盾,若要使人们获得幸福，某种折中方案是不可或缺的。① 公产利用制度从完全的国家负担机制向市场回归——至少是部分的向市场回归（新公共管理运动）已成为公法学者的共识。而有关的制度规制也必不可少，这也将成为我们研究的重点之一。

复次，关于公产利用制度的监督救济机制研究。这部分内容是在上文的基础上进而研究如何对公产利用中的行政规制权与行政裁量权加强规制或者监督力度，同时防止和救济行政权力滥用的相关制度与方法，包括以实现与保护公众基于公产给付所形成的公法权利为目的而构建的基本原则、立法统制、行政统制、司法统制和社会统制。从立法上对公产利用制度进行统制的课题主要涉及如何在立法上体现公产利用的公益目的，通过贯彻以民权表达民生的理念，以解决目前公产利用中存在的公产给付不足和公产利用不善的局面。进而完善有关的立法和加强立法解释，以保证公产利用目的的及时充足实现；对公产利用的行政统制，主要是如何构建内部监督制约机制，包括针对公产利用的行政复议制度、信访制度、公产管理执法责任制度、备案制度等的建立和完善；对公产利用的司法统制，主要涉及进一步完善行政诉讼制度，首要解决的是在公产利用过程中公权力的行为造成公民用益权未得实现甚至受到损害的可诉性问题，进而探求公产利用行政立法的审查制度与公产利用公益诉讼等机制的创建；对公产利用的社会统制，则主要涉及如何以社会权利抗衡行政权力，尤其是通过舆论监督行政权力的问题。此外，还需针对目前广泛存在的重要公产（如公路、桥梁等）可能损坏或已经损坏后的应急利用制度。

最后，关于公产利用制度的立法构思与样本分析。行政法视野

① 参见［英］罗素：《权力论》，靳建国译，东方出版社1988年版，第164页。

之下研究公产利用制度的最终目的正是在于为国家今后的公共财产立法提供理论上的支撑，一方面协调宪法、刑法、民商法、经济法、环境法等各部门法对公产利用调整的立法职能分工；另一方面指导公产利用相关权利(权力)行为的展开，约束公产支配权人滥用职权或者行政不作为，进而保障公产供给的效率性和公产价值的持久性，体现我国作为社会主义国家的特殊优越性，最终为公产利用救济司法实践的运作提供法律依据和相关判例。基于此，本部分将就上文论证结果进行总结，同时通过比较各国立法例，在考察我国实际国情的基础上，以尝试建立有中国特色社会主义公产立法为目的，针对公产利用制度的具体结构和内容展开分析，进而通过调研和专题论证进行样本分析，以检验上述立法构思的合理性。

三、研究方法

法学理论的研究应当是一个严谨而富有活力的过程。在西方法学中，有的正是按照研究方法及其结论的不同，而划分为不同的学术派别。可见，选择合适的研究方法，对于研究的开展是非常重要的。在本书的研究过程中，我们将采取以下论证方法。

(一)比较分析法

比较分析法是行政法学研究的基本方法之一。虽然行政法在各国产生和发展的政治、经济和文化背景不同，行政法律制度形式多样，但是原则上我们并不能因此而完全排斥借鉴“异域”法律技术的可能性。① 可见，通过对国内外不同学说的比较与考量，寻找其内在的联系性与规律性，进而找出可借鉴、可更张之处，是行政

① 参见周佑勇：《行政法原论》(第2版)，中国方正出版社2005年版，第18页。

法公产理论研究的重要手段。例如，对法国行政法中国家公产与国家私产的划分研究，可以帮助我们识别两种物权状态之下的不同权力(权利)内涵。此外，通过将行政法中的公产物权制度与民法上的物权制度进行比较，吸收最为前沿的民商法物权理念，也能极大地扩展我们的思路。例如，本书所主张的公产物权的二元化结构，其灵感就是直接来源于孟勤国教授的物权二元结构论的核心观点：中国的物权制度，应是解决财产归属问题和财产利用问题的法律规范的综合，一个财产归属制度和财产利用制度组成的二元结构体系。①

(二)实证分析法

实证分析作为一种法学研究的方法，源于实证主义的科学态度，其核心要义在于将理论分析限定在经验材料的范围之内，把学术工作限制在分析"既定事实"的范围之内。本书收集了近20年来被公开报道的200余起涉及公共财产的法律事件②作为素材。在此基础上，我们采用实证分析法，遵循从实践中来到实践中去的基础论证规律，以大量涉及公产及其利用问题的实证材料引导理论的展开，同时为验证最终的观点提供相应佐证。

(三)法经济分析法

法学研究通常建立于逻辑分析之上，注重对公平、正义的论争，却往往忽略了法价值理论之中的重要组成部分——效率价值。然而按照马克思主义的经济决定论，经济的效率价值同样决定了

---

① 参见孟勤国：《物权二元结构论——中国物权制度的理论重构》(第2版)，人民法院出版社2004年版，第62页。

② 需要说明的是，由于公产制度在我国理论和实践中的"微弱"现状，涉及公产及其利用制度的成文判例屈指可数，因此本书中绝大部分的实证素材都只停留在法律事件甚至法律现象的层面。

法律的效率价值,法律正是一种减少交易成本、提高效率的制度。法经济分析法的出现可以很好地弥补这一缺陷。尤其对于行政法视野下的公产制度而言,公产利用在本质上始终处于一种被消耗的过程之中。如何在确保公产供给公正、充分实现的同时,使公产供给的效率或效能最大化,进而减少不必要的公产支付成本,对于各国尤其是尚属发展中国家的中国而言尤为重要。总之,公产制度从完全的国家负担机制向市场回归——至少是部分的向市场回归已成为公法学者的共识。一场新公共管理运动正在轰轰烈烈地展开。面对这种不可逆转的趋势,法经济分析法所带来的成本与效率的综合考量,将成为我们研究公产制度理论不可或缺的重要手段。

第二章　公产概述

第一节　公产的界定

公产及其公产物权统称为公产制度。在人类悠久而漫长的社会进化过程中，公产制度始终扮演着极其重要的角色。如果说私有产权制度是现代文明的飞跃，那么公产制度的产生和发展则恰恰是人类文明史的基石和起点。当代社会，“公共行政的范围取决于私经济和发展的需要”，①随着行政权运用范围的不断扩张和政府行政职能的不断丰富，公产制度的演进也代表了行政法基本理念从规制行政向给付行政的转变。然而，公产制度从其产生之时起就面对种种迷惘与冲突，不同历史阶段，不同法律体系，甚至同一法律体系中的不同的部

---

①　［德］汉斯·J. 沃尔夫等：《行政法》（第1卷），高家伟译，商务印书馆2002年版，第39页。

门法都对公产制度有着迥然不同的认识。学者们有关公产制度的研究和观点也是莫衷一是。面对众说纷纭的各方观点，我们不难发现，公产利用法律问题的争议核心或焦点主要在于以下三个问题：公产是什么？公产之上蕴含着哪些物权形态？这些物权形态如何实现及保障？这三个问题也分别构建了公产制度的三个理论研究重心，即涉及公产制度标的界定的公产形态理论，涉及公产制度效力体现的公产物权结构理论，以及涉及公产制度价值实现的公产利用实施与保障理论。

必须指出的是，当代成熟的公产理论多见于西方发达国家，但笔者认为，公产制度尤其是公产利用制度与各个国家的国情密不可分，特别对于中国这样一个以公有制为基本经济制度，以全民共有、全民共享为宗旨的社会主义国家而言，我国的公产制度应当更多地体现出社会主义的优越性。正如法国空想社会主义学者泰·德萨米在他著名的《公有法典》中所提到的："在公有制度下，道德来自物而非来自人：我们为别人服务反过来便成为我们自己服务；只有在共同幸福中才能得到自己个人最大的幸福。"①因此，在借鉴与吸收西方发达国家公产制度之优越性的同时，我们更应当立足于中国之国情，致力于中国之特色。

一、公产制度的起源与发展

（一）公产制度的起源

公产，从其字面意思理解乃是公众共同所有（享有）之财产或物品。公产制度则是以公产给付过程中所构建的权利社会关系

---

① ［法］泰·德萨米：《公有法典》，黄建华、姜亚洲译，商务印书馆1982年版，第3页。

为调整对象的各种法律制度的总称。从人类发展史的角度来看，我们不难发现，公产的存在可以追溯到人类社会进化的起点——原始社会。由于当时生产能力的极端低下，人们只有通过集体协作才能获得最基本的生活资料，这便形成了以共有生产资料，共享生产所得为中心的原始共产制度。可见，这种对物或者财产的共有关系是"由物质生产和人自身生产所导致的人与人之间的关系"。[①] 当然，这种公有和共用，只是一种出于生存本能的社会必然，且由于"在氏族制度内部，权利和义务之间没有任何差别"，[②] 因而即使可能存在管理共有生活资料的氏族习惯，我们也很难说处于这种原始形态下的人在获得或使用这些共有生活资料之时是在履行义务还是在行使权利。尽管如此，可以肯定的是，如果没有原始社会的"共有物"作为参照，也就不可能产生随后相应之"私有物"。[③]

随着私人所有权的产生和国家的出现，带有法权内涵的公产概念开始出现，在柏拉图的《法律篇》中，我们看到了"公共体育馆"和"国立学校"这样带有公产性质的名词。[④] 然而真正较为清晰的公产制度出现在古罗马时期。在划分了公法与私法的前提下，古罗马法中开始出现专门的公产种类划分。例如，与自家物相区分的存在万家物中的共用物（以自然法为依据由公众所共有的空气、

---

① 夏勇：《人权概念起源》（修订版），中国政法大学出版社2001年版，第9页。

② 《马克思恩格斯选集》（第4卷），人民出版社1972年版，第155页。

③ 参见余睿：《The Development of Administrative Rule of Law in the Process of the System of Public Property》（《公物制度演进中的行政法治变迁》），载《中国法学（英文版）》2009年第1期。

④ ［古希腊］柏拉图：《法律篇》，张智仁、何勤华译，上海人民出版社2001年版，第225页。

水流、海洋等)；[1]与私有物相区分的被认为不归任何个人享有，实际上它们被认为是全体的或共同体的公有物(公众集体所有或者使用的物，比如港口、公用的河岸及尚未开辟的道路等)和市有物(如城市中的竞技场或剧场等)。[2] 上述带有公物色彩的共用物、公有物以及团体物统称为“人法物”(reshumani iuris)或者“非财产物”(nullius in bonis)，它们所具有的一个显著特征在于，其与“神法物”(res divini iuris)一样，属于不容易产生法律关系的“非交易物”(extra commercium)。[3] 其存在的价值是“出于公共福利的目的”而“放任由大家使用”。[4] 尽管上述古罗马法中的公产制度仍然是由私法规则所调整，但仍可以被看作现代公法意义上的公产制度的雏形和起源。

(二)近现代公产制度的演进与发展

1.18世纪之前的封建君主制时期

尽管在古罗马时代，公产制度就已经出现萌芽，但随着日耳曼人的入侵，罗马帝国的灭亡，以部落习惯为主的日耳曼法取代了发达的罗马法私法制度，进而演变形成了欧洲中世纪的封建社会形态。以土地为中心的封建财产所有制使古罗马辉煌的所有权制度——无论是私有权还是公有权制度——都随之变得扑朔迷离。罗马法中的公有物制度分别被国王所有权和封建领主所有权吸收，从而进入“一切财产所有权既融入公权又包含私权，既属公又

---

① 参见江平等：《罗马法基础》，中国政法大学出版社1987年版，第119页。

② 参见[古罗马]盖尤斯：《法学阶梯》，黄风译，中国政法大学出版社1996年版，第82页。

③ 参见[意]彼得罗·彭梵得：《罗马法教科书》，黄风译，中国政法大学出版社1992年版，第185页。

④ [意]彼得罗·彭梵得：《罗马法教科书》，黄风译，中国政法大学出版社1992年版，第186页。

属私的一种公私不分的权利"①的状态之中，这种状态一直持续到资产阶级工业革命兴起。在此阶段，封建统治者其实并没有停止对公产的供给。在漫长的封建统治时期，开辟道路、搭建桥梁、兴修水利工程、修建学校和宗教寺院都仍然受到各国君主的重视。但显而易见的是，这种公产的供给，从目的性上来看，其核心要务在于君主在军事和增加耕赋税收等方面的统治或稳定的需要，绝少包含为广大人民谋取福祉的意愿。从内容上来看，所供给的公产也多半以自然与宗教相关的公共财产为主，政府的功能基本限于开发、保护与维持这些自然公产，涉及公产产生、运用和权属变动方面的法律规范更是少之又少。

2.19世纪初的自由资本主义发达时期

直到19世纪，随着商品经济的发达，在工业革命的促进下，资产阶级迅速发展壮大起来。1804年的《法国民法典》恢复了罗马法财产——权利"公"和"私"的划分制度，将所在财产划分为公共的和私人的，将相应的权利区分为公共所有权和私人所有权。然而在早期的自由资本主义时代，资产阶级为了维护其政治地位的需要，将财产的私人所有制置于政治体制金字塔的顶端，将对剩余价值及产业利润的追逐作为核心诉求。私法体系所要求的社会成员的身份平等性，意思表示的自由性与订立契约的自主性被称为自由资本主义经济发展的最高宗旨。价值规律对市场经济中各方法律关系的调整，具有对国家权力干涉的天生排斥性。与此相对应的，行政权的存在也就只是作为被动的救济者，而非主动的介入者。政府所扮演的角色只能是为资产阶级的自由竞争保驾护航甚至是为虎作伥。

① 高富平:《物权法原论》，中国法制出版社2001年版，第257页。

因此，在19世纪到20世纪初的这段时间里，公产制度发展所呈现的特征是：出于国家经济发展的需要，行政权开始介入公产供给制度之中。“在以前由于自然原因而被公众使用及无需行政部门而自身存在的物体之外，出现了明显受行政决定影响，且如果没有行政部门的持续介入便不能发挥作用的其他物体，例如，经建设的道路、铁路、公共建筑等。”①但必须指出的是，上述行政权在公产制度中的角色，仍然摆脱不了当时行政法萌芽初期由警察权转生而具有的秩序行政本质特性。因而，此阶段的公产供给的范围，往往局限于国家经济发展与建设，以及给予社会生活最低标准所需的基础设施建设。而以全民生活保障为目的的社会福利型公产供给却少得可怜，绝大部分只是处于所谓“上流”社会的公民所专享（如歌剧院和公立大学）的状态。

当然，有一种趋势不容忽视，那便是私有制影响下行政产业的出现，“行政部门一旦介入公产产业便以主人的姿态出现，它不仅限于充当保护人，而是取得土地、兴建建筑、转让临时占用权，等等，这样，公产产业不但成为行政部门的产业，而且成为公共的产业”。② 从此开始，行政主体与私人所有权人一样，对自己所掌控的财产——公产——拥有了独立的所有权。这种局面在西方一直持续至今。③

---

① ［法］莫里斯·奥里乌：《行政法与公法精要》，龚觅等译，辽海出版社、春风文艺出版社1999年版，第828页。

② ［法］莫里斯·奥里乌：《行政法与公法精要》，龚觅等译，辽海出版社、春风文艺出版社1999年版，第828页。

③ 笔者认为，尽管在此期间，行政主体开始主动掌控公共产业的所有权，但并非说明在这一时期政府已经开始积极主动地参与到公产给付行政之中，只能被视作对自由资本主义市场经济所提供的必要响应与扶持。毕竟从这一时期绝大多数社会成员所处的生活境地而言，他们显然不是政府公共产业的直接受益人。

3.20 世纪初期的垄断资本主义形成时期

警察行政所造就的所谓绝对自由境界的最终后果，是市场失灵而导致的社会秩序和经济秩序的紊乱，大规模经济危机的此起彼伏，社会成员的基本人权得不到切实保障。于是，当过分自由运转的社会机器，由于缺乏行政权主动的调控与干预而倍感生涩时，自由资本主义向垄断资本主义的转变所带来的行政权角色的转换也就不可阻挡了。由于给付行政日渐成为人口稠密、住宅拥挤的现代社会中，国民进行健康的、文明的、便利而舒适的生活所必不可少，①随之而来的便是行政法上“主观公权利”思想的提倡以及福利国家、国家干预主义的兴起。国家行政由此从秩序行政转移到对公民生存、生活等社会权利的积极维护的福利行政。②

随着德国 1919 年《魏玛宪法》的颁布，社会国家开始兴起。政府公权力不再是以自由国家的警察身份存在，它开始大范围地介入公民生活的方方面面，为其提供与之生存和发展相关的基本社会服务和基础设施建设。由此，保障国民生活的安定与幸福，成为国家之必然使命。在此背景下，为了响应国民的呼声，公产的给付除却国家经济需要之外，还广泛涉及国民生存与发展所需的空间，如铁路、公路、城市公共交通网络、医疗、卫生、教育、文化设施及其他公共建筑和公共空间。在此基础上，法、德、日等大陆法系国家的行政法学者从上述公产所具有的共通之处中，抽象出公产(公物)理论，提出了概括性的公产(公物)概念。英美法系国家也从普通法的角度通过单行法令的制定，规范了公共产品的

① 参见杨建顺:《日本行政法通论》，中国法制出版社 1998 年版，第 323 页。

② 参见城仲模:《二十一世纪行政法学发展的新趋势》，载《法令月刊》2001 年第 52 卷第 12 期。

供给制度。

4.20 世纪中期至今的福利国家发展与反思时期

20 世纪初期福利国家的快速崛起,虽然带来了社会公产供给质与量上的快速扩张,但是也给各国造成了沉重的财政负担。福利国家政策将不可避免地带来公共支出的不断上升。面对这种矛盾,若要使人们获得幸福,某种折中方案是不可或缺的。① 公产制度从完全的国家负担机制向市场回归——至少是部分的向市场回归已成为公法学者的共识。一场新公共管理运动正在轰轰烈烈地展开。这场改革的一个基本取向就是采用商业管理的理论、方法及技术,引入市场竞争机制,提高公共行政管理水平及公共行政服务质量。它对公产制度所造成的冲击在于:公产的供给渠道和主体呈现公法主体与私法主体相互合作的关系,并且调整公产的法律部门也呈现出公法与私法二元化的趋势。

然而,公产制度对市场的回归所带来的消极影响也不容忽视。公共服务的产业化必将使公产的公益性与产业化的营利性之间,形成针尖对麦芒的状态。② 此外,人民在其享有福利国家广泛的公产给付的同时,所承受的经济压力与行政权压力日趋加重的情况也不容忽视。一言以蔽之,如何在这种市场回归的大潮中,既能达到丰富、广泛、充分的公产给付目的,又能维系公产给付所负载的基本公益性,也成为当代行政法学者所反思的问题。这也为以前

① 参见[英]罗素:《权力论》,靳建国译,东方出版社 1988 年版,第 164 页。

② 改革开放以来,我国在医疗资源和教育资源方面曾一度放开"产业化"的束缚,导致公共医疗资源和公共教育资源"半商业化"甚至逐利化。党的十九大以来,中央对此进行了改革调整,2020 年,中共中央、国务院印发了《关于深化医疗保障制度改革的意见》;2021 年,中共中央办公厅、国务院办公厅印发了《关于进一步减轻义务教育阶段学生作业负担和校外培训负担的意见》,即是对之前公共资源产业化趋势的及时纠偏。

行政法体系不曾顾及的,运用私法形式进行公行政活动的领域,提供了用行政法学的观点予以解释的材料。①

(三)行政法视角下公产制度发展之评述

值得注意的是,公产制度在上述较早阶段的成文立法中,多半隶属于各国民法中的财产权法律制度或者物权法律制度,并且这种状态直到现在尚在延续。这种现象的背后,往往蕴含着国家希望通过立法保护公有财产所有权的目的,却少有触及公共财产的利用价值规范领域。这不仅说明了民法调整公产制度的有限性,而且恰好为行政法调整公产制度留下了广阔空间。那么从行政法的角度如何看待公产制度的生成与发展所具有的深远影响呢?

通过对公产制度发展过程的追溯,我们不难发现,公产制度的演进轨迹实际上体现了不同阶段国家公权力——特别是行政权力——在内容、范围、目的、方式上的不断进化。资产阶级革命之前的公产制度仅仅处于一种自在自然的状态,被看作君主对臣民的施舍。公产尽管具有人民共用的属性,但是具有极度的不稳定性,因为它始终是君主一个人的财产,君主和封建领主可以随意剥夺人民对公产的使用权。在这种以君主思维和好恶推行公产施舍的时期,行政法根本没有充分立足的法治基础。随着资产阶级革命的胜利,法治国理念的兴起,行政法制度得以从行政学之中完整地独立出来。行政权开始有限地介入公产供给的过程之中,公产供给的范围也开始扩大。但由于此时社会阶级矛盾的日趋尖锐,以及警察行政思维的束缚,公产所涵盖的受益对象仍然是以统治阶级特别是上流社会为主。各国有关公产的立法与实践,也往往

① 参见杨建顺:《日本行政法通论》,中国法制出版社1998年版,第328页。

侧重于保护公产的国家所有权不受侵害,缺少了对公产给付本应蕴含的“公共性”的关注。福利国家的观念出现后,原属社会任务的经济行为,如提供水、电、煤气、交通等大都被国家以独占的方式收为公有,并将这些社会任务纳入国家新兴功能之中,向公众提供人类生存与自我发展基本条件的重要资源,如学校、公路、博物馆等,“以此维持人性之尊严,免受社会动荡之苦”①。从此,“每个人都应该自求多福”已经是过去社会的信条。今日的社会,人民依赖“分享权”,并且,这种新兴的“分享权”唯有公权力的介入,方可实现其功能。②

总而言之,公产制度在自身不断成熟的同时也映射了行政法从产生到不断演进的足迹。首先,行政法意义上的公产制度的出现,进一步标志着行政法开始摆脱传统警察学、行政学、管理学的学科限制,以对宪法保障人权理念的具体实践为特色,从上述学科中分离出来,获得了独立的部门法地位。其次,随着社会对国家的期待利益发生转变,公产的给付从被动执行到主动赋予。这一方面体现了行政法理念从规制行政到给付行政的转变,另一方面则更为深刻地促成了当代行政法以保护公民权利为核心理念的树立,促成了行政法学的研究重心由以行政权为对象向以公民权为对象转移。再次,公产给付方式的不断丰富、内容的不断夯实、范围的不断扩大以及程度的不断加深,不仅使得公产制度本身充满了活力,也进一步促成整个行政法制度之中行政权运行模式的多样化。最后,对公产制度所蕴含的各种制度构成的研究与完善,如

① 程明修:《从行政法之观点论行政之公共性》,载城仲模主编:《行政法之一般法律原则》,台北,三民书局1994年版,第15页。

② 参见陈新民:《公法学札记》,中国政法大学出版社2001年版,第45页。

公产物权制度、公共财产法律体系、公产利用救济理论、公营造物机制等，都无一例外地在促进行政法理论更新、指导法律实践的过程中发挥了巨大的功用。

二、公产内涵的厘清

对公产内涵的界定，无疑是认识整个公产制度的起点，同时也是探讨公产所依附的权属内容乃至公产利用的必要前提。尽管在人们的潜意识之中，公产（公物）的概念并不陌生，它甚至遍及我们社会生活的方方面面。但当我们试图解答“公产是什么？”的问题时，我们才发现公产概念所蕴藏的内涵和所涉及的外延的庞杂程度远远超出我们的想象。尤其在公产与国有财产、公有财产、公用设施、公营造物、国家所有权等一系列法律术语相互混同时，从行政法学的角度对公产的概念进行厘清就显得尤为重要。

（一）域外行政法学对公产概念的界定

1. 法国

大陆法系最早提出与公产相关概念的是法国。由于以财产法为内容的《法国民法典》在法国的法治历程中长期占据着支柱地位，加之在法国传统法学理念中，存在着“公”与“私”的财产所有权划分，因此在法国行政法学中，学者们普遍采用了“公产”的概念，而形成了这样的统一学说——学者们都无一例外地强调将行政主体的财产分为两部分：公产和私产，并且以不同的法律制度进行调整。1833年，法国学者V.普鲁东在其《公产论》中对公产是这样表述的：“政治共同体的财产中有一些是公共的财产，供一般公众使用。这是非生产性的财产，受到特殊的保护。由于这些财产供公众使用，在它们的用途没有改变之前，不能转让，也不能作为取得时效的标的。它区别于政治共同体的另一部分财产——私产。”①此后，法国学者莫里斯·奥里乌提出了从公产产业及其附属物的角度界定公产的概念。他认为，公产产业是指其公用的目的及其用途决定的不可转让且不受时效约束的行政产业，公产的附属物与公产具有基本相同的属性。② 法国学者狄骥则是从公产的范围角度界定公产，其提出了公产的范围包括公众直接使用的财产和供公务使用的财产的观点。③

从法国有关公产的立法来看，公产概念最早出现于《拿破仑法典》之中。④ 尽管这并不是一个真正意义上的公产界定，⑤但自此以后以一种法律概念的形态被后续的各种成文法继承。实际上，在法国真正提出公产界定标准的成文法当属1857年的《法国国有财产法典》，该法第2条明文规定：“国有财产中，由于本身性质或由于政府制定的用途而不能作为私有财产的属于公产。其他的财产属于私产(国家私产——笔者注)。”但这一规定由于只是反映了19世纪时期的公产观念，而受到学术界的广泛批评。该立法也没有为法国的普通法院和行政法院采取。所以至今，法国的成文法

① 此外，普鲁东还对国家私产进行了界定，即“政治共同体另外还有一些财产，它们属于共同体所有，正如私人的财产属于私人所有一样，这是私产。是生产型的，可以用以谋取利益的财产”。转引自王名扬：《法国行政法》，中国政法大学出版社1988年版，第303页。

② 参见[法]莫里斯·奥里乌：《行政法与公法精要》，龚觅等译，辽海出版社、春风文艺出版社1999年版，第829页。

③ 参见[法]莱昂·狄骥：《公法的变迁》，郑戈、冷静译，辽海出版社、春风文艺出版社1999年版，第258页。

④ 《拿破仑法典》第538条规定：国家管理的道路、公路、市街……以及一般不得私有的法国领土部分均认为是公产的附属部分。

⑤ 根据法国学者的后续研究，《拿破仑法典》第538条和第541条所使用的公产和国家所有在意义上并无区别。因此，认为两者存在差异的观点是后来的公产学说理论家为了替自己的学说找出一个法律根据而强加给《拿破仑法典》的。参见王名扬：《法国行政法》，中国政法大学出版社1989年版，第303页。

中都没有一个可供接受的公产界定。① 法院只好通过经验主义，利用判例的方式界定公产并划分公产与私产的界限。这种情况在20世纪中期得到改善。1946～1947年，法国民法改革起草委员会作为建议而提出的一种标准，成为之后法国学界与实务界统一接受的观点。它将下列财产认定为公产：公众直接使用的财产和该财产的自然状态或经过人为的加工以后的状态必须是专门的或主要的适应于公务所要达到的目的的——公务作用的财产，以及与上述两种公产接触的物体。②

通过上述对法国公产概念界定理论与立法的研究，可以发现一个很有意思的现象：法国学者和立法者对公产的界定，往往不是从一个实定概念的角度出发的。尽管他们也主张公产所具有的"公用性"目的，但更多的是从划分公产与私产的界限、列举公产的外延种类、分析所有权归属以及强调公产受到的财产权上的限制（不得转让、不得作为时效取得的标的）角度进行界定的。这种类似于私法上界定物权的界定方式，体现了法国学界和理论界对传统罗马法财产权思想的继承与发扬。同时也与法国独树一帜的行政法院模式相关联，毕竟在法国，"民事法院被明确排斥了裁决行政行为"。③ 因此，出于对诉讼救济的考虑，公产与私产的区分还直接决定了相关诉讼是由行政法院还是民事法院管辖，是适用行政诉讼程序还是民事诉讼程序。这些都共同构成了法国公产制度的独特风景。

2. 德国、日本

与法国行政法学者不同的是，德国、日本的行政法学者则大多采用了概括性的"公物"概念。它包括所有直接供大众福祉或者行

① 参见王名扬：《法国行政法》，中国政法大学出版社1988年版，第305页。

② 参见王名扬：《法国行政法》，中国政法大学出版社1988年版，第306页。

③ ［英］L. 赖维乐·布朗等：《法国行政法》（第5版），高秦伟等译，中国人民大学出版社2006年版，第22页。

政主体自身需要使用的财产。但是因为在上述国家及地区的立法中都没有独立的公物法典,所以公物仅作为一个学理概念存在于行政法判例及学术研究之中。行政法学者们是通过对不同公物形态如公共机构、公营造物、公法设施的关注从而汇聚于公物这一核心概念之上的。在德国,最早涉及并提出公物形态的是德国行政法鼻祖奥托·迈耶,他从公营造物的角度将公物概括为行政主体供公众使用的人和物的公法组织体,并进而引申出公法设施的概念。在此基础之上,德国学者进一步将公物分为公用使用物(公共用物)、行政使用物(公务用物)和财政财产,其中前两者的集合为狭义的公物,而三者的共同集合为最广义上的公物。德国的公物理论被日本继承与发扬,但也存在些许区别。如日本学者就将公物界定为国家或者公共团体直接为了公共目的而提供使用的有体物。① 可见,日本学者将行政使用物排除在公物之外,可谓最狭义的公物概念,这也体现了日本的公物概念所强调的公共目的的直接性。

3. 英美法系国家

在英美法系中,由于与大陆法系法律框架的不同,因而并不存在概括式公产的概念。然而这并非意味着在英美法系中不存在公产理论。例如,在美国法中就存在 public domain 的概念,其含义包括广义上的全部公有或国有的财产(主要是指土地)。在实践中,基于美国宪法人权保护的基本原则的要求,出于扩大就业,完善国内基础设施的考虑,美国从罗斯福新政开始就大量地修建高速公路、桥梁及其他公用基础设施。涉及社会给付的公共事业部门无论是从数量上还是从质量上都得到了很大发展。相关的公民救助、公共廉租屋、公共医疗和社会生活保障等制度都得以建立和完善。此外,大

① 参见[日]盐野宏:《行政法》,杨建顺译,法律出版社1999年版,第742页。

量私人基金会的涌现和健全的基金会管理体制也被看作美国在公私合作完成国家给付转型过程中的一大特色。在英国,对公物的管理同样是以英国普通法理论中发展起来的公共信托理论作为基础的。① 并且,除了公共机关所掌握的公共财产以外,由于英国拥有发达的公务法人制度,因而大量的公产实际上被各种各样的公务法人组织掌握,如裁判所和独立调查机构。② 它们与公共机关一起,承担着对社会的公产给付职责。英国由于沿袭了英美法系之中公私法一体的格局,因此上述公共机关的财产实际上仍然处于财产法的调整范围之内,只是在对其使用的规则上与一般私产有所不同。如政府公产很少进入市场,遵守特殊目的的限制等。③ 总的来看,英美法系中的公产界定、使用与管理更多的是通过有限的单行法和大量判例来规范,并未形成相对集中的公产概念。

(二)我国法学界对公产内涵的识别

在我国,公产作为法律概念最早出现在 1955 年广西省人民政府④颁布的《广西省公产管理办法》⑤之中。直至今日,我国公产和

---

① 参见[日]盐野宏:《行政法》,杨建顺译,法律出版社 1999 年版,第 742 页。

② 参见[英]L. 赖维乐·布朗等:《法国行政法》(第 5 版),高秦伟等译,中国人民大学出版社 2006 年版,第 25 页。

③ 参见[英]F. H. 劳森等:《财产法》(第 2 版),施天涛等译,中国大百科全书出版社 1998 年版,第 120 ~ 121 页。

④ 新中国成立后至 1958 年之前,广西均以广西省作为行政区划名称,1965 年 10 月改名为广西壮族自治区。

⑤ 1955 年 8 月,广西省人民政府在颁布《广西省公产管理办法》的同时还颁布了《广西省共产管理办法实施条例》,该条例并未对公产进行直接定义,而是规定了公产所包括的各种具体类型,如该条例第 2 条第 1 款规定:"一、各级人民委员会及其所属机关学校使用、经管之国有房屋、地基(包括城墙拆除后之地基及市场无产权人之空旷地)、耕地(包括水田、旱地、畲地、山地等)、池塘、果园、市场、圩亭、屠宰场、水碓、水碾、油榨、码头、水利、船只以及乡村公有山林等(国有林依照广西省国有林管理暂行办法规定办理,不属本办法管理范围)。"从具体内容来看,这两部地方立法所指的公产,均属于国有财产之范畴。上述两部地方立法在 1998 年因清理失效。

公物的概念仍是相当泛化的，它不仅存在于人们的日常行为道德之中，如“爱护公物”，“保护公物、人人有责”等，也以不同形式出现在各部门法的法律规范中。例如，在我国《宪法》第12条第2款中，就存在公共财产的概念，①在民商法中，我国《民法典》第246条则使用了“国有财产”一词。② 又如，在刑法部门法中，运用较多的与公产相关的法律概念是公共财物③和公共财产④的概念。再加上经济法部门法中常用的国有资产⑤概念，行政法上使用的公共设施⑥概念。林林总总，不一而足。

---

① 我国《宪法》第12条第2款规定：“国家保护社会主义的公共财产，禁止任何组织或个人用任何手段侵占或者破坏国家的和集体的财产。”该条主要是从公共财产安全性的角度规范公民的禁止侵犯义务和国家机关的积极保护职责。

② 我国《民法典》第246条规定：“法律规定属于国家所有的财产，属于国家所有即全民所有。国有财产由国务院代表国家行使所有权；法律另有规定的，依照其规定。”

③ 我国《刑法》第382条规定：“国家工作人员利用职务上的便利，侵吞、窃取、骗取或者以其他手段非法占有公共财物的，是贪污罪。受国家机关、国有公司、企业、事业单位、人民团体委托管理、经营国有财产的人员，利用职务上的便利，侵吞、窃取、骗取或者以其他手段非法占有国有财物的，以贪污论。与前两款所列人员勾结，伙同贪污的，以共犯论处。”

④ 我国《刑法》第91条规定：“本法所称公共财产，是指下列财产：(一)国有财产；(二)劳动群众集体所有的财产；(三)用于扶贫和其他公益事业的社会捐助或者专项基金的财产。在国家机关、国有公司、企业、集体企业和人民团体管理、使用或者运输中的私人财产，以公共财产论。”

⑤ 国务院1996年颁布的《企业国有资产产权登记管理办法》第1条规定：“为了加强企业国有资产产权登记管理，健全国有资产基础管理制度，防止国有资产流失，制定本办法。”

⑥ 《治安管理处罚法》第33条规定：“有下列行为之一的，处十日以上十五日以下拘留：(一)盗窃、损毁油气管道设施、电力电信设施、广播电视设施、水利防汛工程设施或者水文监测、测量、气象测报、环境监测、地质监测、地震监测等公共设施的；(二)移动、损毁国家边境的界碑、界桩以及其他边境标志、边境设施或者领土、领海标志设施的；(三)非法进行影响国(边)界线走向的活动或者修建有碍国(边)境管理的设施的。”

反观我国行政法学界,对公产(公物或者公共财产)①的理论研究尚显薄弱,我们也只能从有限的资料中寻找到公产或者公物法律概念的身影,并且即便是在这些有限的研究资料中,在公产法律概念的定义问题上也存在较大的分歧。我国行政法学界最早论及公产学说的著作出现在1991年,该书作者认为行政机关实施行政活动,离不开物的手段。② 纵览目前的研究成果对公产的界定主要存在以下几种方式。

有学者认为"行政公产是指由行政主体为了提供公用而所有或管领的财产"。这主要包含三层意思:第一,行政公产必须供公共之目的使用;第二,行政公产必须由行政主体所有或者管理;第三,行政公产是一种财产。③ 还有学者将公物界定为由国家、行政机关或其他被授权、受委托组织、个人为直接供公共目的而使用的财产。④ 此外,也有学者直接对"公用物"加以定义,认为"公用物"是指直接为一般社会公众使用的物,如土地、矿藏、森林、草原等自然资源,又如道路、桥梁、机场、码头、公园、风景区、图书馆等人造公用设施。⑤ 除此以外,也有学者从要素分析法的角度拟订公物界

---

① 法国和德国都是大陆法系行政法的起源国,尽管各自采取了公产(法国)和公物(德国)的不同表述,但基本属于同等法律概念。本书遵循我国法律体系中长期使用公共财产这一概念的传统,故采用了法国法中"公产"的表述。除非特指,本书中所出现的公产、公共财产和公物的不同表述在法律内涵和外延上并无差异。

② 参见张尚鷟主编:《走出低谷的中国行政法学——中国行政法学综述与评价》,中国政法大学出版社1991年版,第711~712页。

③ 参见梁凤云:《行政公产导论》,载罗豪才主编:《行政法论丛》(第6卷),法律出版社2003年版,第198~199页。

④ 参见李砾、王丹:《行政公产理论问题研究》,载《广西政法管理干部学院学报》2002年第4期。

⑤ 参见张力:《当代公用物法律关系的演变及其公用性的保持》,载《广西社会科学》2003年第3期。

定所必须符合的条件。有学者认为,公产有若干要素支持其共通点:(1)国家或行政主体对于公产享有所有权,而且这种权利必须有法律依据;(2)公产须为公共目的而提供使用;(3)公产的范围能否受人类支配和影响。① 也有学者认为是否把一项财产归入公物的范畴,起决定性作用的因素主要是两个:第一,(直接的)共同利益功能;第二,适用公法(公法的统治)规则。② 据此,该学者认为公物一般是指"由行政主体支配之下的直接服务于公共利益的财产"。③ 应当说,这一观点较为准确地识别到公产区别于其他财产的核心——公法规则。但所谓的直接的共同利益,一方面显得较为抽象;另一方面将公众对公产的间接受益排除在公产要素之外,这容易导致公务用公产脱离社会的监督。

(三)公产构成要素的重新厘清

通过上述分析不难发现,对公产的识别绝非易事。究其缘由可以简单归纳为以下几点:首先,国家的公产与私产经常相互混同而难以识别;其次,随着现代行政法的扩张,社会生活中的公产具体形态变化万千而难以归纳;再次,公私合营的公产供给方式也造成了在行政法上的公产与国有经营性资产之间的跨界困惑;最后,现有界定和调整公产的法律规范纷繁复杂,几乎横跨了所有的部门法。因此,即便是以研究公产而著称的法国学者莫里斯·奥里乌也认为:"应当承认,将公产视为独立机构(公共产业)的观念在

① 参见张树义:《行政法与行政诉讼法学》,高等教育出版社2002年版,第52~53页。

② 参见肖泽晟:《公物的范围——兼论不宜由国务院国资委管理的财产》,载《行政法学研究》2003年第3期。

③ 肖泽晟:《论公物在中国人权保障中的作用》,载《南京大学学报(哲学、人文、社会科学版)》2003年第3期。

相当程度上具有可行性,但在某些情况下可能会重新适用。"①

笔者认为,对公产进行识别,首先应当将其置于最能体现其价值的部门法——行政法——中进行考量,其次应当把握行政法上的公产所特有的关键性要素,包括公产存在的目的,公产法律地位的来源,公产蕴含的权利性质,以及公产存在的价值,以便全面而准确地识别公产形态,并使其既具有理论上的价值也能够成为法律实务的参考。由此,行政法中公产应当是指为满足公用目的需要,依据公法规则确立的,供公众使用或受益的财产。② 识别公产需同时具备下列4个基本要素。

1. 公产必须满足公共利益的需要——目的要素

满足公用目的需要是公产之核心要素,其承载着对行政法上公共利益的价值追求。在以此阐明公产之所以存在的法律动因的同时,该要素还指导公产从设置到管理再到最终被利用的运行全过程。公产的种类多种多样,涉及公产支配、管理、使用的主体并不统一,使用公产的方式也极为丰富,这就必须从公共利益的角度将上述公产所涉及的物的形态、人的作用、权利与权力的关系统一起来,进而实现公产所背负的国家给付的重任。这唯有以公法上最为核心的公共利益为理论支撑方能做到,毕竟公共利益是所有行政活动的理由和界限所在,也是行政机关追求的大众福祉与私人追求的与大众福祉有关的利益的区别所在。③ 因此,即使行政主体对物曾经具有某种权利根据,只要该物没有提供为公共之用,那

---

① [法]莫里斯·奥里乌:《行政法与公法精要》,龚觅等译,辽海出版社、春风文艺出版社1999年版,第829页。

② 参见余睿:《论行政公产的法律界定》,载《湖北社会科学》2009年第9期。

③ 参见[德]汉斯·J. 沃尔夫等:《行政法》(第2卷),高家伟译,商务印书馆2002年版,第323~324页。

就不是公物。[1] 例如,在某些公共设施中,以国防为需要而设立的军事基地和雷达站,其所满足的是国家之国防需要,这显然已经超越了传统公法理念中公共利益的外延和行政法的调整范围,应当被视作一种国防利益或者军事利益。因此,军事基地和雷达站可以被视作国家所有的军事财产,但并不是行政法之中的公产。又如,在我国的基本经济体制中,允许集体所有权财产的存在。但集体财产的存在,也不具有公共利益的目的要素,而应当被视作以集体利益为依托而供集体成员共享的财产。[2]

2. 公产必须根据公法规则确立——法律要素

国家财产的形态很多,其中哪些属于行政法中的公产呢?从我国的实践看,国家所有权几乎覆盖了公产的绝大部分来源,但所有权并不能说明公产与其他国家财产之间的界限。行政主体在将公共财产提供于公用之时,需要有权力的依据,即需要拥有对该物的支配权。[3] 公产的支配权是一种区别于国家所有权的特殊权力,也与国营企业所拥有的对国有资产的占有权存在本质差异:后者是一种私法上的物权,而前者属于公权力的范畴,来源于公法规则。因此,处于这种支配权之下的财产也应当接受公法规则的调整。可见,"公物并非意味以行政主体所有权为对象之财产,而是

① 参见[日]盐野宏:《行政法》,杨建顺译,法律出版社1999年版,第750页。

② 有关集体利益所引发的诉讼案件,目前已有实例,2008年1月,广州市中级人民法院作出终审判决,广州市猎德村的最后4家"钉子户",必须将其所住房屋交予"村集体"拆除,所获补偿,则以村股东大会通过的补偿方案为准。由此在当时引发了对《物权法》是否保护集体组织村民个人不动产所有权的争议。笔者认为,不论案件带来多少困惑,至少可以说明在无法准确识别公共利益存在的情况下,交由集体组织民主决定,而不是由政府下令强拆,这种做法应当被视为一种进步而非倒退。参见《广州"钉子户"判决暴露物权保护困境》,载《每日经济新闻》2008年1月7日,第5版。

③ 参见[日]盐野宏:《行政法》,杨建顺译,法律出版社1999年版,第751页。

行政主体直接将公的目的之使用作为管理权之对象”。[1] 从另一个角度看，目前社会中还存在大量的私人拥有的提供给公众使用的财产，如私人基金会、私人博物馆、私营公路等，这些私人提供的公用物是否都属于行政法上的公产呢？显然，如果仅仅依靠个人诚信是不足以支撑公产的存在与延续性的，因为私人可以随时撤销所有物上的公用功能。所以，唯有使私人所有的公用物通过公法规则得到确认，进而接受公法规则的调整，才能保障公产公用目的的实现。换言之，私人所有的公产也需要接受公权力部门的支配。也唯有如此，才能将之与其他“事实上的公产（公物）”[2]区分开来。以国内日趋繁荣的私人博物馆业为例，由于缺乏相应的公法规范，往往成为以公益名号获取私人利益的代名词。例如，在绝大部分的旅游景点，一直都存在大量打着博物馆招牌贩卖假冒工艺品的商店，在缺乏公法支配的情况下，游客大量受骗而叫苦不迭。[3]

3. 公产必须供公众使用或受益——权利要素

公产必须供公众使用或者受益，是从公民对公产所享有用益权的角度看待的。公产用益权是指公众使用公产或因公产而受益的权利。将公众的用益权列为公产构成的要素之一，具有两方面

---

① 林素凤：《论行政法学上之公物制度》，台北，台湾中兴大学法学研究所论文，第14页。

② 事实上的公产，是指私人拥有的投入公共使用之中但未经公法认可的物，由于缺乏公法的强制性规范，物的所有人可以随时排除物的普遍使用，收归私人使用。参见肖泽晟：《公物的范围——兼论不宜由国务院国资委管理的财产》，载《行政法学研究》2003年第3期。

③ 面对私人博物馆的混乱局面，目前有的地方政府准备出台相关地方性法规给予规范化，从而将那些真正具有社会价值的私人博物馆纳入正轨，同时关闭鱼龙混杂的私营博物馆商店。参见《广州文化局草拟管理办法，私人博物馆呼之欲出》，载中国广州网，http://www.guangzhou.gov.cn/zhuanti/2003/gzmjbwg/newszc02.htm。

的重要意义：其一，以此说明公民对于公共财产所享有的公法上之受益权，从而为公产的理论源泉奠定主观公权利理论之基础。① 公产的供给，在过去经常被作为国家给予人民的恩赐，然而随着法治国家之人民主权理念的深入人心，享受公产已经成为人民行使主观公权利、分享公共利益之必然。其二，以此作为评判公产价值是否得以最终实现的唯一标准。公产的设置要么应当为公众直接使用，要么公众可以因此而受益。尤其对于行政机关的公务用公产而言，这种评价标准相比行政机关的"公务需要"标准更为实际。此外，所谓有权利必有救济，权利要素的存在，也为公民因公产用益权受到侵害而寻求救济提供了可操作性。

4. 公产必须是有公用价值的财产——价值要素

公产必须以一定的财产形态出现或者处于一定的所有权管领之下，这是行政法上的公产与其他国家公共财产和私人财产具有的同种属性。值得注意的是，我们强调行政法上公产的价值要素，其主要目的在于确保公产的公用目的，重视公产应当具有的可被支配和利用的财产价值。

首先，无公用价值的财产，仍然可能是国家财产或私人财产，却不再属于公产范畴，也不应当受到等同于公产的优待。如行政机关的特种车辆一般都享有道路收费、交通管制等方面的优待，如果抛却公用价值的要素，仅以牌照和驾驶人来识别，行政优益权就很容易被泛化成特权。

其次，如果财产的实际公用价值并不符合公产供给机关所称

① 主观公权利是指公法赋予个人为实现其权益而要求国家为或者不为特定行为的权能。其构成整个公产权利制度的核心理念。本书稍后将作专门阐述。参见[德]哈特穆特·毛雷尔：《行政法学总论》，高家伟译，法律出版社2000年版，第152页。

的公用价值时，则应当被视为公产供给的违法或者是公产供给职责的未履行，用益权人可以主张更换并要求赔偿损失。例如，政府对某贫困县提供的作物种子，如果是不具备可种植性的劣质种子，就不能被视为合法的公产，当然也不能认定其完成了公产的给付义务。①

再次，公产所体现的财产价值形态较民法上的物的形态更为宽泛，“在实现分工的现代化的工业、服务和信息社会中，物质财产不再能够完满地完成这项任务。为了从经济上保证生活方面的自我实现，有必要规定在除了传统保护的物质性私有财产之外也包括其他财产”，②诸如无体物财产：无线电频谱、网络资源，甚至是空域、地下环境都因其具有公用价值而处于公产的范畴之中。

最后，公产并非只能以独立的物态价值存在。国内有学者认为，公营造物由于是人与物的结合体，因此不是一种独立的物，从而将其排除在公物范畴之外。③ 我们对此存有不同意见。尽管公营造物如公立医院、公立高校、公立博物馆具有与一般公产不同的特殊形态，但人力因素的加入不足以否定其作为公产形态的一种。公营造物之所以能够提供公共给付，正是因为它具有可被公众利用的物质价值功能，以及基于这些财产之上公营造物人员的管理服务。丧失其中任何一个条件都将导致公营造物丧失公用价值。就如同没有公务员对政府财产的支配和掌控，比如，机关搬迁后的

① 参见《“扶贫办”岂能坑农？——贵州省织金县扶贫项目调查》，载《新民晚报》2007年9月5日，第7版；《劣种扶贫气煞永登农民》，载《西部商报》2005年5月13日，第5版。

② ［德］罗尔夫·斯特博：《德国经济行政法》，苏颖霞、陈少康译，中国政法大学出版社1999年版，第178页。

③ 参见朱维究、王成栋主编：《一般行政法原理》，高等教育出版社2005年版，第212页。

旧办公楼,就丧失了公产的价值要素,应当收归为国有资产。公营造物及其形成的公共服务资源(如公共医疗、公共教育资源等)应被视为公产的特殊形态,同样受到公产法律制度的调整。

(四)行政法中的公产与相关财产概念的辨析

如前所述,在我国法律体系中,行政法中的公产形态往往和其他财产形式相互混同,这也给公产的法治化带来诸多困惑。在明确了行政法上的公产的内涵与要素后,就有必要将行政法中的公产与其他相关财产形式进行比较,辨明它们之间的关系和差异,以求更为准确地识别公产的形态。

1. 公产与公共财产

我国《宪法》中的公共财产,是最为广义的"公产",①处于国家所有权状态下的行政法上的公共财产则是狭义上的公产。前者不仅是后者的上位概念,而且与后者之间是包容与被包容的关系。从立法目的来看,《宪法》上的公共财产立足于明确全民所有和集体所有的财产的所有权归属。但从财产法的角度来看,《宪法》上的公共财产不仅包括了以公共利益为目的的行政法上的公产,还包括了以集体利益为目的的集体公产、以国家利益为目的的军事公产或外交公产(如驻外大使馆),以及以保值增值为目的的国有经营性资产。但同时也需要注意,在国家所有权以外,仍然存在大量行政法上的公共财产,如私有公产。

2. 公产与国有财产、国有资产、国库财产

国有财产是以国家所有权为基础而确立的法律概念。我国

① 《宪法》(2018年修订)第12条规定:"社会主义的公共财产神圣不可侵犯。国家保护社会主义的公共财产。禁止任何组织或者个人用任何手段侵占或者破坏国家的和集体的财产。"

《民法典》将其界定为“法律规定属于国家所有的财产”。但只有《民法典》第46～54条所规定的，以自然形态存续并由行政机关管理和支配，以及以国有财产投入而形成国家机关及事业单位所支配的财产，才属于行政法上的公产。换言之，并非所有的国有财产都具有公产的权利价值与公用价值。国有财产还包括了国有资产和国库财产。其中，国有资产是指国家作为国有资本投入国有企业的财产，是以获取股权收入和保值增值为价值追求的。[①] 公民无法直接使用国有资产，也不存在对国有资产的受益期待与利益分配权。[②] 国库财产则属于尚处国家所有权管领之下，并未投入价值利用过程中的静态国有财产，公民也不能对此享有利用与分享的权利。

3. 行政法上的公产与司法机关、立法机关的财产

行政法上的公产是专指行政机关支配的财产？还是包括司法机关、立法机关的财产呢？这一问题目前存在较大争议。但实际上，各种权力都是国家职能行使的形态。它们仅在法律所赋予的权力属性上存在区别，但其为完成权力实施而支配的财产属性并无本质差异。这一方面可以从《民法典》第255条的规定中得

---

① 如《民法典》第257条规定：“国家出资的企业，由国务院、地方人民政府依照法律、行政法规规定分别代表国家履行出资人职责，享有出资人权益。”

② 对于国有经营性资产，人民是否具有分享和期待利益的问题，目前存在较多争议，笔者认为，即使存在一定的期待利益，也并不能忽视这种利益的流动趋势，换言之，国有企业盈利所创造的股权收益和税费收入，如需被人民分享，则必须通过国库还原成国有财产，进而作为公产投入公共使用之中。因此，从行政法的角度来看，并不存在人民对国有经营性资产的直接分享权，除非公民以股东的身份参与国有企业的资本投入，当然，这就不再是行政法所探讨的内容了。但是，作为担负一定公共财产或公共产品给付任务的公用企业法人，与一般国有企业存在本质上的区别。公用企业法人由于其占据的垄断资源和肩负的公共服务职责，其所提供的公共产品当然具有公用价值，人民也享有相对的用益权。后文将作详细阐述。

到印证,[1]该条款使用的“国家机关”显然包括司法、立法和其他类型的国家机关。另一方面我们还可以从国家机关的人员管理中获得启示。在2005年颁行的《公务员法》[2]中,将原有《国家公务员暂行条例》中的公务员范围从行政机关扩大到包括司法机关、立法机关在内的“依法履行公职、纳入国家行政编制、由国家财政负担工资福利的工作人员”。这种立法思路无疑为我们解决上述疑惑提供了指引:司法、行政和立法机关仅有权力行为上的性质不同,在人力要素和物力要素上应同归行政法管辖。反言之,如果将司法机关和立法机关的公产排除在行政法上的公产之外,如果出现立法机关“豪华”办会、司法机关公车私用的情况又应当由哪个部门法治理呢?

4. 行政法上的公产与私有公产

行政法上的公产虽主要来源于国有财产,但并不排斥私有财产的投入。私人所有权下的财产经过公法规则的设定,在不转移所有权的情况下,同样可获得行政法上的公产的法律地位。纵观公产制度的发展轨迹,公产从完全的国家负担机制向市场回归——至少是部分回归已成为公法学者的共识。与此相对应的便是各国新公共管理运动的展开。例如,法国的公产特许经营制度和目前我国已广泛采用的公共设施PPP建造和管理模式等,都将私有公产视作缓解国家日趋沉重的财政压力,帮助当代各国完成公共行政服务的重要补充力量。同时,私有公产的存在还可以纠正目前国内学界对公产理论的一种错误认识,即国家机关获得所

---

① 《民法典》第255条规定:“国家机关对其直接支配的不动产和动产,享有占有、使用以及依照法律和国务院的有关规定处分的权利。”

② 该法在2018年12月29日由第十三届全国人民代表大会常务委员会第七次会议修订颁布,但对公务员概念的表述并无变化。

有权是公产得以存在的前提。对行政法上的公产的研究,不应当过多着眼于其所有权的来源和归属,而应更多定位在如何使公产充分、全面、及时地实现其满足人民利用需要或受益的价值。因此,无论是国家所有权之下的公产还是私人所有权之下的公产,都须经公法规则的设定方可获得公产身份。这为私有财产形成公产设置了法律限制和法律保护。其法律限制体现在非经公法规则确认而设立的私有"公产"只能是"事实上的公产",其仍属于私人财产,并不享有公产所具有的各种特别物权。法律保护体现在一旦通过公法手段解除了公产上的公法限制,私人得行使所有权主张其返还。这一理论可以用于扩展公产制度的法律实务适用范畴,从而介入税收行政与规制行政之中。例如,以公务目的需要征用公民所有或使用的财产,在公务目的消失后应当返还原物(恢复原状),并应给予足额的行政补偿,否则便是对私人财产权的侵犯。一言以蔽之,如果说在私法上"理解财产含义的最好办法是,看一看一个拥有资产的人在临终时会留下点什么",①那么对公产而言,应当作出这样的描述:理解公产含义的最佳标准是"看一看一个拥有公民身份的人在其出生到死亡的期间,从国家那里得到了什么?"

三、公产的外延与种类

(一)公产的外延

公产的外延,同样是我们在识别公产过程中不可或缺的参照标准。它不仅可以帮助我们在公产内涵的基础之上识别公产的具体形态,也决定了在不同外延程度上公产所蕴含的公共利益内容;

---

① [英]F. H. 劳森等:《财产法》(第2版),施天涛等译,中国大百科全书出版社1998年版,第11页。

同时,其对于探讨公产之上所附载的公产物权之形态及具体实践也至关重要。

在国外行政法学界,公产的外延主要是依靠分类和列举方式概括的。如法国行政法理论界,一方面通过分类,将公产的外延界定为:公众直接使用的公产(共用公产)、公务用公产(公用公产)和公产接触的物体(不可分割的补充物及有益的附属物),另一方面又采用列举的方式囊括公产的实际形态,如海洋公产、河流湖泊等公产、空中公产、地面公产。① 德国学者、日本学者也大都采用了区分公务用公物与公共用公物的基本思路。只是存在最广义、广义及其狭义的区别。值得注意的是,不同的公产外延,所对应的公产物权的内涵也不尽相同。首先,最广义的公产外延,包含了财政财产(国家私产)、行政财产(公务用公产)和公共用财产。其次,广义的公产——系指行政主体直接供行政目的之用,包括前述的行政财产与公共用财产。此种公产不以所有权为区分标准,而以是否直接供行政之用为标准。最后,狭义的公产系指行政机关执行行政任务所提供的公产,包括直接供一般人民通常利用或特别利用之公共用财产。②

本书赞同第二种分类方式。这是因为:其一,最广义的公产,将管理与使用方式完全不同于行政法公产的国家私产混合于公产外延中,容易造成适用法律的错误并引发所有权争端。其二,狭义的公产将公务用公产排除在公产范围之外,使公众对行政机关丧

① 前三者可以被认定为自然公产,而地面公产可以被认定为人造公产。法国行政法学界还对人造公产进行了详细列举。参见王名扬:《法国行政法》,中国政法大学出版社1988年版,第307~311页。

② 参见李惠宗:《公物法》,载翁岳生主编:《行政法》(上册),中国法制出版社2002年版,第462页。

失了可供监督的标的和可供受益的权利。而广义上的公产排除所有权的含义,强调公用目的,可以更好地与行政法之法律关系相契合,保障了公民使用和受益的公产物权的完整性。

(二)公产的分类

对公产进行分类研究,有助于我们把握每一种公产所具有的不同法律特征。值得关注的是,公产的分类应当主要运用公法上的区分标准,并以私法上物的形态分类作为参照,这也进一步说明了公产的存在与私法上财产的存在具有的不同目的性。公产分类的依据很多,如公产的形态、公产的职能、公产的所有权来源或者公产行政主体的身份等。但需要说明的是,不同种类的公产彼此之间也可能存在相互交叉。如公务用公产同时也属于人造公产和国有公产;又如法国行政法中的空中公产还包括人造的飞机场及其附属设施。①

1. 自然公产与人造公产

这是根据公产形成的不同途径而进行的分类。自然公产一般是指天然形成的以其自然状态即可供公用的公产,包括土地、森林、水源、草原、沙漠、空域等。人造公产是指以人工方式创造的公产,包括公园、公共大剧院、公共广场、机关事业单位办公楼等。自然公产可能因为人力的介入而丧失或部分丧失其自然公产的身份。如在土地上修建公路,则土地的自然形态被公路所覆盖;又如在江河上设置各种水利工程或航道设施,这时水源的一部分就转变为人造公产。

2. 公务用公产与公共用公产

这是根据公产直接使用人的不同而进行的分类,也是关系到

① 参见王名扬:《法国行政法》,中国政法大学出版社1988年版,第311页。

公产利用方式的重要分类。公务用公产也称为公众用公产,是指以公务目的由行政机关直接使用的公产。如政府的办公大楼、公务用车、警械、制服等。公共用公产是指直接设置供公众使用的公产,如公路、桥梁、机水井等。

当然,公务用公产与公共用公产的界限也并非一目了然。一般认为,为了尽可能地满足公众对公共服务的需求,支配公务用公产的行政组织在不影响自身公务开展的情况下,应当允许公民有限度地使用公务用公产,如到行政机关大楼办理行政手续,使用行政机关提供的办公用品;又如使用行政机关的停车场或者要求警察使用警车提供安全保障服务。

3. 公营造物和行政机关支配的公产

这是根据公产日常管理主体的不同所作的分类。公营造物是指由国家公权力机关设立的向公众提供持续公共服务并具有公法上独立人格的公物组织。其具有人、物综合构建之要素属性,①如公立学校、公共博物馆等,从其所承载的利用物质设施提供公共给付的职能看,公营造物应当被归于一种特殊的公产形态,但同时它又是一种不同于行政机关的公产组织。本书将在后续篇幅中对其作专门的介绍。除了公营造物组织管理的公产外,其他的公产如公共设施、公务用公产、自然公产等大都直接由行政机关设置并管理。值得注意的是,公共设施与公营造物都属于公用公共设施,只是管理者的身份不同而已。此外,在社会生活中,我们所关注的公产形态,许多都是以公私合营甚至是私营托管的方式存在的。从表面看,似乎公产的支配者是由私营机构担当的,但实际上,无论私营主体如何变化,都仅仅是管理者或者特许经营人的更迭,并没

① 参见范扬:《行政法总论》,中国方正出版社2005年版,第126页。

有割裂公产与其实际支配人——公产行政主体——的法律关系。相比之下，现实情形更多是公产行政主体以私营管理为由淡化或掩盖自己的职责。① 认识这一点，对公产利用救济的有效性与针对性而言格外重要。

4. 国有公产与私有公产

这是根据公产的所有权不同而作的分类。国有公产是指所有权归国家的公产，私有公产是指所有权归私人但由公法机关支配管理的公产。国有公产在被废止之后应当收归财政公产，而私人所有的公产在被依法废止或者公用关系消失后，应当归还给原所有权人，当然也可以被国家征收，如私人投资经营的高速公路。值得注意的是，法、德、日等国行政法都承认行政机关对公产的所有权，国内也有学者持此观点。笔者认为，在我国国情下，公产的所有权与公产提供公用是不同法律层面上的问题，无论是国有公产还是私有公产，都不因其所有权的归属而影响公产的利用价值，行政机关或公营造物组织只享有国有或私有公产的支配权而已，这对于扩大行政法上公产的来源，破除既往全能国家和全能政府的思想禁锢具有重要意义。② 同时，突出私有公产这一特殊形态，亦为当前我国被广泛适用的“政府向社会购买公共服务”提供了法理支撑。

---

① 例如，目前很多城市都存在着大型蔬果批发市场，用以承担为城市供给蔬菜水果的公共服务功能，从统计来看，其中绝大多数的市场都是由私人兴建经营的，由于这些市场多半都具有独家经营或区域垄断经营的特点，因此经营管理环节中巧立名目乱收费的现象屡见不鲜。这使蔬果经营中的非正常成本不断被推高，导致蔬果种植户、经营户及普通消费者面对高企的经营成本和物价叫苦不迭，主管部门却往往对此难有作为。参见《北京一菜市场年收“进门费”3 亿　一车菜须缴千元》，载中华网，http://news.china.com/social/1007/20131031/18121303.html。

② 后文将就公产的所有权和支配权关系作详细阐述。

第二节　作为公产制度理论基础的公产物权

一、行政法公产制度的理论基础——公产物权

在上文中，我们的探讨始终围绕着“公产是什么?”这一问题展开，然而，仅仅界定公产的内涵外延及其形态，对于研究公产制度的存在价值是远远不够的。在我们看来，公产不是以一种静态的身份存在，而是以动态的方式展示其所蕴含的公益价值。透过每一盏路灯的温馨、每一棵树木的葱绿、每一座桥梁的雄伟、每一所学校的宁静，我们在感知这些财产的客观存在性的同时，还有它们所折射出的政府的担当以及人民的幸福。当我们审视那些待修整的道路、污染严重的河流时，我们理所当然地会思考政府的责任和人民的期待。由此可见，公产之存在并非代表着公产一定能被社会公众充分有效地利用，探究从公产到公产利用的桥梁即是作为公产制度的核心——公产物权。

美国著名人权学者罗纳德·德沃金曾说过:“大部分法律不可能是中立的，在它的大部分内容之中，它必须说明大多数人的关于社会利益的观点。因此，权利制度是至关重要的，因为它代表了多数人对尊重少数人的尊严和平等的许诺。当人群中的这种分裂最为严重时，如果必须执行法律，那么这个许诺必须是真诚的。”①单纯的物，始终只是社会关系的构成元素，并不能引发利益关系的形成，当物被作为政府所给予人民的帮助之时，它就应该恰如其分地

① [美]罗纳德·德沃金:《认真对待权利》，信春鹰、吴玉章译，中国大百科全书出版社1998年版，第269页。

以权利的方式成为政府对人民的许诺。正如史尚宽先生在他的《物权法论》正文第一句话中所谈到的:“吾人必须籍外界物资以生活,而物资有限,不能不定分以息争,在一定范围对外界物资之支配,认为权利,以使互不相侵而保障物资之安全利用,此为物权之社会作用。”①因此,在私法关系中,财产利益的冲突与权利的较量必然受物权法调整,从而使财产与物权浑然一体。公产从本质而言,脱离不了其天然的财产属性。因此,对公产的探讨,不仅仅需要界定“何谓公产”,更需要深入探究至依附于公产之上的权属内涵中,进一步解答“公产归谁所有?”“谁来支配和管理公产?”“谁有权利用公产?”这三个重要的理论问题;并由此引申出对公产思考的更大空间,例如:“人民能否要求政府提供适当的公物?”“如何判断公物管理行为的正当性?”“人民可以从哪些途径来利用公物并由此受益?”“公产利用的形式和规则是什么”等。可见,公产的存在决定了其具有以公共利益为依托而实现公用目的的价值取向。公产物权则对于界定、判断、维系与保护这种公益取向具有不言而喻的重要性。

同时,公产物权在行政法体系中的阐明,对于甄别和考量公产利用行政法律关系及其要素至关重要。法律是以规范权利与义务为目的而存在的,同时,“法律也是社会关系的调整器”,②经过法律所调整的社会关系便转换为以权利与义务为内容的法律关系。只有将公产置于权利与义务的对价之中,我们才能厘清公产管理者的权力与职责、公产利用者的权利与义务,进而赋予公产行政法律关系相对人寻求救济的可能性。由此我们可以推导出公产与公产

① 史尚宽:《物权法论》,中国政法大学出版社2000年版,第1页。

② 周佑勇:《行政法原论》(第2版),中国方正出版社2005年版,第23页。

物权在公产制度中的理论逻辑关系:公产物质形态的存在,给予了人民分享公共利益的客观可能性;而公产物权的存在,给予了人民切实利用公产所附载的公共利益的主观能动性。这就像一瓶好酒放在面前,尚需要开启的工具、可供使用的酒具以及品酒之人,最后才能评价这瓶酒的好坏。

综上所述,公产物权与公产本身是不可分割的,公产物权制度当仁不让地担当起了从公产供给到公产利用之间的理论和实践纽带,其理所应当地成为整个公产制度的核心内容。然而遗憾的是,我国学界以公产物权为对象的学术研究相对贫瘠。原因何在?笔者认为,首先,国内学者过分唐突地接受了国外学界对公产物权理论的一些"通说"观点而认为公产物权丧失了继续探讨的价值。不料却忽视了与中国国情的结合,造成法学理论移植过程中的"水土不服"。其次,公产的物质状态流通性不强,掩盖了其背后权利与权力的身影,以公产为对象的大规模的公私合营、承包、租赁甚至产业化更是进一步加剧抹煞了公产的公益色彩和行政法个性。最后,我们也不得不承认,当代中国行政法的理论与实务界对公产制度的关注不及其他部门法,以至于大家甚至习惯了以私法的眼光看待公产及其物权。

二、公产物权含义的初步分析——以民法物权为参照

(一)寻找公产物权的概念构成之迷

坦言之,即便放眼于全球,公产制度发展至今,尚没有真正形成专属于自己的完整物权概念和体系。从现有资料来看,域内涉及公产物权的相关法律概念最早来源于民国时期我国行政法学大家范扬先生,在他的《行政法总论》一书中首次提出了"公物权"的概念。遗憾的是,由于民国时期我国行政法启蒙多半是以

大陆法系尤其是德国、法国为模板，因此在论及此公产物权制度之时，范扬先生也和绝大多数的外国行政法学者一样专注于探讨公物的所有权问题。① 当然，范扬先生也从公物权归属的角度，将其笼统地归属于国家公权力。② 此后也有公法学者曾提及公法上之物权或物权关系的概念，但基本上都将物权的重心置于行政主体之上。③ 反倒是私法学者对公法上的物权关注颇多，无奈的是，也逃不脱所有权中心制的宿命。从域外来看，日本行政法学家盐野宏教授也提到了"公物管理权"的概念，其只是通过管理权的概念剖析公物管理权的来源——公物所有权归属的问题。④ 德国学者与法国学者更是直接将公产物权的内涵置于行政主体的所有权之中。于是这里存在以下两点疑惑，其一，我们是否需要公产物权的概念；其二，从哪里寻找可供借鉴的公产物权概念呢？

实际上，在上面有关公产与公产物权的分析中，我们已经得出

---

① 参见范扬：《行政法总论》，邹荣校，中国方正出版社2005年版，第138页。

② 除了在探讨公物的内容中论证了公物权的所有权性质之外，范扬先生还在探讨国家公权力的内容中，涉及公物权。他认为："公法上之物权，或因财政权之效果而生，如作租税担保而认有之留置权是。或为军政及保育之利益而认有，如道路并其他公物之管理权及公用地役权是。"在这里，范扬先生颇有远见地识别了公产之上的公法支配权，却将包含支配权与所有权在内的公产物权作为国家公权力的一种形态，并未涉及人民对公产的利用权。当然，笔者认为，以范扬先生著书之年代看，能有如此详细的公产物权论述，并集法德之所长，已实属不易，当之无愧为中国行政法公共财产制度之奠基人。参见范扬：《行政法总论》，邹荣校，中国方正出版社2005年版，第39页。

③ 例如，曾有国内学者尝试界定过公产物权：行政法上的物权是由行政主体享有，为公益或为行政活动便利而设立的财产权。笔者认为，该定义将享有物权的主体仅仅置于行政主体身上，一是容易与行政优益权混淆，二是并没有凸现相对人对公产的分享权。故而不可取，但该学者所提倡的公务用物权和公益用物权则值得我们借鉴。参见刘丽萍：《行政法上的物权初探》，载《政法论坛》2003年第3期。

④ 参见[日]盐野宏：《行政法》，杨建顺译，法律出版社1999年版，第760～764页。

了公产物权在公产制度中处于核心地位的推断。合理界定公产物权的重要性无须赘言。可是为何这一关键性的概念却往往被国外学者忽略呢？在我们看来，主要有以下两个原因。

其一，基本经济制度不同所带来的差异。中国是目前世界上为数不多的坚持奉行社会主义公有制为其基本经济制度的国家之一，这也决定了中国与其他国家在基本财产权制度上的不同。在公产（公物）制度研究较为发达的法国、德国、日本，都是以私有制为基本经济制度的，由此产生的一个本质上的区别在于：在私有制度之下，探讨行政机关、地方政府，甚至公益法人对公物的所有权几乎不存在任何制度上的阻碍。换言之，任何公法部门的财产都可以与国家所有的财产相分离，从而构成行政主体所有的公产状态，并由此形成行政主体对公产的支配管理权力。然而在中国，公有制所形成的国家所有权与集体所有权、私人所有权构成了我国财产所有权的格局。这时，在公产制度中就有两个不能回避的问题：第一，我国的行政主体是否能够获得公产的所有权？从目前的物权制度来看，行政主体的公产所有权在公有制之中几乎没有可容身之处。现行立法也进一步印证了上述观点：《民法典》物权编第255条明确规定："国家机关对其直接支配的不动产和动产，享有占有、使用以及依照法律和国务院的有关规定处分的权利。"该法第256条同时规定："国家举办的事业单位对其直接支配的不动产和动产，享有占有、使用以及依照法律和国务院的有关规定收益、处分的权利。"可见，按照《民法典》物权编的规定，无论是行政主体还是被授权的组织，甚至是事业单位都只能对国家财产进行支配，进而获得占有、使用的其他物权。即便是最高国家行政机关——国务院——也只是代表国家行使所有权。[①] 所以，国内曾有学者认为行政机关可以作为公产的所有权人的观点，显然有失偏颇。[②] 第二，如果行政主体并不享有所有权的话，那么对公产的管理权又来源于何处？其实在解析了上一个问题后，回答这个问题并不困难，如果说在域外上述国家和地区，管理权可以由所有权而生的话，那么在我国，管理权可以直接从法律授权而取得。[③]

其二，法治发达程度的不同所带来的思考。国外学者在探讨公产制度时，往往忽略公产物权的存在，直接切入公产的管理与利用的法律关系，分析公产管理的手段和利用的方式。这是否又说明公产物权的无关紧要呢？笔者认为，一个必须要承认的事实在于，上述国家和地区拥有相对发达的法律制度和悠久的法治文化，尤其是具有完善的公法救济制度。并且，以公民公产利用权利为核心的行政给付理念相当成熟，简言之，在他们探讨公产管理和利用关系的过程中所遇到的权力控制与权利救济几乎都可以在现有的行政法制度和单行法中找到可供解释的理论和法律依据。例如在德国，一旦公产利用关系发生纠纷，法院既可以引用单行法规定，也可以引入主观公权利理论实施行政救济，保护相对人的权

① 《民法典》第246条规定："法律规定属于国家所有的财产，属于国家所有即全民所有。国有财产由国务院代表国家行使所有权。法律另有规定的，依照其规定。"

② 有学者认为：从所有权角度很难理解一个行政机关如何会有行政公产的所有权，但把这个行政主体视作国家时，这个问题便解决了。此外，作者还以集体组织享有集体财产所有权为由推定行政主体也享有公产所有权。笔者认为，上述观点，尽管受累于当时《物权法》颁布之前我国公产物权体系的不明晰，但显然亦是受到国外公产制度的影响颇深。参见朱维究、王成栋主编：《一般行政法原理》，高等教育出版社2005年版，第210页。

③ 笔者认为，如果管理权来源于法律规范，那么这种权利的性质就将脱离私法上的物权色彩，进而成为以行政法授权而获得的行政职权。下文将有详细阐述。

利。在我国,行政法的发展历程较短,现有的立法与司法实务往往集中于规制行政,行政给付的立法体系非常薄弱,行政机关的服务观念也尚未形成,社会公众对于分享公产的需求还远远没有得到基本满足。因此,笔者认为,树立公产物权的体系,绝不是一种标新立异,它可以帮助立法者厘清公产给付的立法思路,引导行政机关依法合理履行公产给付职能,提倡公民通过主张合法权利的方式利用公产,进而保护公民对公产的使用与受益的权利不受侵犯。

(二)公产物权与民法物权的初步比较

在迷惑之际,我们如何寻找可供借鉴的公产物权概念与体系呢?民法作为万法之母,也是行政法得以衍生的温床,我们可以尝试从传统的私法物权制度中寻找到一些灵感。我国2007年颁行的《物权法》第2条第3款明确规定:“本法所称物权,是指权利人依法对特定的物享有直接支配和排他的权利,包括所有权、用益物权和担保物权。”2020年颁布的《民法典》物权篇也继续沿用了这一概念表述。应当说当前我国的物权法律概念已经与我国民商法理论界的通说基本相当,①与域外学者对物权的定义也基本相同,大致都包含了支配、直接获得利益以及排斥他人意思几方面的因素,②那么公产物权是否也具有私法物权所必要的因素呢?我们不妨从内容、特征与效力上对私法物权与公产物权作简要比较。

其一,私法物权与公产物权内容之比较。私法物权的内容即

① 也有民法学者认为,所谓物权,即权利人直接支配物并排除他人干涉的权利。参见孙宪忠:《中国物权法总论》,法律出版社2003年版,第12页。

② 参见孙宪忠:《中国物权法总论》,法律出版社2003年版,第23~24页。

物权人能够享有的权利,或者称为物权的权能。传统民法是以占有、使用、收益和处分构成物权内容的。但无论是从当年《物权法》还是从现有《民法典》的定义来看,仅仅包括了所有权、用益物权和担保物权。可见是将传统物权内容进行了整合,并吸收了担保物权的内容。值得注意的是,作为一个民法上的单一物权主体,如所有权人,几乎可以完整地享有私法物权的全部内容——包括在所有权的状态下占有或者使用财产,或者凭借该财产获得收益和担保,并享有自由处分的权利。公产物权在内容上与私法物权存在很大的差异。首先,支配公产的主体不会是所有权人本人(国家或者个人),多半是行政机关或者公营造物组织。其次,公产的存在往往并不在于实现其收益价值,而是实现其公用价值。所以绝大部分的公产通过公用将会造成价值流失。再次,公产通常不得被设置担保物权。① 最后,出于公共利益的考量,公产的处分一般受到较多的限制。

其二,私法物权与公产物权特征之比较。一般而言,私法上的物权在客体上要求必须是特定物,即除了必须是确定的、有一定的体积、占有一定的空间的有体物或者可以作为物权客体的权利等一般要求外,还要求必须是人能够控制的物,进而排除了如空气、海洋等私法主体无法控制的物的形态。在公产物权之中,其客体的范围要大于私法物权。例如,上述空气、海洋等可以作为自然公

---

① 如2007年的《物权法》第184条第3项规定,学校、幼儿园、医院等以公益为目的的事业单位、社会团体的教育设施、医疗卫生设施和其他社会公益设施不得作为抵押的财产;2020年的《民法典》第399条第1款第3项在2007年《物权法》基础上将其表述改为:学校、幼儿园、医疗机构等为公益目的成立的非营利法人的教育设施、医疗卫生设施和其他公益设施,不得抵押。进而设立了更为科学的以非营利法人+公益目的的双重识别标准。

物列入公产物权的客体范畴之中。① 从物权的支配权、绝对权和排他性等特征来看,私法上的物权主体可以依据支配权强调单方面的"意思强力",即依照自己的意思实现权利目的或者排除相对人的请求权。② 在公产物权之中,作为支配权主体的行政主体必须按照公共利益和公用目的的需要提供公物供给。这不仅是一种权力也是一种不可推卸的职责,所以绝对权在公产物权之中并不能有效实现。例如,一幢建筑应当被作为学校还是被出租作为宾馆,并不是建筑的支配组织可以单方面决定的,而应当从这幢建筑的设立目的来考量。此外,作为公共用公产,并不存在排他使用的情形。

其三,私法物权与公产物权效力之比较。传统私法物权所具有的效力包括物权对债权的优先权,物上请求权等。公产物权的效力范围相比之下更为宽广。以民法中物权对债权的优先权特例——买卖不破租赁原则——为例,如果文物管理部门将某处亟待修缮保护的房屋以"不可移动文物"的名义设定为公产,那么出于公共利益的考量,该文物不动产的管理部门就可以限期要求租赁人撤出该不动产,而不必考虑租期的延续和长短。此外,如果该处文物保护不动产是由私人所有,那么即使后续发生了不动产转让,也不能破除该不动产所负载的文物公产效力,文物管理部门依旧可以对该不动产采取如抢救性保护或禁止新的不动产所有人对

① 参见王名扬:《法国行政法》,中国政法大学出版社1988年版,第307~311页。

② 现代物权制度也认为,在所有权制度中,所谓的绝对权之中的任意权应当受到法律或者公序良俗的限制,但仍然不否认权利人自主达到权利目的的绝对性。

其进行添附或破坏。①

可见,尽管公产物权与传统物权具有关联性,但差异更显突出。因此,我们不能单纯以私法之上的物权取代公产物权。正如有民法学者指出的,公法规范的基本出发点,是对公共权力的应用和制约,因此公法规范涉及民事权利如物权时,其含义不一定与民法一致。而私法上的物权规范,其出发点是协调围绕这种民事权利而形成的社会关系,所以无论是民法还是作为私法特别法的商法等法律,其使用的概念一般而言保持了民法上的意义,与公法的意义有所不同。②

本书认为,相比历经几千年积淀的民法物权,当我们面对尚显青涩的公产物权,不妨以宽容的心态对待它。一方面让它避开传统物权支配性、受益性和排他性等传统物权所有权中心制的干扰,另一方面通过列举展现公法特征、凸显公法效力、符合公益内容的思路,承托它在物权法律体系之中的独特地位。也许,在我们对它进行结构性分析之后,所得出的结论,会比我们简单地拟定一个概念更具实践价值。

---

① 参见《文物保护法》(2017年修订)第21条第1款规定:"国有不可移动文物由使用人负责修缮、保养;非国有不可移动文物由所有人负责修缮、保养。非国有不可移动文物有损毁危险,所有人不具备修缮能力的,当地人民政府应当给予帮助;所有人具备修缮能力而拒不依法履行修缮义务的,县级以上人民政府可以给予抢救修缮,所需费用由所有人负担。"该法第26条第1款规定:"使用不可移动文物,必须遵守不改变文物原状的原则,负责保护建筑物及其附属文物的安全,不得损毁、改建、添建或者拆除不可移动文物。"

② 参见孙宪忠:《中国物权法总论》,法律出版社2003年版,第52~53页。

第三节　公产物权与公产利用

公产利用系公产制度的终极价值之所在，公产的集合与维护皆由国家公权力加以保障。具体而言，作为公共财产肌体血库的人民大众接受税收行政之制约，集合而成公产的物质来源——财政财产；财政财产一旦形成即独立于人民大众的私有财产并为公产建设、维护提供资金支持，所形成之公产客观上限制人民以对待私有财产之方式使用。由于国家仅为抽象人格，其必然无法切实享受因公产之集合、维护所形成的庞大公共利益，公共利益最终将以给付行政方式反哺人民——公产利用由此形成。可见，公产利用是沟通公产与人民之间利益牵连的核心所在，如前文所述，公产物权则给予人民切实享受公物所附载的公共利益的主观能动性。不难发现，公产物权与公物利用在公产理论体系中存在着制度上、学理上和实践中的逻辑关联。要弄清两者之联系尚需作进一步分析。

一、公产利用的界定

（一）公产利用内涵之字面理解

利用，顾名思义，即为了获取利益而使用。从字面含义理解，公产利用应指公众从公产中享受到切实利益，这种利益由国家行政给付加以保障。如果以利益内容对受益者而言是具体还是抽象为标准，直接受益指受益者所享受之利益是具体而明确的，可以从实定法中找到相应的权利依据；而间接受益则指受益者所享受之利益是宽泛而抽象的，仅停留在反射利益、事实利益的层面。如果以利益获取是否通过受益者行为的实现作为标准，主动受益指受益者通过自身行为能动地实现利益；被动受益则指受益者通过他人行为实现利益，自身顶多是用心感受利益的客观存在。综上所言，公众从公产中获益，可以归纳为以下几种情形。

其一，“直接＋主动”受益，即公众通过自身行为直接使用公产而具体受益，对公共用公产、公营造物的利用大多属于此列。例如，利用广场锻炼身体、利用公路出行、利用公立学校接受教育、利用公立图书馆查阅资料等。

其二，“间接＋被动”受益，即公众通过行政机关及其工作人员使用公产的行为而获得宽泛乃至抽象意义上的受益，主要表现在无法进行公共使用的公务用公产之利用上。例如，公务用车、警械等执法装备的使用绝对排除公众使用，行政机关工作人员使用这些公产可以保障顺利完成职责，从而为公众营造一个治安良好、秩序井然的社会环境，但公众从中所享利益只是宽泛之公共利益中的一部分，传统观点认为这部分利益仅属权利之反射，无法诉诸司法救济。

其三，“直接＋被动”受益，即公众并未借助自身行为而直接从公产中享受到具体利益，主要表现在与实现环境权相关的人造公物之利用上，利用此类公物与使用广场、公路最大的不同在于受益者主要通过内心感受而非外部行为来获益。例如，公众从城市绿化隔离带中享受到的环境利益，主要是一种视觉上或心情上的享受。

其四，“间接＋主动”受益，即公众对常态下由行政机关及其工作人员使用的公务用公产，也可能通过自身行为加以附属使用，即所谓的“公务用公产之公共使用”。此时，与行政机关及其工作人员的使用相比，公众之使用具有附属性，可能因使用资格瑕疵而受公产家主权的排斥，或因违反使用规则而受公产警察权的约束。例如，政府办公楼、办公用品在常态下供行政机关及其工作人员履行职务之用，但公众前来办事时，可以使用政府办公楼内的座椅休息、使用办公用品办理手续。

(二)公产利用内涵之深层解析

1. 最广义层面:作为一项法律制度的公产利用

公产利用法律制度包含公产利用法律关系制度、公产利用权利制度、公物利用救济制度等多项内容。上述诸内容均围绕公物利用中的三方主体展开,且具有递进关系,即公产物权寓于公产利用法律关系中,而公产利用救济则系针对公产物权中的具体权利进行救济。

公产利用法律关系制度解决的是公产利用的提供者——公产所有权人——如何受制于公用目的并行使"剩余财产权"、公产利用的保障者——公产支配权人——如何维持公用目的并设置与管护公产、公产利用的受益者——公产用益权人——如何在公用目的范围内直接使用公产或因之间接受益。

公产物权制度则探讨公物利用法律关系中三方主体权利(力)的相关问题。首先,公产所有权人享有剩余财产权(即公产所有权),表现为占有、使用、收益、处分等权能受限。公产所有权人未必占有公产,例如,在政府租用私人兴建的楼房作为办公楼、警察征用路人的车辆追捕违法分子、以 BOT 形式修建公租房等例子中,公产均由利用人占有;公产所有权人对自有财产的使用、收益仍受公用目的限制,如其使用以不妨害公众使用为限,收益则通常遵循微利性;公产所有权人原则上不得处分公产,但能保证公用目的不受影响者可以适当放宽;公产所有权人对有资格使用者合乎公产设置目的之使用负有容忍义务。其次,公产支配权人享有公产管理权、公产家主权、公产警察权(三者统归入公产支配权),公产管理权是针对公产整个存续过程的概括性权利,具体包括设立、维(养)护、废止公产的权利;公产家主权是针对无资格使用者的防御权,与“风可进,雨可进,国王不可进”的消极住宅权类似,具有排除妨害性质;公产警察权则是针对有资格使用者的违法使用予以规制,不仅具有排除妨害之性质,还具备惩戒违法之性质,需以获得法律授权为必要;公产支配权人之义务与公产用益权人之权利相对,包括不得妨碍公产利用(自由权的对应义务)、积极提供并维护公产利用(受益权的对应义务)、排除他人对公产的妨害(保护权的对应义务)、听取利用者意见(参与权的对应义务)。最后,公产用益权人享有排除妨害公产请求权、公产受益请求权、公产保护请求权、参与公产决策请求权(统称公产用益权),4 项权利分别属于主观公权利体系中要求国家消极不为的自由权、要求国家积极而为的受益权与保护权、介入行政决策的参与权;公产用益权人的义务包括利用需符合公产设置目的、利用需遵循公产使用规则、按照利用程度承担必要的使用费等。

公产利用救济是针对公产物权中利用权人的权利救济,故公产利用救济制度主要研究公产利用的侵权形态与相应的救济设计。以公产利用的两种基本形态划分,侵权形态可分为公共用公产利用之侵权形态、公务用公产利用之侵权形态。前者包括以滥用职权方式妨害公产利用,如原本供公众自由使用的道路、广场被改为商品房楼盘,公共图书馆被转卖或出租为娱乐场所;以行政不作为方式怠于履行公产给付职责,如下水道井盖丢失后,主管行政主体没有采取积极的补救措施;怠于排除第三人对公产利用的侵害,如公产受让人禁止公众继续利用公产,而主管行政主体对上述行为不予排除;以滥用裁量权方式提高公产利用的门槛,如自然景区门票涨价过于随意,价格听证形同虚设,公众利用自然景区的成本一再提高。后者集中表现为行政主体滥用职权,为谋取个人利益而使用公务用公产,如建造豪华政府办公楼、超标配置公车、公车私用等。救济设计包含制度设计与处理方式设计，前者即通过何种路径、渠道对相对人提供保护——救济途径的问题，如行政复议、行政诉讼、申请信息公开、听证、国家赔偿等；后者即以何种具体手段向侵权者追责，进而实现相对人的权利保护——救济方式的问题，如撤销、责令履行、变更、赔偿等。

2. 广义层面：作为一种使用方式的公产利用

作为一种使用方式，各国（地区）行政法对公产利用的使用方式均有不同界定。其中，德国与日本以使用内容和范围划分、法国以使用人数划分，形成了公产利用多种使用方式并立的现状。①

根据使用内容和范围不同，日本行政法将公产利用分为一般使用、许可使用和特许使用；德国行政法原则上不采取许可使用与特许使用的区分方法，而是将公产利用分为一般使用与特别使用，并只在水资源的经济利用等少数领域对特别使用作进一步区分。②通常认为，一般使用是指无须批准，任何人可以按照公产命名的范围进行使用；相应地，特别使用则指超出一般使用范围的使用。至于许可使用与特许使用的区别，通常认为前者并未赋予被许可人既得权利，仅仅是解除对其天然自由的一般性禁止；而后者则赋予了被特许人主观公权利。照此看来，"许可"使用似乎不具权利性质。但实际上，"许可"和"特许"属理论划分，二者在法律文本中往往难以区别。如德国《水保持法》中规定了"许可"和"审批"两种方式。"许可"赋予的水使用权有固定期限，只能在特定情形下废止；"审批"赋予的水使用权则可以随时废止，使用者的法律地位弱

① 参见梁君瑜：《公物利用救济论》，广西大学2014年硕士学位论文，第14～16页。

② 参见［日］大桥洋一：《行政法学的结构性变革》，吕艳滨译，中国人民大学出版社2008年版，第196页。

于“许可”。[①] 故此处“许可”所对应的实为理论上的特许。在上述分类标准之外，德、日行政法还提到沿线居民的增强使用、目的外使用。沿线居民的增强使用是指居住在公产附近的居民，由于对公产承担较一般人更多的容忍义务，或对公产具有较一般人更大的依赖性，从而获得比一般使用范围更大的利用权利。目的外使用是指在不妨害公用目的之范围内，行政机关与私人设定私法上的使用关系，许可后者对公产进行使用或受益的权利，如在机关建筑中开设快餐厅或自动售货机。

根据同时使用公产的人数不同，法国行政法将公产利用分为共同使用与独占使用，而独占使用又包含了特别独占使用与普通独占使用。共同使用原则上不需经过管理机关批准，公众可依照公产设定的目的进行使用，但使用人对此并不取得任何既得权利；独占使用是指使用者单独占用公产的一部分，是必须经过许可或特许后方能享有的权利。在独占使用中，特别独占使用是指某项财产正常情况下处于共同使用状态，仅例外发生独占使用的情形；与之相反，普通独占使用则受某些公产本身的性质影响，以独占使用为设定目的，如菜市场的菜摊、公墓场地的墓地。

根据公产利用的权源不同，我国台湾地区学者将公产利用分为5种情形，即除采用日本行政法的三种分类外，还增加习惯利用与私法利用。习惯利用是指无须许可，即依习惯赋予特定公众利用公产的权利，其常见于自然公产，“附近居民恒以其天与利益，不俟许可而利用之”。[②] 私法利用则指在公产上设置私法权利的利

---

① 参见[德]汉斯·J.沃尔夫等：《行政法》(第2卷)，高家伟译，商务印书馆2002年版，第520页。

② 李惠宗：《公物法》，载翁岳生编：《行政法》(上册)，中国法制出版社2002年版，第445页。

用,如在公共交通工具上张贴广告、在公共图书馆内开咖啡厅等。

3. 狭义层面:作为一项具体权利的公产利用

作为一项具体权利的公产利用等同于公产用益权,其要求国家消极不为的排除妨害公产请求权、要求国家积极而为的公产受益请求权与公产保护请求权,以及介入国家治理的参与公产决策请求权等权利种类。公物利用具备复合型主观公权利之性质:①当公权力危害公产利用时,如政府修建"遮羞墙"影响沿线居民出行,离不开排除妨害公产请求权的运用;当公产供给不足或迟延时,如大量财政资金被挥霍于政府的豪车大楼而致公共设施年久失修,离不开公产受益请求权的行使;当私人危害公产利用时,如乡干部以本乡公立小学抵债,离不开公产保护请求权的主张;当公产运营决策有损相对人利益时,如景点门票价格听证"逢听必涨",离不开参与公产决策请求权的呐喊。作为复合型主观公权利的公产利用,一方面,强调个人可就利用公产过程中遭致的危险或损害寻求预防性救济或事后救济。认真对待公产利用的复合型主观公权利性质,要求赋予公众在实际损害发生前得请求行政主体排除危险的权利,以及在实际损害发生后可寻求国家赔偿的权利,后者需要在下一轮《国家赔偿法》修改时,将公产致害纳入国家赔偿的范围。另一方面,还强调公产利用的主体为公众,而非行政主体及其权力延伸部分——公务人员,这在公务用公产的利用问题上尤其需要注意。

二、公产物权与公产利用的衔接

通过上文分析,我们发现处在不同意义理解层面的公产利用

---

① 参见梁君瑜:《作为复合型主观公权利的公物利用》,载《时代法学》2015年第2期。

均与公产物权存在千丝万缕的关系。

首先,作为法律制度的公产利用与公产物权呈现包容与被包容关系。公产物权作为公产利用法律制度中的一个部分被加以探讨,除却公产物权制度外,公物利用法律制度还研究公产物权的滋生土壤(即公产利用法律关系)以及公产物权的坚实保障(即公产利用的救济)。为避免孤立研究公产物权制度,通过公产利用制度层面的研究不仅更为全面、严谨,也对公产物权相关配套制度的发展大有裨益。

其次,作为使用方式的公产利用与公产物权呈现交叉关系。公产利用的诸种使用方式呈现不同的权利属性,有的表现为主观公权利(如公共用公产的特许使用),有的则表现为反射利益(如公务用公产的公共使用),有的甚至尚无法界定,如一般使用就存在反射利益说、平等基本权说、自由基本权说、诉讼利益扩大说、公共信托说、依赖程度说及主观公权利说等学说争鸣。而公产物权也包含了作为公权力的公产支配权、作为私权利的公产所有权以及作为主观公权利的公产用益权,故与呈现主观公权利之使用方式相对应的唯有公产用益权,而呈现反射利益之使用方式与公产支配权、公产所有权则不存在直接关联。可见,仅通过公产利用使用方式层面的研究,只能对公产物权予以部分覆盖。

最后,作为具体权利的公产利用与公产物权呈现被包容与包容关系。作为具体权利的公产利用等同于公产用益权,其与公产所有权、公产支配权共同构成公产物权。对公产利用具体权利层面的研究,有助于聚焦公产用益权并辐射公产用益权之前提与保障——公产所有权与公产支配权,故为研究公产物权的极好切入点。

第三章　公产所有权的属性之争：权利抑或权力？

在我国，公共财产的所有权通常被"理解"为一种"公法权力"而由国家机关享有，构成其设置、管理、使用公共财产的权力来源。然而，所谓行政主体的"公法所有权"的观点不仅违背了最基本的物权法律原则，而且这种"所有权导出行政权"的怪异思路还导致了公众对行政主体"挥霍"公共财产无能为力的尴尬局面。唯有让公产所有权回归权利本位，阐明行政主体对公产的占有与支配权是源于其法定的公共行政职责，而非公法所有权本身，进而突破传统物权理论中的处分权限制，以"合目的性"作为行政主体分配公共财产的衡量标准，方能还原公共财产"取之于民、用之于民"的本源属性，进而为法治中国背景下公共财产法治化进程提供新的立法思路。

第一节　公产所有权的法律属性

一、公产所有权：一个看似不言自明却疑惑丛生的问题

所谓公产的所有权，也就是公产归属谁拥有。在公产制度之中，公产的财产所有权归属问题非常重要。透过公产的所有权制度，我们不仅可以感知公产的来源，即“谁提供了公物”，而且可以剖析公产所有权的性质，看看这种权利到底是一种公法上的物权还是一种等同于私法财产权的物权形态，进而可以探究公产的处分权——而这是关系到公共财产存亡的关键环节。

2007 年我国《物权法》的颁布，标志着以国家所有权为核心的国有资产物权制度初步建立，也意味着一场围绕着如何保护国有资产的大论战硝烟散尽。国有资产终于回归其“权利”属性，并在《物权法》乃至当前《民法典》一体、平等的保护下参与市场竞争。然而，国有财产的另一种形态——公共财产的所有权属性问题却被悄然忽视。

无论在当年的《物权法》中，还是在当前的《民法典》物权篇中，我们不难发现，在阐述国家所有权的范围时，我国物权制度并未如其他矿藏、水流、土地等国有自然资源一样明确将行政机关及事业单位依法支配的财产阐述为“归国家所有”，而是改由以细化的占有、使用、有限收益与有限处分等具体物权来描述。其后涉及国有财产保护的规定中，立法所强调的保护对象也主要涉及国有资产，并以促进国有资产保值增值为目的。对此，民法学者做出了解释：物权制度是私法，而国家机关及事业单位的国有财产权的行使与

监管具有特殊性，单纯依靠物权制度的规定是不够的，需要制定国有财产管理法，进一步完善国有财产的管理制度。毕竟，“国家所有权是我国民法调整的基础性财产关系，但民法并不能涵盖国家所有权的全部内容”。① 遗憾的是，我们看到原本包含公共财产物权制度的《国有资产法草案》最后化身为《企业国有资产法》，②公共财产国家立法之路再次受阻。

那么，公共财产的所有权到底归谁所有？这种所有权的属性究竟是“公法权力”还是“私法权利”？如何防止公共财产被滥用？谁来监督公共财产的公益性目的得以实现？无论在立法还是实践中，这些看似不言自明的问题背后实则疑惑丛生。

值得注意的是，公共财产的所有权属性绝非单纯私法领域的话题。所有权是居于财产权体系核心的权利类型，“恒者有恒产，恒产有恒心”③的理念从私有制出现的那一刻起便浸透于社会法治变革的历史进程之中。毕竟，所有权制度所诠释的是财产归属问题，是财产归谁所有或谁是财产主人的问题，在确定一定的财产归属于某一团体或个人所有时，才能在法律上表述为所有和所有权。④ 由此，所有权制度构成了传统物权理论的起点、宗旨和主要任务，关于所有权的规定理所应当在物权制度中居于核心地位。⑤

---

① 马俊驹：《国家所有权的基本理论和立法结构探讨》，载《中国法学》2011年第4期。

② 《企业国有资产法》2008年10月28日第十一届全国人民代表大会常务委员会第五次会议通过，自2009年5月1日起施行。

③ 《孟子·梁惠王》。

④ 参见孟勤国：《物权二元结构论——中国物权制度的理论重构》（第2版），人民法院出版社2004年版，第3页。

⑤ 参见孙宪忠：《中国物权法总论》，法律出版社2003年版，第72页。

然而,从公法学尤其是行政法学的角度对公共财产所有权法律属性的厘清,不仅可以帮助我们识别这种所有权的权力(权利)性质,寻找公共财产真正的归属,而且对于阐明行政主体支配、管理、利用和处分公共财产等一系列物权行为的权力来源、保障人民对公共财产分享权的实现具有更为重要的价值。毕竟,“公共财产所承载的公共利益要求行政机关不得被剥夺必要的辅助手段,大众也不得被排除在公物使用或者一般使用之外”。①

可见,公共财产所有权的法律属性并非已有盖棺定论之通说,也绝非老生常谈之话题。尤其在当前中央提出“法治中国”理念的大背景之下,中央“八项规定”及各种限制挥霍公共财产的政策正被卓有成效地稳步推行,进一步凸显出中央对公共财产“法治化”的理论与制度需求。

还有一个重要的问题不容回避——中国以社会主义公有制作为其基本的经济制度。因此,在我们对国内外学者关于公物所有权的观点进行比较、分析和筛选之后,必须将结果与中国的基本国情进行结合,寻找真正符合中国现状的解决方案。这绝不能被看作一种强加在中国法学学者身上的政治任务,而是作为所有中国法学研究者所应当担负起的宪法责任。

对于公产所有权的探讨,我们将从公产所有权的性质、公产所有权的归属、公产所有权的取得与处分及其与我国社会主义公有制的关系等角度展开。

① [德]汉斯·J. 沃尔夫等:《行政法》(第1卷),高家伟译,商务印书馆2002年版,第474页。

二、公产所有权的性质与归属

（一）公产所有权的性质——公法所有权抑或私法所有权？

在公产制度研究较为发达的国家和地区，对公产所有权的法律属性，长期以来存在巨大的争议。首先需要指出的是，无论是在德国、法国，还是日本行政法律制度中，学者们相对统一的观点是赞同行政主体对公产的所有权。但在界定公产所有权的属性时则出现了相当大的分歧，主要存在两种观点。

第一种观点称为"修正的私有财产权说"。该学说认为，"公物之所有权，同为私法上之权利，只因行政主体，将其物件供诸公用或共用之结果，须受公法上种种之限制，不能完全适用私法而已。然即在公用或共用之间，其私权固未消灭。因此主张，所谓（公物）所有权，仅有私法上之所有权，而无所谓公所有权"。① 在早期，此学说几乎成为德国行政法上的通说，获得除奥托·迈耶之外的绝大多数德国学者的支持。此学说的核心在于：首先，公产应当适用私法制度；其次，公法支配权的存在，使这种所有权受到了公共利益和公务目的的限制；最后，公物的所有权、支配权和管理权通常相对集中于一个行政主体之上。② 在日本，学者们一般也赞同这种学说，但也有学者主张可以使用国家所有权取代这种私有财产权的称呼，对于尚未成为交易对象，而为国家的支配权涉及的物，可以考虑使用国家所有权的概念。③

① 范扬：《行政法总论》，邹荣校，中国方正出版社2005年版，第138页。

② 参见［德］汉斯·J. 沃尔夫等：《行政法》（第1卷），高家伟译，商务印书馆2002年版，第474～476页。

③ 参见［日］盐野宏：《行政法》，杨建顺译，法律出版社1999年版，第763页。

第二种观点恰恰是对第一种观点的批判,即所谓“公所有权学说”。① 法国学者莫里斯·奥里乌曾指出,如果说公产是所有权标的,那么这种所有权,尽管具有财产属性,也不得保留私产的全部特点。这是一种必须依赖于国家力量的行政所有权,它的特点是由事物的公共用途决定的,使行政主体有义务将其保管并用于公用。② 简言之,公产的所有权,应当认为是和私法上的所有权不同的行政法上的所有权。这一观点是法国行政法学界的通说,同时也获得了包括奥托·迈耶在内的部分德国行政法学者的支持。

在国内,绝大部分的学者都基本赞同“公所有权学说”。有学者认为,行政主体对公产所有权的行使,只有在供公众使用或公务使用的范围内才存在。公产的所有权与公共使用是一个不可分割的整体,因而是一种公所有权。③ 还有学者认为,在建立行政法上财产权制度和理论的基础上,行政法上的物权可以被称为“行政物权”。④ 当然,也有观点反对这种公所有权的观点,强调应当弱化所有权的属性,强调其设立的公益目的。⑤

可见,公共财产所有权因为公法的介入而具有了权力色彩。似乎以行政法上的特有物权理念理解公产所有权的法律

---

① 也称为行政所有权或者公共财产权。

② 参见[法]莫里斯·奥里乌:《行政法与公法精要》,龚觅等译,辽海出版社、春风文艺出版社1999年版,第846页。

③ 参见张树义:《行政法与行政诉讼法学》,高等教育出版社2002年版,第54~55页。

④ 参见朱书强:《建立和完善我国行政法上的财产权制度和理论》,载《行政法学研究》1997年第2期。

⑤ 参见张力:《当代公用物法律关系的演变及其公用性的保持》,载《广西社会科学》2003年第3期。

属性已经成为国内学者的主流观点，毕竟这也是西方公产制度近百年发展所积淀下来的思想。然而，公所有权说是否就一定合理呢？

本书认为，民法乃万法之母，行政法既然衍生于传统民法，那么尽管其已经可以脱离民法而自立门户，具有独立的部门法地位，也没有必要全盘否定民法中历经数千年演进的理论积淀。正如孙宪忠教授指出的："公法规范的基本出发点，是对公共权力的应用以及制约。因此公法规范涉及民事权利如物权时，其含义不一定与民法一致。"①实际上，公所有权学说尽管看到了公产所具有的与私物不同的利益诉求，但最大的症结在于，其脱离了私法物权中的两个基本公理——"物权法定"和"一物一权主义"。这便导致：一方面从物权法定而言，需要由公法与私法各自确立自己的所有权形态；另一方面也可能在同一个公产之上出现两种所有权形态的混同，而违背基本的一物一权主义，产生实践中的所有权归属困惑。实际上，早在民国时期，我国行政法学前辈范扬先生就指出，"私所有权与公所有权，并非完全分别存在，而不过为同一物权之两方面"；"盖所谓所有权，不过为对物得为完全支配之权利。依私法规定，而得使用、收益、处分一物，得称之为私所有权；依公法规定，而得支配一物，亦奚不得称为公所有权？"②所以，物权是需要以各国的法制传统以及立法现状为基础的。法国学者所提出的公所有权（行政所有权）原理，除了用以诠释私产转化为公产后所引发的财产属性更迭以外，也有以所有权为前提解释特许使用权的效

① 孙宪忠：《中国物权法原理》，法律出版社2004年版，第40页。

② 范扬：《行政法总论》，邹荣校，中国方正出版社2005年版，第139页。

力问题的考虑。[①] 这种思想体现了法国对古罗马法上公产私产分野悠久传统的完整继承，倒也情有可原。而在我国的物权理论中，无论是2007年的《物权法》还是2020年的《民法典》物权篇，都无疑是典型的私法，它们却将国家所有权完整地纳入其中，也可以从另一个角度印证国家所有权的私法属性。尤其是当国家所有权与私人所有权一同被置于一体保护、平等保护的私法体系之中，以民法权利的属性示人之时，也就丧失了公法所有权存在的空间。

实际上，在一个完整的公共财产制度中，并非只有国有公产的存在，还包括了大量的私有公产，即在私人所有的财产上设置的供公众使用或受益的财产形态。如行政征用的私人财产、以BOT方式修建的公共设施等。一个浅显的比较在于，按照行政法学中行政征用的含义通说——"行政主体为了公共利益的需要，依法强制取得相对人财产使用权并给予一定补偿的行为"，[②]行政征用的标的显然是针对"使用权"而非所有权。那么，如果以征用私人的财产设置公产，却没有改变私人对该财产的所有权的私法属性，那么，以国家财产设置公产，为何偏偏要将原本的国家私法上的所有权变更为公法所有权呢？显然，公法所有权理论无法统一私人财产与国家财产在被设置成公产后的所有权归属。学者们往往只能将私人公产加以额外解释了。那么，既然私有公产的所有权可以在未转移的情况下完成公产的公用职能，为什么国有公产不可

① 法国学者在解释公产利用新的财产使用形式——通过交付特许使用费而取得特许权时认为：这不仅是由于行政主体从其所有权人的角度出发，也是因为特许使用从所有权标的出发，使特许权人享有物权性质的收益权的逻辑结果。参见[法]莫里斯·奥里乌：《行政法与公法精要》，龚觅等译，辽海出版社、春风文艺出版社1999年版，第845页。

② 周佑勇：《行政法原论》（第2版），中国方正出版社2005年版，第320页。

以呢?

相比之下,第一种观点即修正的私法所有权看起来比公法所有权理论更容易被接受。但另一个问题在于,到底有没有必要给这个原本纯正的私法所有权掺上点“修正主义”的佐料呢?其实学者们背负“修正”之名改造私法所有权的原因很容易理解。因为,公产是为满足公用目的需要,依据公法规则确立的,供公众使用或受益的财产;而财产所有权又是天下大一统的绝对物权,尽管可以用法律、公序良俗等对其进行限制,却始终无法消灭所有权对财产的排他控制与支配。倘若将纯粹的私法所有权赋予公产的话,所有权人的强大支配力将导致公产处于所有权人的完整掌控之中,人民对公产的利用将会陷入所有权人的“自主”意愿范畴而具有极大的不稳定性。更为重要的是,公产所具有的各种所有权形态上的限制也无法用纯粹的私法所有权阐明。实际上,公产所有权对于私法中如处分、时效取得制度的限制,并非源于公产所有权本身,而是源于公产从其设立之时起便附载的行政法上的公权力意思表示效力。正是这种在其他私法所有权上不能看到的效力,决定了公产的行政法身份,从而得以限制公产的支配者、使用者甚至私人所有权与国家所有权主体自身。

由此,本书的结论是,公产的所有权实际上与私法所有权形态并无二致,无论是国家所有还是个人所有的公产都不存在单独的公法所有权形态。

(二)公产所有权的归属——国家、人民还是行政主体?

私人所有权之下设置的公共财产,在其所有权未被征收或向国家转让之前,毫无疑问仍归属私人所有。然而,国有公产的所有权归属并非如私有公产那样清晰可辨。值得注意的是,国内学者在接受法国行政法的公所有权概念时,忽略了一个重要的前提,那便是无论是法国还是德国,探讨所有权属性的前提都是行政主体对公产享有单独所有权。通过前面的阐述,我们论证了公产所有权的私法属性。那么紧接着的一个问题便是,这种私法上的所有权到底归属于谁?行政主体、国家和公民在公产所有权中扮演了什么样的角色呢?

如上所述,将公产所有权归属于行政主体,是公产制度发达国家的通例。但这也是在经历了漫长的演进过程后达到的结果。例如在法国,19世纪时占支配地位的理论认为公产不能作为所有权的标的,从而不承认行政主体的公产所有权人身份。原因主要有二:其一,有观点认为所有权是具有排他性的独占权利,公产是供公众使用的财产,公产和所有权并不相容。其二,行政主体对公产没有使用、收益和处分的权利,所以不能作为所有权人存在。此观点直到20世纪还有学者赞同。但此时的学者并没有从19世纪行政主体对公产仅享有保存的警察权力的角度论证,而是认为把民法上的所有权理念放置于行政法上并无充分的理由和必要性,进而认为行政主体对于公产的地位,只需要以公共使用观念或财产目的观念即可说明,所以赞同取消公产所有权的学说。① 实际上,到了20世纪,绝大多数的法国学者已经承认了公产由行政主体享有所有权的理论。例如,莫里斯·奥里乌在分析行政所有权以及特许使用权的过程中就承认:"财产被设定为公产以后成为不属于任何人的财产,那么他同时又成为了自许财产,便意味着原来私有财产的性质消失了,取而代之的便是一种实际意义上的,

---

① 参见王名扬:《法国行政法》,中国政法大学出版社1988年版,第312~315页。

而并非所谓潜在的行政所有权。”①而特许使用权不仅是由于行政主体从其所有权人的角度出发，也是因为特许使用从所有权标的出发，使特许权人享有物权性质的收益权的逻辑结果。在法国，也正是因为最高行政法院在1909年的一份判决中承认了巴黎市对它的公共道路的所有权，从而正式确认了法国行政机关对公产享有所有权。②

在德国和日本，也有学者分别从公产的设置权与管理权来源的角度，追认了行政主体的公产所有权身份。如有德国学者指出："能够对公物进行命名③的机关所属的行政主体必须首先获得财产的私法处分权，即公共行政主体本身就是财产的所有人。”④日本学者同样认为："直截了当地作为公物主体所拥有的所有权（及其他权利依据）的内容拘束性来理解，被认为就足够了。”⑤当然，在日本也不乏反对的声音。与此相反的是英美法系。由于信托制度的存在，英美学者认为从严格的罗马法所有权意义上，受托人与受益人都不对该财产拥有所有权，只不过各人对该财产享有不同的权益。相应地，它们被分别称作法律上的财产权和衡平法上的权益。这表明，在这种情况下提出对该实物客体享有所有权的问题是不合适的。⑥

---

① [法]莫里斯·奥里乌：《行政法与公法精要》，龚觅等译，辽海出版社、春风文艺出版社1999年版，第844页。

② 参见[法]M.奥比、R.杜科扎德尔：《公有财产》1983年版，第257页。转引自王名扬：《法国行政法》，中国政法大学出版社1988年版，第309页。

③ 这里出现的命名概念是德国公物制度中的独有称谓，意指对公产的设置行政行为。

④ [德]汉斯·J.沃尔夫等：《行政法》（第2卷），高家伟译，商务印书馆2002年版，第470页。

⑤ [日]盐野宏：《行政法》，杨建顺译，法律出版社1999年版，第763页。

⑥ 参见[英]F.H.劳森等：《财产法》（第2版），施天涛等译，中国大百科全书出版社1998年版，第99页。

在我国，赞同行政主体享有所有权的学者不在少数。一般认为行政物权包括行政主体自己拥有所有权的财产的物权。[①] 而行政主体对公产所有权的行使，只在供公众使用或公务使用的范围内才存在。[②] 因此“公物之所有权，一般即属于公物主体，即行政主体”。[③]

那么，是否只有赋予行政主体以公产的所有权才能使其享有充分而完整的物权呢？笔者认为，即便是从法国的公产法发展轨迹来看，也必须要考虑其承认行政主体公产所有权的历史背景以及面临的实证问题；并且要结合公产存在的价值目标以及我国的国情来看待。实际上，行政主体是否享有公产的所有权，无非关系到行政主体是否能充分、完整、及时且尽职尽责地管理公产并实现这些财产的公共给付价值。那么，是否必须赋予行政主体以公产所有权才能使其享有充分而完整的物权呢？我们不妨结合我国实际，从实证和理论的角度，尝试讨论法国行政公产制度中提到的几个问题。[④]

首先，是否只有获得所有权才能促成行政主体对公产的自觉管理和维护义务呢？笔者认为，行政主体是否享有所有权，与其所承担的公共财产管护义务并无直接关联。公共财产在其设置的过程中，均需明确由何种特定行政主体基于对何种特定公共财产的支配权力，承担何种特定社会公共给付或公共服务的义务。基于

---

① 参见朱书强：《建立和完善我国行政法上的财产权制度和理论》，载《行政法学研究》1997年第2期。

② 张树义：《行政法与行政诉讼法学》，高等教育出版社2002年版，第54～55页。

③ 范扬：《行政法总论》，中国方正出版社2005年版，第138页。

④ 参见王名扬：《法国行政法》，中国政法大学出版社1988年版，第314页。

行政主体的公法身份,这种义务显然已经脱离了私法义务的色彩而形成公共权力与公共职责的共同体——行政职权。职责与权力的双重属性决定了行政主体不能任意地放弃行政职权,否则将遭致行政责任的追究。由此,为了完成特定或持续性的公共财产给付,在对公共财产的支配过程中行政主体必须承担相应的管理义务来保障财产给付价值的存续。由此,管理公共财产的义务源于行政法所赋予的行政职责,与公产所有权的归属并无必然关联。

其次,是否只有作为公产的所有权人时,行政机关才对公共财产及其设施可能引起的损害负赔偿责任?其实,目前在公共财产尤其是公共设施致他人伤害的问题上,国内学界已经基本形成通说,即产生国家赔偿责任。① 须注意的是,从国家赔偿责任的承担方式来看,赔偿义务人是管理公共设施的行政主体,但实际承担赔偿责任的仍然是国家而非行政主体本身,这恰恰说明了国家是以公共财产所有权人的身份为行政主体及其公产致损买单这一本质。②

再次,是否只有在行政主体作为所有权人时,才享有获取公共财产可能产生的收益?不难理解,在传统私法物权制度中,即使一般遵从谁所有谁受益的基本规律,也并不排除所有权人之外用益

---

① 参见马怀德、喻文光:《公有公共设施致害的国家赔偿》,载《法学研究》2000 年第 2 期。

② 例如,在 2021 年 3 月发生的云南西双版纳野象群北迁事件中,为保护一路向北的野象群不受侵害,各地均承诺按照《野生动物保护法》(1988 年颁布,2018 年修订)的规定给予受到野象群迁移损害的当事人国家补偿。该法第 3 条第 1 款规定:“野生动物资源属于国家所有。”野生动物资源属于自然公产的范畴。同时该法第 19 条规定:“因保护本法规定保护的野生动物,造成人员伤亡、农作物或者其他财产损失的,由当地人民政府给予补偿……有关地方人民政府采取预防、控制国家重点保护野生动物造成危害的措施以及实行补偿所需经费,由中央财政按照国家有关规定予以补助。”

物权享有者。在公产制度中，公共财产及其设施之上能否设置"收益权"的问题本身就值得商榷，至少从我国的行政法实务来看，通过公产获取收益的方式有公产自身增值和额外孳息获取两种方式。前者并不必然构成收益问题，如政府的办公大楼，由于房价地价上涨而增值，但政府并未由此而获得实际的收益；后者如行政事业性收费、公租房租金或者对损害公共财产行为的处罚所得等，按照我国现行规定，都不允许由行政主体直接享有，而是应当上缴国库或纳入财政预算管理。尽管从目前来看行政主体依靠公共财产获取收益的情形尚无法避免，但一个基本的原则必须秉承：行政主体对公共财产不具有私法上的收益权，行政权力的运行必须以公共事务为内容，以公共利益为目的。即使存在公法上的财产收益，这种收益权也必须受到法律的严格规制，即能否行使收益权应当由法律赋予相应的行政权力，公共财产的收益只能依法用于完成、维系或扩大公共财产给付目的，这体现了公共财产的存在价值——公益性，①否定这种属性将使行政权力被卷入利益争夺的旋涡之中。

最后，是否行政主体作为公共财产所有权人，就能在公共财产的公用属性废止后，享有财产处分的价款？从我国《民法典》中物权制度的规定上看，行政机关并不享有对公共财产的任意处分权，而应当按照法律规定行使处分权，如采用公产拍卖、公产回收、公产报废等手段。即使拍卖的价金最终还是返还到行政机关手中，作为添置新的公产的成本，也需要经过国库财政的再拨付，这种收

① 我国《行政事业性国有资产管理条例》(2020 年 12 月 30 日通过，2021 年 4 月 1 日起施行)中即明确了这一基本理念。该条例第 12 条规定："行政单位国有资产应当用于本单位履行职能的需要。除法律另有规定外，行政单位不得以任何形式将国有资产用于对外投资或者设立营利性组织。"

支两条线的公共财政基本原则,也从另一个角度否定了行政主体对公共财产享有的直接所有权。

通过上述分析我们发现,法国行政法中行政主体公产所有权的理论,在付诸我国公共财产法律实践的过程中,绝不能贸然地采取“拿来主义”。事实上,从我国现行物权法律制度对行政机关的国有资产限制来看,处分权的有限性与收益权的丧失无一不说明了行政机关私法人格的局限性。值得注意的是,这种现象并非我国所独有。日本学者也曾指出“关于国有动产、不动产以及饱含权利的国有财产,各省大臣仅有处理的权限,不得使其所有权属于行政官署——各省大臣,由此体现在外部关系上,机关人格不完全性的最主要的特色”。① 从实践的角度来看,公共财产存在的公用目的,根本无须将所有权“奉献”给行政主体即可实现。承担公共财产的给付职责,其真正来源是行政法律义务而非所有权本身。反言之,如果承认行政主体是公共财产的所有人,将更有可能导致某些行政主体以“主人翁”的精神,将公共财产转化为牟取特权利益的工具。

综上所述,行政主体并非公共财产的所有权人,公共财产属于国家全民所有(公有公产),或者属于私人所有(私有公产),行政主体只是依法获得了支配和管理这些财产的行政权能。因此,我们更应当淡化行政主体对公共财产的所有权意识,而强调其履行公共财产给付义务的法定职责。同时,应当弱化公共财产所有权的属性,强调其设立的公益目的。② 毕竟,解决了归属问题并不意味

① [日]铃木义男等:《行政法学方法论之变迁》,陈汝德等译,杨成炬点校,中国政法大学出版社2004年版,第155页。

② 参见张力:《当代公用物法律关系的演变及其公用性的保持》,载《广西社会科学》2003年第3期。

着一项财产成为了公用物，财产国家所有权的取得与财产设定、维持为公用物是不同法律事实引发的不同后果，维持公用物的性质关键不是看归属，而是看它是否切实承担了公用使命，应防止某项财产名为公用物而实质私产化。①

（三）公产的合目的性处分权

在民法物权体系中，处分权往往被视作所有权"最亲密的孩子"，它凸显了所有权强大的支配性。使用权、收益权、占有权等他物权尚且可以与所有权分离而由不同的主体享有，但如果未经所有权人同意而为处分权行为，往往被视为侵害所有权的"无权处分"。② 各国物权法在对所有权进行定义之时，无论是采用概括式也好，列举式也罢，无一例外地将处分权列入所有权的权属内涵之中。③ 许多学者主张行政主体享有公产所有权的初衷，除了对国外理论的"借鉴"外，还有一个潜在的考虑：④公共财产的价值实现必然涉及给付行为，给付行为又往往导致所有权转移的后果。如将经济适用房卖给申购人，将扶贫物资发放给相对人等。如果行政

① 参见张力：《当代公用物法律关系的演变及其公用性的保持》，载《广西社会科学》2003 年第 3 期。

② 传统物权理论中，无权处分是指无处分权人处分他人财产，并与相对人订立转让财产的合同。参见[德]迪特尔·梅迪库斯：《德国民法总论》，邵建东译，法律出版社 2000 年版，第 499 页。

③ 《法国民法典》第 544 条规定，所有权是对于物有绝对无限制的使用、收益及处分的权利，但法令所禁止的使用不在此限。《德国民法典》第 903 条规定，所有权是指物的所有人在不违反法律或第三人权利的范围内，得自有处分其物，并得排除他人对物的一切干涉。我国《民法典》第 240 条规定："所有权人对自己的不动产或者动产，依法享有占有、使用、收益和处分的权利。"

④ 这里所谓潜在的考虑是指学者们并没有真正地对公产的给付处分进行过正向探讨，毕竟他们接受了行政法上的物权思想，接受了行政主体的所有权理论，在考虑处分权的问题时，往往从行政法物权中处分权的限制角度反向思考，并自豪地将公产的处分限制视为成立行政法上的物权特征。

主体并不享有所有权，那么他们是否将无法自主的实施给付行为，而导致公共财产的公用目的无法实现呢？显然，倘若将公产的所有权看作处分权的来源的话，那么就会形成这样一种局面：人民尽管获取了国家的扶贫财物，却无法通过处分的方式使用。毕竟粮食的收获是以种子的消失为代价的，生活用品的获得是以金钱的支付为手段的。而行政主体也会陷入一种僵局，由于没有所有权的存在，行政主体是无权将扶贫物资交付给公民的，而经济适用房的登记册上将载明该房产永远不得出让！上述局面无疑是对公产价值实现甚至社会财产流通的阻碍。①

当行政法学界还沉浸在西方学界行政主体公产所有权理论中时，民商法学者就已经开始关注非所有权的处分行为了。研究的重心就在于回答这样一个问题：如果所有权人没有自己行使处分权的话，所有权人以外的用益权人、占有人能否行使处分权呢？已有学者对此作出了研究和解答：所有权从来不是处分权的源泉，其他权利甚至公法上的权力都可能导致合法的处分权。例如，行纪人出卖委托人的财产，是行纪合同关系确定了行纪人的处分权；抵押权人拍卖抵押物，是担保法赋予抵押权人的处分权；法院强制执行债务人的财产，是司法权力造就了法院的处分权。处分权的本质是"有权处分"，这里的"权"，虽然常常是所有权，但并不限于所有权。因此，非所有权人利用他人之物的权利未必不可以包括处

① 这里对公产的外延理解要大于国内学者所认识的范畴，国内学者往往是从公产设施这种不动产的角度研究公产所有权的，但不可否认的是，公产的实际财产形态不仅包含了不动产也包含了动产，不仅包含了有形物也包含了无形物，不仅包含了纯粹的物也包含了附载了物上利益的权利。

分权，这只取决于立法。①

上述观点为我们研究公共财产的所有权提供了一种良好的理论借鉴：能否在公共财产制度中，将所有权人与其占有或利用人的处分权相互分离开来，并通过法律或者所有权人的授权达到由后者行使合法处分权的目的？其实，上述问题在公共财产制度中显得更为复杂一些，因为在否定了公共财产所有权归属行政主体之后，在公共财产法律关系中便出现了三个物权主体，包括享有公共财产所有权的国家、享有对公共财产实际占有和支配权的行政主体以及享有对公共财产使用和受益权利的广大公众，进而构成公产所有权人与公产支配权人、公产支配权人与公产利用权人的二元复合型的公共财产法律关系。

在公共财产被法律或有权机关通过行政权的手段取消公用目的之后，应当视作对国家（私人）所有权的回归。此时，可以认为行政主体对该国有财产享有民法上的占有权；只有在获得国家的特别授权之后，方可行使处分权将国有财产变更为其他用益权甚至是所有权形式。例如，某机关办公大楼搬迁以后，该办公大楼应当被视为国家财产而不能由行政主体自由地任意处分。此时的处分权也应当获得代表国家行使所有权的法定机关的授权并按照国有资产的流通方式处理，或拍卖或销毁或回收或成为国家经营性资产或重新设定新的公产形态。但无论何种，都需要按照法律规定的审批程序进行。我国物权制度中，国务院代表国家行使所有权，行政机关和事业单位只能依照法律或国务院的有关规定处分国有资产，这些条文规定无一例外地强调了法律依据的来源及处分权

① 参见孟勤国：《物权二元结构论——中国物权制度的理论重构》（第2版），人民法院出版社2004年版，第326页。

的法定性。值得注意的是，在上述物权制度规定中，立法者均使用了“权利”一词，这一方面意味着此时财产的属性是以私法物权存在的国家所有权的移转；另一方面意味着这种处分需要经过国家所有权代表机关的审批许可。①

然而，当国有财产仍保有公共财产属性并被行政主体支配时，情况就大为不同了。此种情形下的行政机关的处分权，可以称为“公共财产的合目的性处分权”。它包括了法律授权与合目的性处分两个方面的含义。

其一，行政主体的公产处分权应当通过法律的明确授权来获取。在民法上，通过行纪合同与委托关系可以很好地解释非所有权人的处分权。但在行政法中，行政主体以处分的方式实现公共财产给付的目的，如目前广泛存在的向市民发放消费券，是一种典型的行政权力行为而非民事权利行为，因此我们不能将这种处分权的取得视作民法上的简单委托。依据职权法定原则，行政权力是需要通过法律授权获取的，因为法律法规授权的结果是行政主体应当以自己的名义行使公共财产的给付处分，并因此独立承担给付处分之后所导致的法律后果。

其二，给付处分涉及公共财产公用价值的最终实现，因此必须

① 例如2004年8月24日印发的《中央国家机关国有资产处置管理办法》(国管财〔2004〕196号)中即规定，处理国有资产无论何种情形都需要经过审批备案程序。尤其对非转经(即非经营性资产转为经营性资产)采用严格的限制，要求各部门占有、使用的国有资产，一般情况下不允许“非转经”。确有闲置不用的资产或继续使用不经济的资产，为充分发挥资产的经济和社会效益，可以办理“非转经”，但必须按规定严格履行审批手续。2021年颁布的《行政事业性国有资产管理条例》第19条也规定：“各部门及其所属单位应当根据履行职能、事业发展需要和资产使用状况，经集体决策和履行审批程序，依据处置事项批复等相关文件及时处置行政事业性国有资产。”

严格地秉承合目的性处分的法律原则。所谓合目的性，在行政法上通常理解为促成公共利益的实现。在行政给付制度中，合目的性的要求更加鲜明。以交付方式实现价值的特定公共财产上，一般都预先设定了较为明确的目的性。如以经济适用房解决低收入家庭住房困难之目的，以扶贫物资帮助农民增加收入之目的，以城市公墓完成市民安葬追悼亲人之目的等。换言之，这时行政主体处分权的实施，必须以达到公产给付的合目的性为基本要求，而不得假借“公共利益”之形，行“浑水摸鱼”之实，进而损害公民原本可以正常获取的公共给付需求。例如，以保障市民居住权利为目的的限价房给付中，政府将限价房交付给符合限价房购买条件的公民是一种合目的性的处分；如果将限价房改交付给机关作为员工福利房，甚至改成少数人专享的别墅则违反了合目的性的要求。

公共财产制度中需要特别关注的是由行政主体自己掌控和使用的财产，这部分财产在公产法理论中被称为公务用财产，是国家提供给行政机关、事业单位以完成行政公务为目的的财产，如办公建筑、公务用车、财政经费等。公务用财产在形式上完全为行政主体所掌控，并由行政主体自行使用、处分以完成公务。尽管行政主体对这部分财产具有更大的处分自由，如购买办公设备、车辆，发放工资福利等，但仍需符合公共财产合目的性处分的严格要求，即以确保公务充分完成并使人民真正获益为追求。

值得一提的是，在早先民商法学界关于《物权法》制定的争议中，有学者曾表露出这样的担忧，允许利用人拥有处分权是否会造成或助长其对所有权的实质性损害？但也有学者指出这种担心是多余的：“权利的保护首先是权利人的自我保护。给不给利用人以处分权,最终是所有权人权衡利益的结果。"①这种担心在公共财产物权制度中同样存在,如果说对单纯的国有资产处分尚有相关法律交易规则作为限制的话,那么在公共财产的处分过程中,由于公产行政主体所拥有的巨大行政裁量权,是否能保证财产给付的合目的性和安全性?

笔者认为,权利(力)是否会被滥用并不影响权利(力)的存在与否。尽管当前公共财产领域的实际现状促使我们建立更为完善的制度以约束行政主体的权力,最终"将权力关进制度的笼子里"。其一,可引入行政法定原则的具体规制,以法律控制行政主体对公共财产处分权的来源与实施;其二,可强调行政法均衡原则的具体适用,衡量政府使用公共财产与其完成的公共事务所消耗的行政成本之间是否基本相当;其三,还应督促行政正当原则的具体实现,强化公共财产处分的程序并增加行政开支成本的透明性与公众参与性。此外,还应进一步加强公务用财产处分的合目的性监管,在内部监督审计之外建立外部公众监督机制,引导和制约行政主体在使用、处分公务用财产过程中的裁量权,在避免公共财产浪费的同时防止行政主体利用公共财产牟取特权利益。

三、对公有制下国有公产所有权属性之反思

所有权作为一项法律制度,是一定社会中所有制在法律上的反映。② 我国是一个以公有制为主体多种经济成分并存的国家。我国《宪法》第6条以总纲方式明文规定:中华人民共和国的社会

---

① 参见孟勤国:《物权二元结构论——中国物权制度的理论重构》(第2版),人民法院出版社2004年版,第327页。

② 参见马俊驹、余延满:《民法原论》,法律出版社1998年版,第382页。

主义经济制度的基础是生产资料的社会主义公有制，即全民所有制和劳动群众集体所有制。国家在社会主义初级阶段，坚持公有制为主体，多种所有制经济共同发展的基本经济制度。① 那么在我们探讨包括公产在内的所有权问题时，该不该考虑我国社会主义公有制的现实，要不要将这个基本宪法精神融入法学研究之中呢？从现实来看，无论是私法学者还是公法学者都较少讨论。在中华人民共和国成立70多年的历程中，公有制发挥了巨大的功效。需要注意的是，公有制的关键性功能在于反映了一个国家的财产权划分，反映了在统一的物权体系之下，国有财产、集体财产和私人财产的和谐共存。国家所有权的概念绝非中国独有，西方社会也同样存在。无论是立法者、实务界还是法律学者，都应当正视公有制之所以存在、为何而存在、又是如何存在的各种实际问题，并付诸我们的研究之中，这才是一种正确的态度。

在公产制度中，恰恰就是以国家财产作为探讨公产物权问题的核心的。如果说西方社会的公民可以用纳税人的身份诠释国家财产的源泉，我们何尝不能用全民共有识别公产的来源与属性呢？我们不应当全盘接受西方发达国家的公产所有权理论，而应当在吸收西方先进法治文化的过程中，结合我们的国情"孕育"真正属于我们自己的"孩子"。正如有学者所提醒的那样："在公物法研究中，应当坚持社会主义公有制为主体的前提，应当避免发生像俄罗斯那样的'反公共产权悲剧'。反公共产权，指多个所有人可能会

① 《宪法》(2018年修订)第6条规定："中华人民共和国的社会主义经济制度的基础是生产资料的社会主义公有制，即全民所有制和劳动群众集体所有制。社会主义公有制消灭人剥削人的制度，实行各尽所能、按劳分配的原则。国家在社会主义初级阶段，坚持公有制为主体、多种所有制经济共同发展的基本经济制度，坚持按劳分配为主体、多种分配方式并存的分配制度。"

驱逐其他人对稀有资源的利用,从而没有人拥有有效的使用权。当很多所有人拥有驱逐权时,资源将不会被充分利用而造成反公共产权悲剧。”①

那么,我们从社会主义公有制中,可以寻找到哪些适用于我国国有公产所有权制度的基因呢?结合本章已有的分析,我们可以简单归纳如下。

(一)公有制强调了国有公产的全民供给与全民共有属性

域外法治发达国家中,常常以纳税人的观念考量政府行为的正当性,这无疑非常值得我们借鉴。在我国公有制的体制下,说明人民和国家财产以及公产的关系则更为直接,因为公有制的内涵包括了全民供给与全民共有的当然属性。《民法典》第246条第1款明文规定:“法律规定属于国家所有的财产,属于国家所有即全民所有。”因此,只要是中华人民共和国的公民,甚至可以自豪地宣称,行政机关所占有的公共财产,一砖一瓦、一纸一笔都是我们提供的,当然也是我们的财产。这看似一句口号,却明白无误地揭示了国家与人民、行政机关与相对人之间应当呈现的“血缘关系”。那么,如果“公仆们”拿着我们的财产“肆意挥霍”,我们是否有权利呵斥和阻止他们?答案尽管不言而喻,却颇为苍白。

(二)公有制强调了国有公产的国家所有权归属

公有制的存在,并非对其他所有权形态的排斥,而是在平等保护各种所有权的基础上,强调了国有财产的国家所有权归属。《民法典》第242条即明确规定:“法律规定专属于国家所有的不动产和动产,任何组织或者个人不能取得所有权。”这便是国家专属所

① 刘艺:《公物法中的物、财产、产权——从德法公物法之客体差异谈起》,载《浙江学刊》2010年第2期。

有权的概念。同时在该法第246条第2款还着重说明：国有财产由国务院代表国家行使所有权。一个浅显的道理由此而生，既然作为最高国家行政机关的国务院也只是“代表”国家行使国有财产的所有权，作为其下属的各级行政机关能否超越国务院的身份而直接拥有国家财产的所有权呢？所以，在中国基本经济体制之下，公有制决定了行政主体绝不可能获得公产的所有权。虽然存在中央财政与地方财政的区分，但这两者共同拥有一个不容更改的财产归属——国库。

（三）公有制淡化了国有公产所有权的公法色彩

如前所述，很多学者都认为，因为包括公产在内的国有资产受到了诸多公法限制，所以公产所有权应当是一种公法上的物权。他们只看到了公法规则的存在，却没有发现真正发挥作用的是独立于私法物权之外的公法权力，而该公法权力同时也是一种承担公产给付义务的公法职责。因此，当一件国有财产没有被设定为公产之时，主宰它的国家所有权和其他私法所有权并无二至。空谈公产所有权的归属和公法限制而忽略公产所附载的公用目的是很不明智的。实际上，财产国家所有权的取得与财产设定、维持为公用物是不同法律事实引发的不同后果，维持公用物的性质关键不是看归属，而是看它是否切实承担了公用使命。①

（四）公有制限制了国有公产的私有化倾向，突出了对公产处分权的监管

在国内学者所“追捧”的法国公产所有权理论中，存在公产与私产的严格区分。行政主体在享有所有权的情形下，可以将自己

① 参见张力：《当代公用物法律关系的演变及其公用性的保持》，载《广西社会科学》2003年第3期。

的财产在公产与私产之间进行转换。当然，法国历经数百年所构建的成熟的行政监督救济机制可以对这种转换进行严格规制。在我国，公有制的存在，使得公产的唯一所有人只有国家，任何未经国家授权机关审批的公产私有化，都将被视为违法。这对于目前我国公产处分监管与监督体制尚不完善的现状而言意义重大。中央长期以来实施政企分开政策的目的，除了减少政府对企业的干预外，更侧重于厘清财产属性，限制公产营利化和公产私有化。当然，防止国有资产的流失对于公产而言，需要构建一个完整且行之有效的公产处分监管制度，并充分发挥权力机关、司法机关以及社会成员的监督权利。

综上所述，在公有制之下，公产源于人民，并以国家所有权的形态为人民所共有，行政机关并不享有公产的所有权，只有依法以实现公产给付价值为目的的支配权，但可以在法律授权的情况下以符合公产目的的方式处分公产以完成给付。公产的国家所有权与其他形态的所有权一样接受私法中物权法的平等保护。对公产所有权的限制源于行政法上的行政行为效力而非国家所有权本身。

第二节　公产支配权的效力探索

公产的支配权本质上是一种行政法上的公法权力，其源于法律对行政主体的赋权而非由行政财产所有权所衍生。行政主体对公共财产实施的设置、管理、利用、分配等支配权行为也就相应地具有了行政行为的公法效力。进而形成如对“非目的性”物权行为的制约性、对物权民事交易的限制性、对物权特别取得制度的屏蔽性、对司法强制执行的对抗性以及对国家行政征收的约束性等一系列不同于私法物权的特殊效力内容。①

一、公产支配权的提出及其效力来源

一般情形下，公产的所有权归于国家所有，行政主体不享有公产所有权，公产的所有权与其他财产的所有权一样平等接受物权法律制度的保护，这是在公有制状态下对公产所有权分析得出的结论。从一体保护平等保护的角度来看，公产与其他私有财产受到的“待遇”应当平等，诸如自由的使用、自由的收益、自由的流通、自由的处分、同等的保护等。然而，无论是在立法、司法还是实务之中，结论却显然相反。现实中的公产就如同上古的神器一样，全身萦绕着神秘的光环，让人肃然起敬。它不能够被随意地使用，正如同你不能把公路当作自己的家后院的晒谷场。它不能被随意交易，正如同你不可能把现有的政府大楼买来当自家的别墅。它不能适用民法上的时效取得，正如同你拾到的国家文物哪怕私藏50年仍然需要上交。它不能被任意地征收，正如同住着廉租房的你不用指望通过加盖一层、两层、三四五层获取国家的巨额征收补偿。

国有财产对人民生活的扶持与帮助的核心通道是公产的供给，而保障公产的安全性的重要性与现实迫切性要远远高于保障其他国有资产的交易安全性。

公产是为满足公用目的需要，依据公法规则确立的，供公众使用或受益的财产。在公产由设置到提供公用的过程中，我们绝不能忽略在国家所有权之外，还有一种足以造就并影响公产法律性

① 参见余睿：《行政法视野下的公共财产支配权效力探究》，载《江汉论坛》2015年第9期。

质的重要权属形态的存在——那就是行政主体对公产所享有的公法上的支配权。

公产支配权是公共财产物权制度的重要组成部分，它是指行政主体所享有的以实现公共财产公用价值为目的的一系列公法行为的权力总称。公共财产支配权并非由国家所有权衍生的"公法权利"，公共财产所承载的公共给付功能决定了行政主体应当按照法律所赋予的行政职责支配、设置、管理、分配公共财产，以满足公众对公共利益尤其是公共产品的分享期待。由此，行政主体对公共财产的支配权的核心是行政权力，它是区别于公共财产所有权的公法权力，"能够使得所有权人在公用使用设定的存续期内不能享有其所有权的全部权能，因而实际上是一种优先于所有权并排挤所有权的公共权力"。① 这种支配权的来源是公法而非私法。

在物权法律制度相对发达的国家，学者们通常都很关注公法对物权制度的影响。英国大法官培根曾说过："我认为把法律划分为私法和公法已是事实且已被普遍接受，一个是财产的砥柱，另一个是政府的砥柱。"②因此，"到目前为止，我们对人们因物所发生的关系的探讨似乎只表明这些关系纯属私法关系。然而，很明显，财产涉及极为重要的公共政策问题。这反映了为公共健康、公共舒适及环境利益而加以控制的需要！"③可见，在完整的公共财产给付过程中，如果仅从所有权角度而言，公共财产与私有财产一样可能

① 肖泽晟：《公物、公物法与公营造物》，载应松年主编：《当代中国行政法》，中国方正出版社2005年版，第449页。

② [英]弗朗西斯·培根：《培根论说文集》，水天同译，商务印书馆1987年版，第174页。

③ [英]F. H. 劳森等：《财产法》（第2版），施天涛等译，中国大百科全书出版社1998年版，第11页。

是以私法所有权的形式静态存续。但如果从公共财产的价值实现角度而言，公共财产就必须依赖于行政权力的支配，使其处于动态的循环过程之中。毕竟，通过公众的分享和利用实现公共财产的价值既是政府的权力，更是政府的责任。我们可以从三个方面认识公共财产支配权给公共财产运行带来的影响。

首先，公共财产支配权的存在决定了公共财产的公法身份。身处国家所有权状态下的财产状态有很多。它可能是处于国库中的金钱财产，可能是被投入国有企业之中的经营性财产，还可能被投入军队之中作为军事公产，但只有行政主体行使公共财产支配权，才能将某一种财产详细设置为行政法上的公共财产，并使其具有公共目的和公用价值。换言之，无论是自然公产如空域、海域、森林、土地，还是人造公产如铁路、公路、桥梁、学校、医院，都必然会有对其享有直接支配权的行政主体存在。由此，可以将公共财产与其他的国有财产形态区分开来。同时，与可能提供类似功能但不具有公益性质的私有财产如私立医院、私人诊所、私家花园等区分开来。

其次，公共财产支配权的存在统领了公共财产持续给付的全过程。在公共财产被行政权加以设置进而获得公法身份之后，支配权继续以管理、维护、实施给付的方式而存在并且贯穿于公共给付的全过程之中。例如，在铁路被设置成公用之后，铁路主管部门及铁路公司将负责对铁路及火车站的管理与维护工作，颁布相应的使用与禁止性规定，按照国家核准的价格出售火车票并为顾客提供客运与货运服务。公共财产支配权不仅是一种行政权力，也同时是一种行政职责，它不仅仅体现为行政主体有权为相对人提供公共给付，也体现为对行政主体或者代表行政主体实施公共给付的管理人的约束。行政主体及其经营者在非经许可的情况下不得停止公共财产的给付，不得任意改变公共财产的给付方式，不得挪用、侵吞用以给付目的的公共财产及其收益，不得任意阻却或侵犯广大公民分享和利用公共财产的权利，否则将遭致行政责任的追究。

最后，公共财产支配权的存在影响着公共财产所有权的内涵。公共财产一经设置，便具有了独立于所有权并对抗所有权不合目的的干涉。以博物馆为例，在私人所有的文物建筑（不可移动文物）被设定为公共博物馆后，尽管私人仍旧对博物馆享有所有权，但它不得基于所有权实施可能影响该博物馆公益性的行为。比如，所有权人不能擅自改建博物馆而使其丧失文物原貌，所有权人不能擅自将博物馆改建成私人旅社，所有权人不能随意地制定博物馆的价格以获取暴利。此外，所有权人甚至不能随意地处分博物馆的所有权，即使在被允许转让之后，该博物馆对新的所有权人的约束仍然存在。而排除对所有权行使干涉的唯一途径只能是撤销该私有文物建筑的文物保护属性。

可见，公产支配权是一种独立于公产所有权的公产物权形态，它并非源于私法物权甚至国家所有权，而是源于公法尤其是行政法，体现为一种行政权力的实施，并通常以行政行为的方式存在。尽管在这种权力之中，类似管理、维护、给付等职能可以通过公私合营的方式实现，以保障公产供给的效率性与持久性，但并不会改变行政机关通过设置行为而获得的对公产的排他支配性。并且，这种权力同时代表着行政机关不可推卸的公产给付职责，使这种权力不得被随意放弃或者随意改变，从而取得约束第三人、约束公产所有权人、约束掌控公产的行政机关自身的法律效力。

既然公产的支配权具有行政法上的效力，那么基于支配权所行使的各种公法行为如设立、流转、废止、管理等就具有了行政行为的公定力——“即行政行为一经做出，即使具有瑕疵，在未经法定国家机关按法定程序作出认定和宣告以前，也具有被视为合法行为并要求所有国家机关、社会组织和个人尊重的法律效力”，①并且，也具有了由公定力所衍生的行政行为的确定力、执行力和存续力。正是在行政行为的效力影响下，“公物权，除法律有规定以外，仅于目的上所必要之限度，发生与私物权不同之法效果”。并且，“公物供诸公用或者共用之后，一般适用公法而不适用私法”。② 然而，“一方面，从作为土地及其他物的特殊性质来看，不得不说和私交易秩序具有密切关系。另一方面，从维护公物的效用角度看，要求公物尽量独立于交易秩序”。③ 加之公物的物质形态上看与私法上的物没有很大的差异，公产给付活动始终会涉及市场、涉及与其他私法物权活动的关联。由于公产的这种特殊性质，对于公产适用民事法的问题，便成为公产物权一般理论的关切对象。那么，面对纷繁复杂的物权行为，公产支配权如何能发生与私法物权不同的法律效果，又是如何展现其独立于私法交易秩序之外的公法效力内容呢？下文将从5个方面解析公产支配权的效力体现。

二、公产支配权的效力体现

（一）对非目的性物权行为的制约性

公共财产支配权的存在决定了公共财产价值的实现取向——特定功能下的公用或者共用，由此产生了对非目的性物权行为的制约性。

首先，不得对公共财产进行有损其目的性的事实处分。所谓

① 叶必丰：《行政行为的效力研究》，中国人民大学出版社2002年版，第76页。

② 范扬：《行政法总论》，邹荣校，中国方正出版社2005年版，第140页。

③ ［日］盐野宏：《行政法》，杨建顺译，法律出版社1999年版，第755页。

事实上的处分，是指尽管行政机关没有直接处分公共财产，但采取了其他物权手段导致该公共财产客观存在性受到威胁。换言之，“此种处分，有害公物本身之存在也”。① 对公共财产设置担保物权就是一种典型的事实处分，但上述限制存在主体应用上的区别。对于行政机关而言，由于其不具有对所支配的公务用财产的所有权，只有支配、管理和使用权，因此，除非法律所规定的例外情况，行政机关是不得以公务用财产设置担保物权的。实务之中，行政机关的这种违法抵押往往会被法院判定为担保合同无效。对于同样是掌握着大量公共财产的公益事业法人而言，由于其所支配的公共财产具有所有权来源上的复杂性，所以只能用专属于自己的财产进行担保。对涉及公益性的公共财产亦不允许设定担保物权，如我国《民法典》第 399 条就明确规定了学校、幼儿园、医疗机构等为公益目的成立的非营利法人的教育设施、医疗卫生设施和其他公益设施不得抵押。

其次，一般情形下禁止在公共财产上为私人利益设定民法上的用益物权。② 公共财产的公益性决定了其对私法物权收益性的一般排除效力。这里所谓的一般是对于以影响公共财产发挥公用效益为目的的禁止。例如，将原本大家共同使用的城市公园整体租赁给私人开设私人会所，就会排除城市市民的一般使用。此时公共财产支配权的效力体现是用以同时约束行政主体和第三方当事人。也必须注意到，公共财产的存在情形有很多，有的公共财产如公共设施在实施给付的过程中承受着建造与管理维护的巨额成

---

① 范扬：《行政法总论》，邹荣校，中国方正出版社 2005 年版，第 140 页。

② 参见朱书强：《建立和完善我国行政法上的财产权制度和理论》，载《行政法学研究》1997 年第 2 期。

本，因此，在不妨碍公共财产公用目的的情况下，公共财产管理机关经过法律授权可以设立收益权①和目的外的使用权。② 但无论是收益还是目的外使用，其所得的收益或者设定的收费标准都应当受到严格控制，并且应当将其收入回流于该公共财产的维护管理之中，以保障公共财产的基本公益性。③ 这种“公共财产收益的内部循环制度”从总体而言仍是排斥依靠公共财产获取巨额利润这种现象的。

最后，一般情形下不得对公共财产进行有违目的性的功能变更。现实生活中，每一种公共财产都有自己独立的给付目标和方向，公立学校的目标是国民教育，公立医院的目标是公共医疗，公路和桥梁的目标是公共交通，廉租房的目标是低收入家庭的安居工程。由此，就不能随意地变更该公共财产的使用功能，从而造成公益性受损。这种情形多半出现于行政机关将公务用公产和公共用公产的混同，比如，将公租房、经适房改为政府公务员的福利房等。当然，在公物制度中，还存在公物形态的内部流转问题，如将福利所改建成福利院以收养更多的孤儿，那么，只要在法律和公益所允许的范围之内，都是可行的。

---

① 如我国《公路法》（2017年修订）第59条规定：“符合国务院交通主管部门规定的技术等级和规模的下列公路，可以依法收取车辆通行费：（一）由县级以上地方人民政府交通主管部门利用贷款或者向企业、个人集资建成的公路；（二）由国内外经济组织依法受让前项收费公路收费权的公路；（三）由国内外经济组织依法投资建成的公路。”

② 目的外使用是日本行政法上的概念，其主要是指在不影响公物目的的前提下，将公物的部分设置为非公益性使用，从而以其收益反哺公物或者方便社会成员更好地使用公物。如在图书馆内设置咖啡厅，在博物馆内设置经营性餐厅和超市等。

③ 如我国《文物保护法》（2017年修订）第10条第3款规定：国有博物馆、纪念馆、文物保护单位等的事业性收入，专门用于文物保护，任何单位或者个人不得侵占、挪用。

(二)对物权民事交易的限制性

公共财产在设定之后,行政主体的公共财产支配权就具有持续性和稳定性,以保证公共给付实现的延续性。因此,在支配权的状态之下,除非废止财产的公共财产属性,否则,公共财产一般不具有市场流通性,也不得作为民事交易的标的,属于原则上的“不融通物”。① 这种支配权效力的存在意义,一方面是因为,有的公共财产根本就难以成为私交易的对象,②如专属国家所有权范畴内的文物、河流、海洋等公共财产;另一方面是因为,如果不限制公共财产的市场融通性和交易性,将会妨害公共财产的公用或共用的持续性价值。例如,我国目前推行的保障性住房政策并轨改革中,正不断缩小可供交易的经济适用房的范围(甚至有些地区已经禁止经济适用房交易,转而采用政府回购的方式),大力扩宽不可上市交易的公租房、廉租房的房源。正是意识到经济适用房以产权换安居的做法,不利于保障性住房的持续性供给和反复性分享。

不过,这种由支配权而产生的民事交易限制性针对不同所有权来源的公物效力也不尽相同。对于国家所有权状态下的“国有之公物,一般不得让予他人……尤其河川港湾等物,受公法上之限制较严,不论何种私权皆不得设定之。至于其他公物,未经公用废止前,亦享受同样之限制”。③ 对于事业单位法人的支配的财产,要根据事业单位的类型,财产的特殊性对其收益和处分的权利区别对待,包括以下三种情形:其一,完全无处分权(如故宫博物院对其支配的文物财产);其二,经过审批,有部分的处分权(如公立医院

---

① 参见吴庚:《行政法之理论与实用》(增订8版),中国人民大学出版社2005年版,第136页。

② 参见[日]盐野宏:《行政法》,杨建顺译,法律出版社1999年版,第755页。

③ 范扬:《行政法总论》,邹荣校,中国方正出版社2005年版,第140页。

所支配的医疗器械);其三,具有完全的处分权利(如校办企业的财产)。如《高等教育法》第38条就规定,高等学校对其举办者提供的财产、国家财政性资助、受捐赠财产依法自主管理和使用,不得将用于教学和科学研究活动的财产挪作他用。

对于私人所有权状态下的财产,在已被设置为“公共财产”的状态下,是可以允许民事交易的,如担保物权或者转让,但新的所有权人在接受所有权转移的同时,并不能由此主张公共财产支配权的无效和公共财产属性的废止。由此,“作为私法物主,在财产被设定为公用以后,就只能行使对公物的‘剩余财产权’,且这一权利往往是不稳定的、非既得的权利,只在不损害公物本来公共用途的范围内才存在”。①

例如,征用私人车辆作为抗震救灾的运输工具,该车辆所有权人仍旧享有设置担保或者转让给他人的物上权利,但继受取得的所有权人,却仍需要让该车辆在被解除征用之前继续用于运送抗震抢险的物资。

简言之,公共财产支配权对物权民事交易的限制性,是从公共财产的来源、管理者的性质、所附载的给付目的等方面进行制约的。而不是直接对公共财产所有权本身进行限制,这体现了公法效力在支配权体系中的统领地位。

(三)对物权特别取得制度的屏蔽性

物权的特别取得,是指在非经所有权人意思表示的情形下由第三人持有该物的物权归属问题,包括善意取得制度、时效取得制度、遗失物及其他意外所得财产的所有权归属制度。那么,处于行政主体支配之下的公共财产,如果脱离了行政机关的实际掌控,能

---

① 肖泽晟:《公物法研究》,法律出版社2009年版,第129页。

否适用上述物权特别取得制度呢？

时效取得制度，起源于古罗马法，罗马国家第一部成文法《十二铜表法》将时效取得定义为："通过被合法化的且在法定期限内连续占有对所有权取得的方式。"①在现代民法中，取得时效又称占有时效，是指无权占有人以行使所有权或其他财产权的意思公然、和平地继续占有他人的财产，经过法律规定的期间，即依法取得该财产所有权或其他财产权的法律制度。实际上，早在罗马法之中，就已经将非交易物排除在时效取得制度之外了。② 在近现代域外国家或地区的公共财产权研究中，许多学者都对公共财产的时效取得制度进行了探讨。有学者认为：公物若允许他人因时效而取得所有权，自与公物之目的相违。且公物必须系于国家或其他行政主体支配下，故取得时效之所谓公然和平继续占有之状态，如何存在于公物亦令人难以想象，因此公物不适用民法取得时效。③ 日本学者亦认为只有在被默示公认废止的情况下，私人才可以因时效取得。④ 也有学者提出，对于私人所有的公物，可以适用时效取得，但由于公物设置尚未被废止，因此公物支配权仍然得以约束时效取得后的所有人。⑤

我国《民法典》并没有体现取得时效制度，只是在第九章所有

---

① [意]彼得罗·彭梵得：《罗马法教科书》，黄风译，中国政法大学出版社1992年版，第217页。

② "有些物被排除在时效取得之外，即不宜为私人所有的物如非交易物和行省土地……"[意]彼得罗·彭梵得：《罗马法教科书》，黄风译，中国政法大学出版社1992年版，第218页。

③ 参见吴庚：《行政法之理论与实用》（增订8版），中国人民大学出版社2005年版，第136～137页。

④ 参见[日]盐野宏：《行政法》，杨建顺译，法律出版社1999年版，第757页。

⑤ 参见李惠宗：《公物法》，载翁岳生主编：《行政法》（上册），中国法制出版社2002年版，第467页。

权取得的特别规定中对善意取得和遗失物、埋藏物、漂流物、隐藏物的物权处理作出规定。其中对于后4种财产的取得，《民法典》第314～318条作出了拾得物占有人应当返还，所有人应当给予拾得人必要的费用等具体规定。对于公共财产，尤其是动产而言，现实中也有发生上述情形的可能。但无论是否遗失或其他情形，并没有消除该公共财产上的支配权行政效力。笔者认为，公共财产同样可以适用上述返还制度，尤其是文物这种特殊的公共财产。需要指出的是，国家应当设立较为完善的公共财产归还行政奖励制度，强调以国家或政府的名义对相对人的行为进行肯定性评价，并给予精神与物质奖励。[①] 尤其对于文物制度而言，通过评估，给予拾得或发现文物的当事人较为丰厚的奖励，有助于提高公民的文物保护意识，间接遏制黑市文物交易的货品来源。

尽管我国没有设立时效取得制度，但在《民法典》第312条中，设置了善意取得人最终取得该物所有权的两年待请求权期间。那么，对于公共财产是否适用善意取得呢？

民法上的善意取得，又称即时取得，是指“财产占有人无权处分其占有的财产，但将该财产有偿转让给第三人或设定他物权时，善意的受让人自取得物的占有之时，即取得物的所有权或他物权”。[②] 从表面来看，辨析公共财产善意取得的效果，需要对照善意取得的构成要件：受让人必须是通过交易有偿从转让人处取得财产、转让人须为无处分权人、受让人取得财产时须为善意、善意取得的财产必须是依法允许流转的财产、受让人取得占有的动产须

---

① 参见周佑勇：《行政法原论》（第2版），中国方正出版社2005年版，第321页。

② 马俊驹、余延满：《民法原论》，法律出版社1998年版，第506页。

是依所有人的意思合法脱离所有人占有的财产。[①] 实际上,对于行政机关所支配的国家所有权公共财产,由于所有权归于国家,行政主体只能享有有限的处分权,并且只有在其公共财产的属性被行政权废止之后,才能进入市场流通。因此,公共财产属于不可流通的物,从而不能适用善意取得。对于私有公共财产,由于公共财产的属性并没有改变,仍旧受到公共财产支配权的规制。在实践中,也存在将私有财产交付或者托付给国家作为公共财产管理的现象(如捐赠的文物),此时,国家对于该公共财产具有管理与保管职责,如果因为管理不善而导致第三人善意获取,也必将违背托付人的私人意愿。因此,在国家补偿制度尚不够完备的情况下,出于维系私有财产所有人参与公共给付的热情,笔者认为,也应当认定私有公共财产同样不适用善意取得。[②]

但是,国有企业、事业单位占有的、依法可以由其处分的国有财产,则应与集体组织和公民个人所有的财产一样,适用善意取得制度。因为这些财产可以在市场上自由交易,如果对其实行特殊保护,不适用善意取得制度,反而会破坏交易中的平等原则,不利于商品交换秩序的建立。

(四)对司法强制执行的对抗性

通过行政行为设置公共财产是公共财产支配权的基本内容之一,该设置行为具有行政法律行为的效力。行政法中的行政法律行为效力,是以公定力为核心衍生而成的。行政行为公定力是指“行政行为一经做出,即使具有瑕疵,在未经法定国家机关按照法定程序作出认定和宣告以前,也具有被即视为合法行为并要求所

---

① 参见史尚宽:《物权法论》,中国政法大学出版社2000年版,第559页。

② 《“无主坟”深埋处理有争议》,载《江苏法制报》2004年4月8日,第2版。

有国家机关、社会组织和个人尊重其法律效力”。[①] 公共财产设置行为效力的废止，除了行政主体自行做出以外，只能由具有行政法上救济权力的机关做出，如上级行政机关、行政复议机关以及以行政诉讼进行救济的司法机关。但是民事司法裁判，尚不足以对抗公共财产支配权的设置行为效力。就行政主体而言，其财产不具有可供民事强制执行的可能性，因此，行政主体所支配的国有公共财产，自然不会成为民事强制执行的标的。

在行政诉讼之中，则可能存在因为行政机关败诉而引发的财产返还风险。在此情形下，司法机关可以将行政主体的特定财产作为强制执行的标的，但只能针对原本从相对人手中获取而需要返还的没收、扣押、冻结财产。即使前述返还财产的手段无法满足偿还的需要，也不能将行政机关所支配的其他公共财产如办公经费、办公楼、公车、公共设施充当执行标的，否则将阻碍该机关公务活动的开展。在这种情况下，笔者认为，更为合适的做法应当是将行政机关需要承担的民事给付、行政补偿、行政赔偿债务全部转换为国家赔偿额度，由财政专户另行支付，并同时对承担直接责任的公职人员进行追偿。2010 年《国家赔偿法》修改时所规定的行政赔偿统一支付制度即是按照这一思路进行调整的。当然，如果诉讼所针对的是公共财产设置行为本身，那么一旦有权救济的机关判定公共财产设置违法，则该财产就不再具有公共财产属性，即成为可供执行的标的。例如，将私人所有的房产，设置为临时办公用房，而在新的办公大楼修建完毕，机关人员搬迁之后仍然不允许私人继续使用。在这种情况下，私人可以主张法院以默示废止为由，

---

① 叶必丰：《行政行为的效力研究》，中国人民大学出版社 2002 年版，第 76 页。

撤销公共财产属性，从而强制执行该房屋以归还原所有权人，与此类似的还有将罚没的私人财产充当公共财产如公务用车、公务用房、办公用品等。私人所有的公共财产，自然可以成为民事强制执行的标的，但仍需保留其公共财产的属性，不因所有权转移而发生变动。

在国内外学界，较为统一的观点也是不将公共财产视作民事上强制执行的标的。“对于公物，若为标封扣押，付诸拍卖……而与其目的相违反。”①也有观点认为，即使承认强制执行，也并不丧失作为公物的法律地位。这一问题的存在，与他有公物的所有权转移的情况相同。② 可见，无论是否可作为执行标的，都是以公共财产支配权的继续存在为本质要求的。

（五）对国家行政征收的约束性

所谓行政征收，是指行政主体为了公共利益的需要，依法强制取得相对人财产所有权的行为，具体而言，包括税务征收、费用征收即财产征收。除依法进行的征税和收费属于无偿征收以外，行政主体对财物的征收应当给予相应的补偿。③ 现代行政法上的行政征收概念，已经由古典行政法上的“公用征收”转变为现代意义上的“公益征收”。④

对于公共财产，国内外学者较为一致的意见是公共财产不能成为国家行政征收的标的，即除非“行政上有更重要之理由时，当得将其改作他种用途。但公物征收，势必妨害其原有之目的，故其

① 范扬：《行政法总论》，邹荣校，中国方正出版社2005年版，第141页。

② 参见［日］盐野宏：《行政法》，杨建顺译，法律出版社1999年版，第754页。

③ 参见周佑勇：《行政法原论》（第2版），中国方正出版社2005年版，第320页。

④ 参见陈新民：《行政法总论》，台北，三民书局1995年版，第460页。

收用，非经公用废止，不得为之”。[1] 笔者认为，需要区分上述不同的征收概念，结合不同的公共财产形态以作不同对待。

就以财产所有权为对象的征收而言，以国家财产设定转化为公务用公产与公共用公产，由于此所有权仍属国家，当然也就不存在国家对自己的财产进行所有权征收的情况。一般情形下，对此种公共财产采取的是调配手段，属于行政机关的内部行为范畴，“无复从财产权的社会义务出发以探讨这一问题的余地”。[2] 必须留意的是，这种调配将导致公共财产公用目标的流转，将很可能涉及对公共财产本身具有的公用价值与公益属性进行改变。对于这一行为，在同等功能不同程度的调配过程中，也可能涉及对公众的影响。如将原有的桥梁进行修缮后进行收费的情形就是一例，此时应当强调作为公共财产用益权人的广大公众的知晓和参与。对于公共财产做不同功能的调配，则需要对公共财产原有的属性予以废止，进而重新设立公共财产。并且，这种废止由于可能严重导致公共财产给付的特定功能丧失，更应当受到严格限制。例如，需要将廉租房变更为公务员的福利房，则体现公共用公产流转为公务用公产，尽管是在公共财产管理机关的支配权范围之内的行为，但由于侵害了廉租房分配相对人的利益期待，除非另行以其他的住房进行对等的替代，否则不得为之。对于私有公共财产，出于更好地实现公共财产给付或者保护的考量，由国家进行征收并给予原所有权人充分补偿的情形则是允许的。如对破旧而缺乏修缮的私有古代民居在行政征收后进行抢救性保护等。不过，所有权的

① 范扬：《行政法总论》，邹荣校，中国方正出版社2005年版，第141页。

② 李惠宗：《公物法》，载翁岳生主编：《行政法》（上册），中国法制出版社2002年版，第468页。

转移并未构成公共财产支配权的消失,公共财产属性除非废止,否则仍继续存在。

对于其他两种征收形式,国内外学者少有涉及,但并非没有值得研究的意义。例如,对于私营或者公私合营的公物设施,由于其在维系公物给付的过程中受到严格的公益性限制,但出于税收成本的考量使这些公物组织不得不采取额外收费的方式加重公物用益物权人的分享负担。因此可以考虑采取税收减免以降低成本,在保障人民适时足额地享有公物的同时,减低上述公务组织的经济负担。

此外,行政收费形态的征收几乎出现在绝大多数的公产供给形态之中,其往往被视为公务机关支配权滥用的终极缘由。如何规范公产行政给付收费,已经成为探讨政府如何实现公产给付的核心阻碍。笔者认为,除以一般行政法之基本原则进行规制以外,尚需要有足以抗衡公产支配权的另一种公产权利形态的加入,后文将有详细分析。

三、公产支配权——由私法权利走向公法权力的必由之路

综上所述,在探讨公共财产物权制度时,我们通常都会涉及公共财产所有权所带来的困惑:应当受到物权法的一体保护,平等对待的国家所有权形态下的公共财产,为什么相比其他私法财产受到诸多“特别优待”? 通过上述分析不难发现,并非“国家的财产”这种所有权的特殊身份引发了上述“特殊保护”,而是由于具有行政权力属性的公共财产支配权的存在,使公共财产被添附了行政法上的公法效力。这种效力源于公法而非私法,是公法效力对公共财产的公共利益特别属性的“特别保护”。这种效力贯穿于公共财产支配权的设置、维护、管理、分配等一系列公权行为之中,它以

保障公共财产公共目的与公共利益为最高精神，从而获得了对抗传统私法物权干涉，对抗其他国家权力干涉，甚至对抗公共财产所有权自身干涉的特殊公法效力。

第四章 公产利用的权利源泉——公产用益权

第一节 公产利用的利益来源

一、公产利用中的“权利”缺憾

（一）公产利用中的权利困惑

在公产物权制度的整体构造之中，我们已经探讨了公产的所有权属性和支配权效力，并且了解了公有制之下中国公产制度所具有的优越性。社会主义公有制的基本经济制度为我国的公产制度提供了政策保障，人民共有、人民共享的基本理念由此而生。国家所有权体系下的国有财产为我们的公共财产提供了最为丰富的物质基础来源。行政法规制下的公产支配权为公共财产及时、充分和有效供给提供了法律效力上的支撑。另一个问题接踵而至：如果我们把公产当作一个苹果，我们首先搞清楚这个苹果归谁所有,随后苹果的所有人把这个苹果交给了另一个人占有与支配,并通过法律明确了占有人对该苹果的绝对支配权,通过设置、管理与维护,以求保证苹果的安全,防止变质、被侵害或被遗弃,那么,应该由谁享用这个苹果呢?

事实上,从公产存续的目的性来看,公产利用的核心内容归谁所有,并不在于由谁支配,而是在于公产可以由谁利用,应当使谁获得利益的问题。这与私法上以保护物的所有权为重任的物权体系存在本质差异。黑格尔曾在论及私法所有权的重要性时提出:"所有权之所以合乎理性不在于满足需要,而在于扬弃人格的纯粹主观性。人唯有在所有权中才是作为理性存在的。"①但将这种观点放置于公产制度之中却大相径庭。同样是一个苹果,从私法物权上来看,即便它单纯地停留在所有权人手中直至腐烂消亡,那只是所有权人的意愿所致,反而体现了所有权人独占支配物权的排他效果。但如果从公产角度,尤其是从这个苹果所附载的公共利益的角度来看,如果苹果只是在处于被占有的状态下消失的话,就将被视为公共利益的严重损失和对人民分享公共利益权利的严重侵害。因此,公产只有被置于可供利用的状态下的被实际利用过程之中,才能实现它的公益价值。我们绝不能抛却公产利用中所蕴含的巨大社会期待利益而空谈苹果归谁占有,否则将会导致权力与权利之间的错位。

(二)公产存续的核心价值——"公用目的性"

在行政法学中,学者们都无一例外地赞同公共财产具有公用目的性,并将其作为确立公产存续的重要前提。吴庚教授认为"公物是指直接供公的目的使用之物,并处于国家或其他行政机关所

① [德]黑格尔:《法哲学原理》,范扬译,商务印书馆1995年版,第44页。

得支配者而言”。① 陈敏教授进一步指出“公物乃经由提供公用，直接用以达成特定公目的，适用行政法之特别规制，而受行政公权力支配之物”。②

在实践中，公产大都是以国家财产设置而形成的，属于国有财产的一种。然而，公产是供一般公众使用的非营利性财产，它受到法律的特殊保护，在公产的用途没有改变之前不能转让，也不适用民法取得时效之规定而取得所有权，否则势必影响公目的之实现。③ 从而，公产得以区别于国家的另一部分财产——国家经营性财产，后者以营利为目的，“是生产性财产，可以用以谋取利益的财产”。④ 可见，并非所有的行政财产或公有财产皆属此处之公物，其必须提供为公用（包括行政机关或公众）方属之。⑤ “只要是为完成公共行政所需，透过设定行为，实际提供人民或行政机关使用，以直接达成特定公共目的之物”，⑥才属于行政法上的公产。可见，相比其他形态的国家财产或私人财产，公产所具有的公用目的性才是公产存续的基本灵魂，甚至只有在公用目的性被认可的前提下，公物制度才能作为行政法上的一项专门制度得以建立。⑦

公用目的性在公产制度之中应当被具体化为两个环节：其一，

① 吴庚：《行政法之理论与实用》（增订8版），中国人民大学出版社2005年版，第135页。

② 陈敏：《行政法总论》，台北，三民书局1998年版，第840页。

③ 参见陈志华：《行政法概要》，台北，三民书局2007年版，第147页。

④ 王名扬：《法国行政法》，中国政法大学出版社1988年版，第303页。

⑤ 参见李震山：《行政法导论》（修订7版），台北，三民书局1996年版，第123~124页。

⑥ 李建良等：《行政法入门》，台北，元照出版公司2000年版，第340页。

⑦ 参见［德］汉斯·J.沃尔夫等：《行政法》，高家伟译，商务印书馆2002年版，第456页。

基于公用目的的需要根据公法规则确定或设立公产，包括公务用公产和公共用公产。其二，以人民用益物权的形式确保这些公产的价值为公众实际分享。其中第二个环节相比第一个环节更为关键，因为它体现了对公产核心价值的实现——被公众所利用，否则公产就成了摆设。将行政主体对公务用公产的使用列为公用目的的实现方式并不能完整体现上述第二个环节，因为国家本应是以社会普遍利益代表者，①行使着社会的公共权力，而行政主体也可能存在自己的"团体利益"，从而存在滥用职权而使公产"非公"用的可能。唯有当公务用公产的使用也能真正使公众得以受益之时，方能得出公产价值实现的结论。总之，"国家的理性就在于服务社会，权力的理性就在于确保权利"，②只有将公众对公产的直接利用与间接受益联系起来，才能完整地实现公产的核心价值。

（三）"公用目的性"的本质——公共利益

那么，公产"公用目的性"的本质是什么呢？与其他行政法上的权力运行一样，公用目的性本质上承载着行政法对公共利益的目的追求。识别公用目的性所在，不仅能够阐明公产之所以存在、为何而存在，应当如何存在等一系列法律问题，而且能够将公产所涉及的物的形态、人的作用、权利与权力的关系统一起来，最终实现公产所附载的公共行政服务重任。毕竟，公共利益是所有行政活动的理由和界限所在，也是行政机关追求的大众福祉与私人追

① 参见公丕祥：《法制现代化的理论逻辑》，中国政法大学出版社 1999 年版，第 146 页。

② 谢晖：《法学范畴的矛盾辨思》，山东人民出版社 1999 年版，第 264 页。

求的与大众福祉有关的利益区别所在。① 所以,即使行政机关对财产曾经具有某种权利根据,只要该财产没有提供为公共之用,那就不是公物。②

由此看来,公共利益可以被用作识别公用目的性是否存在的标准。“公物是否合于公共目的,即所谓公共利益之功能。”③尽管公产的种类繁多,涉及公产支配、管理、使用的主体并不统一,利用公产的方式也非常广泛,但无论公用目的以何种方式实现,其蕴含的公共利益本质是无法改变的。易言之,对于公产而言,公共利益所需就是公用目的所在!

遗憾的是,问题并没有因此迎刃而解。公共利益本身就是一个不确定的法律概念。从古至今,虽有无数学者都曾尝试对它进行定义,但始终没有形成统一的观点和标准。在此影响下,公产的“公用目的性”也变得晦涩不明。

马克思曾提出:“人们奋斗所争取的一切,都同他们的利益有关。”④耶林进一步强调:“权利的基础是利益;权利之于利益就像烛光之于蜡烛。”⑤正是人民对公产所蕴含的可供分享的利益被泛化的“公用目的性”所掩盖,导致了人民对于公产所应当享有的权利也同时为行政权力所遮挡,形成“只见森林,不见树木”的情形。由此,要想凸显人民的权利,要想发现阻碍人民分享公产的症结所在,就必须给这种权利一个正当且合法的利益来源。这并不需要

① 参见[德]汉斯·J.沃尔夫等:《行政法》,高家伟译,商务印书馆2002年版,第323~324页。

② 参见[日]盐野宏:《行政法》,杨建顺译,法律出版社1999年版,第750页。

③ 李震山:《行政法导论》(修订7版),台北,三民书局1996年版,第124页。

④ 参见《马克思恩格斯全集》(第1卷),人民出版社1956年版,第82页。

⑤ 参见[德]鲁道夫·冯·耶林:《为权利而斗争》,胡宝海译,中国法制出版社2004年版,第112页。

我们徒劳无功地尝试对公共利益概念作重新界定，只需要以公产为切入点，以利益分析为方法，尝试对公产的“公用目的”之本质——公共利益进行重新的审视和立体化的解析，这一全新的视角将为我们带来意想不到的收获。

二、公产利用中的利益解析——对公共利益的立体观察

（一）公共利益的横向循环解析

在法治社会，公共利益通常是以既定事实的形态展现在我们面前的，但实际上，公共利益并非如一潭死水般的一成不变。公共利益始终处于一种流动的循环状态之中，这也为我们了解公共利益的来源，发现公共利益的最终去向提供了思路。

国内行政法学界最早以公共利益为研究对象的学者叶必丰教授曾系统地阐述过公共利益的运行状态和内容。他认为，行政是一种对公共利益的集合、维护与分配活动。[①] 行政主体从特定社会成员的个人利益中分离出部分利益，集合成为公共利益；行政主体为维护公共利益也将与特定社会成员之间形成关系；[②]最后，由于作为公共利益主体的社会总代表只是抽象的人格主体，并不能真正消化公共利益，最终仍需要将其分配给社会成员享受。因此，公共利益最终仍将通过分配而转化或还原为个人利益，其首要的基本特征就在于进行重新分配。[③] 可见，公共利益的运动过程与个人利益息息相关，同时它也昭示了行政法上的公产形成和运行过程。

---

① 参见叶必丰：《行政法的人文精神》，北京大学出版社2005年版，第124页。

② 参见叶必丰：《行政法的人文精神》，北京大学出版社2005年版，第60～61页。

③ 参见叶必丰：《行政法的人文精神》，北京大学出版社2005年版，第107页。

首先,公共利益源于对个人利益的集合。通过法定的公权力运用,人民将原本属于自己的那部分利益让渡出来,形成了公共利益的合体。这种对公共利益的集合行为成为行政的首要任务,否则就不会有公共利益的存在。[①] 而在这种集合的过程之中,行政主体的权力运用方式,可以用税收行政模式进行概括。公共利益的集合过程,体现了公产制度中公产所有权的来源,并且在此过程之中,人民的身份,展现为接受税收管理、履行税收义务的被动状态。但这也同时阐明了这样的含义:个人利益是公共利益循环的起点,人民是国家的肌体血库、公产的物质源泉,无论是国有公产也好私有公产也罢,都是个人利益供给的结果。

其次,公共利益维系于对个人利益的限制。公共利益一旦形成,就产生了与个人利益相互独立的局面,并开始在公共利益内部进行资源分配。由于公共利益所代表的是最大比例的个人意愿,因此,维系它的存在是通过对个别个人利益的追求方式进行限制实现的。体现为法律对公民的各种行为进行规制,并同时设立了以达到规制效果为目的的规制行政权力。规制行政模式由此而生。如果个人利益主体超越了这种限制,享有规制行政权力的行政主体得依据法律对个人进行惩处。在此过程之中,人民的身份,仍旧显现为主动放弃某些可能侵犯公共利益的自由,并自觉遵守法律规范义务的被动性。在公产制度中,对公产价值的维系体现为公产组织运用其所享有的支配权来设置、管理公产以防止公产价值受损。由此构成了公产支配权的来源。

---

① 参见周佑勇:《行政法原论》(第2版),中国方正出版社2005年版,第5页。

最后,公共利益实现于对个人利益的反哺。公共利益的状态维系,并非公共利益存在的目的要求。人民让渡利益的目的,并非仅在乎公共利益的安全性与社会秩序的稳定性,也绝非指望通过让渡来换取个人利益的自由和安全,而是更直观地反映为期待通过公共利益达到个人努力所无法实现的利益诉求,期待公共利益最终反哺于个人利益以促成人民的生存、发展、自由与幸福,以及社会公平与公正的实现。这种诉求,体现为对行政主体基于公共利益的给付性行政服务的需要。在此过程之中,人民的身份,是基于分享公共利益的主动地位,而行政主体的身份则由税收行政、规制行政中的权力角色转化为职责角色。行政行为的内容已不再是单纯的赋予义务、规制个人行为,而应当是以公共财产为基础、以公共服务为手段、以公产供给为主要内容的给付行政行为模式。而公共利益反哺个人利益的范畴,几乎包含了人民生活的方方面面,如教育、文化、卫生、交通、居住条件和环境保护等。唯有人民通过公共利益的反哺而促成个人素质和生活条件的提高,社会经济生活才能充满活力,才能构成人民继续让渡个人利益以形成公共利益的动力源泉。值得注意的是,在公产制度之中,公共利益对个人利益的反哺是通过两种渠道达成的,其一,以公务用公产的方式为行政主体的公共服务提供物质保障,人民因享受公共服务而受益;其二,以公共用公产的方式提供给人民分享,人民因使用或者利用公产而受益。无论何种渠道,都共同体现为人民对公产价值分享的利益满足。如图 4 - 1 所示。

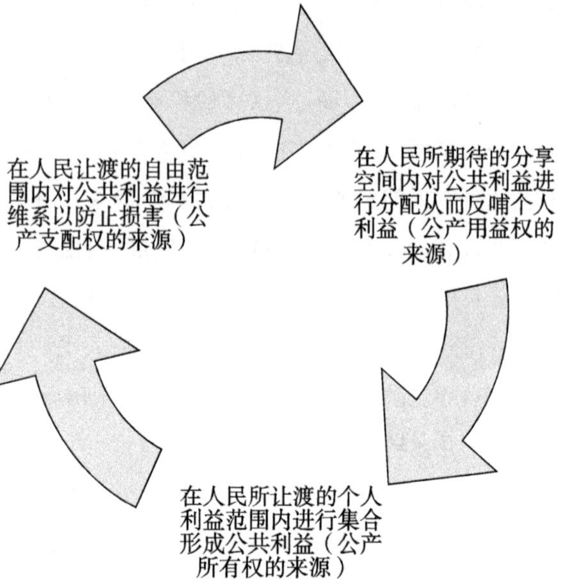

图 4－1　公共利益对个人利益的反哺

通过上面的分析，我们不难发现，公共利益的运行过程，自始至终都显现为一种循环流动的态势。公共利益首先以个人利益为起点，进而通过让渡集合为公共利益，由此公权力作为集合公共利益的工具，开始介入个人利益之中。随后，人民又主动放弃自己的部分自由，用以维系公共利益的安全，并接受公权力的约束。在这一过程中，公权力作为维护既存公共利益的工具，在人民放弃而法律所规制的个人利益空间之中以公共利益“卫士”的身份存在。在公共利益已被集合且形成了有序的资源分配之后，利益轨迹的方向又必然以公共利益为起点，通过提供公共服务或者公产供给反哺个人利益的方式，朝着以履行行政职责提供对人民的生存照顾的个人利益方向前进。

可见,公共利益源于人民,反哺于人民的轨迹体现了一个完整的利益循环。这也是必然的循环过程,公共利益唯有循于人民的胸膛才能生生不息、长盛不衰。作为公共利益的支配者——行政主体而言,存在的价值也正是为了促成并实现这种循环。因此,在公共利益的整个循环过程中,行政主体并没有专属于自己的利益形态,即便是它所支配的公务用财产,也是以提供行政服务供人民受益为目的的。

可以试想,国家由人民组成,公共利益由人民让渡,公共权力由人民赋予,倘若以公权力掌控公共利益的国家不能因此让人民获得分享公共利益的权利,那么利益循环就出现了断流,结果只有两种可能:其一,国家将公共利益全部转化为国家利益,作为以国家为主角的国际关系纷争的资本,“你的就是国家的,除了国家的你什么都没有”。其二,国家将公共利益转化为特权利益,仅供上层建筑的特权阶级享有。此种由特权阶级分流导致循环中止的后果也别无二致,远到西方各君主制国家,近到中国历代封建王朝,但凡以这样的场景登上历史舞台的,无一不是最终惨淡收场。法国的路易王朝如是,英国的威廉帝国如是,俄国沙皇如是,中国古代的商纣王、隋炀帝亦如是。

综上所述,我们可以得出对公共利益进行横向流动分析的最终结论:公共利益的循环流动体现了人民利益与公共利益的相互融合,并由此形成了以公共利益集合为目标的税收行政、以公共利益维护为目标的规制行政、以公共利益分享为目标的给付行政三种行政权的形态。公共利益的循环体系,必须以人民利益为起点,也必然以人民利益为终点和新的起点。因而公产的存在同样是由人民供给并最终全部为人民所分享,由此论证了人民享有对公产终极用益物权的大势所趋。毕竟,只有“个人的私利与公益融为一体,公平地分配生活的需要,才能卓有成效地促进正当的生活”。①

(二)公共利益的纵向位阶分析

识别公产公用目的的本质,除了须对公共利益进行横向循环解析,得出人民对公产和公共利益的应然利益分享结论外,还需要从社会利益结构的纵向视角进行观察,寻找公共利益所存续的空间以及其与其他利益形态的界限。

行政法是以一定层次的公共利益和个人利益间的关系为基础和调整对象的,以公共利益为本位的法律规范的总和。② 利益的体系并非只有公共利益与个人利益构成这么简单,这种观点往往只是从横向的角度解释公共利益的范围。事实上,在行政法中,公共利益本身并非一成不变的确定空间,而是游走于一个纵向的利益框架之中。

1. 公共利益的纵向位阶

纵观社会利益的整体结构不难发现,在一个国家之社会利益结构中,利益的起点应当是处于私法中之个人利益,终点则是处于最高位阶之国家利益。这两种利益所形成的合界,构成整个国家以及所有社会成员所期待之整体利益空间。如图 4-2 所示。

① [意]托马斯·阿奎那:《阿奎那政治著作选》,马清槐译,商务印书馆 1963 年版,第 106 页。

② 叶必丰:《行政法学》(修订版),武汉大学出版社 2003 年版,第 2 页。

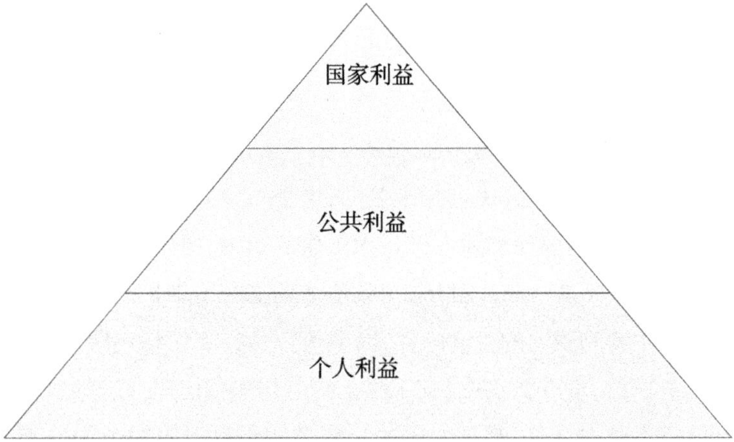

图 4－2 公共利益的纵向位阶

首先,尽管处于最高位阶的国家利益同样源于公共利益,甚至从广义上可以认为公共利益包含了国家利益,①但由于其目的通常在于确保国家之政治、经济与外交安全,因此得以脱离公共利益而独立存在。国家利益一般掌控在最高国家权力机关的手中,由以国家领袖为核心的集体政治智慧与谋略予以实施,体现为以外交、军事为主的国家主权行为。它专由宪法部门法调整,绝少受到行政权甚至是司法权的干预,这正如在现实中,普通公民、行政机关或者司法机关,都无法对我国与何国建交或者为何国提供经济援助指手画脚。毕竟,解释涉及国家全局利益决策的正当性有时根本就不是法律问题而是政治问题。虽然,宪法中的程序性规范可以从一定程度上保障国家利益决策的合宪性,但通常只是关注于

① 参见王景斌:《论公共利益之界定——一个公法学基石性范畴的法理学分析》,载《法制与社会发展》2005 年第 1 期。

决策产生的程序正当性,并不能越俎代庖,抹煞甚至忽视决策者的智慧,来处断涉及国家利益政治决定的实体正当性。

其次,与最高国家利益相反,个人利益是由私法与道德约束进行双重调整的。其中,道德是私法个人利益的底线,它是由作为国家组成细胞的广大公民自觉掌控的,这是一种最为纯粹的个人利益,或者说可以被理解为人民最大限度的自由。国家对道德形态只能引导并不能一味地强制。“政府的职能在于维护道德行为可以在其中得到表现的生活条件,而道德行为在于无私地履行自愿承担的职责。”①例如,在公交工具上给老弱病残让座,或者在公共场合不大声说话等,都是中国的传统美德所折射出的道德规范。它无法被国家机器掌控的原因在于这里涉及太多的公民个体主观意愿。缔造一个放之四海而皆准的道德模板并不困难,困难之处在于如何让每一个公民都能接受并遵照执行。原因其实与上面所谈到的最高的国家利益类似,公民之间并没有强求他人按照某个特定道德规范行为处事的权利,而行政权与司法权显然也无法对所有的道德进行监管与调整。因此,对道德的最佳治理工具恰恰就是习惯,而习惯往往就是道德规范本身。行政权力唯有在个人利益超越私法界限或者个人利益之间的冲突涉及侵害公共利益之时,方能被运用于追究民事主体从公共利益中所获取的不当个人利益,前者如未获许可证的煤矿开采,后者如糕点铺向顾客出售有毒点心从而危害食品安全。

最后,公共利益存在于私法个人利益与最高的国家利益之间所形成的巨大空间之中。并且,公共利益的范围,在国家利益之

① [英]欧内斯特·巴克:《英国政治思想》,黄维新等译,商务印书馆1987年版,第31页。

下,会随着一国之法治进程,呈现出与私法个人利益相互游移的状态。例如,国家停止征收农业税和工商管理费,即意味着这部分公共利益转化为私法个人利益。又如,对特定行业新设准入许可,则意味着原有自主的私法经营行为受到行政权控制,必须获得许可证方能继续经营。可见,行政权力根据法律的变化,出于社会关系调整的需要,可以增加或减少行政权的调整力度和种类,从而形成公共利益与私法个人利益之间相互扩大或缩小的游移状态。

尽管如此,在某一确定法律时空下,公共利益与私法个人的界限必然是清楚明了的。行政权不能逾越公共利益的界限,侵犯公民既有的私法个人利益,否则就构成违法行政或者越权行政,需承担国家赔偿责任。公民也不能跨过私法个人利益的边界,突破行政法规制获取额外的私法个人利益,否则将遭致行政权的制裁,进而在行政法的强制力作用下,"归还"其通过侵害公共利益获得的不当个人利益。

在行政法公产制度中,并不排斥在规制行政的作用下公权力与私权利之间的界限区分。社会成员以不正当的手段使用、获取甚至破坏公产,例如,不具有购买保障房资格的公民通过不正当手段获得了该房产,抑或将未经净化的污水排入江河湖泊等,都被视为侵害公共利益的违法行为,应当受到行政权的制裁。

2. 公共利益中的"漏斗效应"

从国家发展的长远来看,公共利益的范围并非一成不变而是游离于两端之间。公共利益的内容,也并非一成不变。借用法哲学上的理念,我们可以将其初步区分为应然的公共利益、法定的公共利益和实然的公共利益。

首先,应然的公共利益是最为完整的,但并非始终显现在社会生活之中,它应当被视为法定公共利益的扩展空间。其次,法定的公共利益是按照现有成文法的规定确定下来的法律所保护的公共利益空间,法律赋予了这种公共利益得到公权力管理的职能。但法定的公共利益区间并非为个人利益所能完全分享的,因为在这里存在行政主体对公共利益理解的巨大裁量空间。尽管"在当代,行政裁量的广泛存在已成为一个不争的事实,而且它作为行政能动性的体现和实现个案正义所必须的一种政府工具,也为现代法治所不可缺少"。① 但同时,"所有的自由裁量权都可能被滥用,这仍是个至理名言"。② 以公产制度为例,在绝大部分的公产制度法律文件中,法定的可供分享的公共利益只存在抽象的法律约束,如原则性规定、权力性规定,而欠缺职责性规定和权利性规定。更为严重的是,大部分的法定公共利益欠缺职责追究与权利主张的途径——司法监督与救济。在此影响下,对上位法所赋予行政主体的较为抽象的公产给付职能,到了行政主体的手上可能只是停留在一个文件、一个地方性规范之中,并形成了一种截留国家给付财产和弱化公产给付职责的漏斗效应。在这种行政主体所制造的巨大漏斗效应的影响下,相当部分的公共利益被卡在了漏斗的上方,转化成行政利益、部门利益甚至集团利益,人民却无法对立法者所给予的完整的法定公共利益进行主张,必然导致最后所获得的实然公共利益缩水,立法者的初衷无奈落空。可见,缺乏对公共利益行政裁量的有效治理,导致"在实现对公民权利的行政法保障过程中,最大的障碍就是存在国家、国家机关和公职人员的特权地位,导致的直接后果就是削弱保障和产生行政专横"。③

① 周佑勇:《行政裁量的治理》,载《法学研究》2007年第2期。

② [英]威廉·韦德:《行政法》,徐炳等译,中国大百科全书出版社1997年版,第70页。

③ 刘春萍:《转型期的俄罗斯联邦行政法》,法律出版社2005年版,第88页。

规制行为之所以受到我国学界和实务界长期以来的特别关注,一是由于我国行政法受传统警察行政模式和行政管理观念的影响甚深,加重了行政权力的规制管理色彩。二是由于规制行政行为违法的案件屡见不鲜,且规制行政的侵权形态较为明显,绝大多数属于滥用职权的结果。三是这种规制行政行为一旦违法,将必然使行政权超越其所维系的公共利益法定职权的要求,对公民个人利益造成侵害,进而直接引发公民主张权利救济。所以,行政法将大量的热情投到规制行政之中,强调如何限制与规制行政权,如何划定规制行政合法与违法的界限,如何为相对人提供有效救济等方面。

行政法中给付行政所体现的情形与规制行政大相径庭。首先,在给付行政中相对人处于权利人的地位,个人利益与公共利益具有同种利益诉求,但法律少有详细的权利性规定。其次,给付行政中行政主体承担的是给付职责,而给付性行政法规范较为抽象或较为混乱,甚至出现立法缺位,因此很难判断给付机关是否违法。即便构成违法,其违法的形态也多半是以渎职的情形存在,较为隐蔽而难被察觉。最后,给付行政对应的是公民的权利,是公民在个人利益之外对公共利益的额外分享。公民一般难以察觉自己的权利损失,也往往因权利模糊而无法主张救济。

(三)公共利益的纵深结构观察

倘若对公共利益的分析仅止于横向与纵向之观察,一种矛盾将不可避免:通过横向分析得出的结论是公共利益必须以最终转化为个人利益为目标,方能形成行政法利益循环流动的良性状态。通过纵向分析得出的结论又恰恰是位处私法的个人利益与位处行政法的公共利益在特定法律时空中的界限泾渭分明。这意味着人民显然不能借私法权利之名获取对公共利益的分享,那么公共利益的流动运行又该如何实现呢？这便需要对公共利益本身进行结构上的纵深观察。

传统行政法的“权力”中心论，将公民所拥有的全部个人利益与公共利益置于对立面，同时也将公民的个人权利与行政权力置于对立面，这体现在公产制度中，便是行政机关强调公共财产不容侵害，并利用其对公产的支配和管理权力，规制和限制人民分享公产的“非法意图”，却有意无意地放弃了自己应尽的公产给付职责。

这种思维在规制行为中尚可被接受，行政强制、处罚、许可都是为了避免相对人从公共利益中获取不正当的私人利益。规制行政维护的是公共利益的安全性，行使的是人民让渡部分自由而构成的行政制裁权力。这种权力所针对的是公民对法律的遵守义务，权力的界限即是公民的自由权边缘。由此，公权力不得超越人民所让渡的自由范畴，侵犯公民的自由权利与既有的私法利益，个人也不得超越私法权利“牟取”公共利益以供私用。

从服务行政视角来看，规制行政所提倡的“权力中心论”显然与服务行政所追求的行政目的不同。在管理与服从的行政法理念支配下，以提供服务的方式从事公共行政必然是不可能完成的任务。我们不可能对以施舍者的姿态存在的行政机关提出任何主动的服务性请求。在服务行政理念中，立法者规定的行政活动的目的，不仅服务于公共利益，而且还服务于个人利益。① 反之，“法律规定有以保护特定私人之利益为目的者，亦有以保护一般之公益目的”。② 行政机关应当借由公权力行政，而以直接、迅速

① 参见于安：《德国行政法》，清华大学出版社1999年版，第41页。

② 陈景发：《国家赔偿诉讼上的反射利益论》，载《中央警察大学法学论丛》第8期（1997年）。

且有效的方法提供给付。① 基于此，人民对公共利益的分享，就不能再被看作单纯私法上之个人利益追求，而是形成独立于个人既得的私法利益以外，蕴含于公共利益之中的公法个人利益。如图4－3所示。

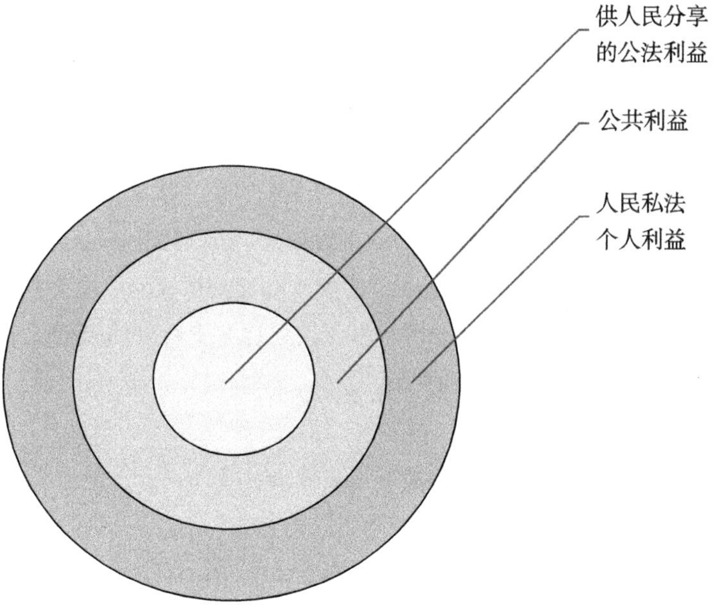

图4－3　服务行政理念利益关系

对公法个人利益的识别，具有重要的理论意义：其一，公法个人利益之存在彻底打破了传统理论中个人利益与公共利益的隔阂，并推动这两种利益的相互融合，促成"公共利益与个体利益的趋同性与一致性"。② 使得"公共利益与私人利益并非完全处于对

① 翁岳生：《行政法》（上册），中国法制出版社2002年版，第24页。

② 柳砚涛：《行政给付研究》，山东人民出版社2006年版，152页。

立的关系,有时两者可以相得益彰,互蒙其利”。① 其二,公法个人利益之存在,确保利益的享有者在实现公法个人利益的同时,也一并实现了公共利益的价值追求。例如,公民获得公租房,既解决了其居住困难的个人问题,也意味着公共住房保障制度公用目的的实现。其三,公法个人利益之存在,使以实现公共利益为己任的行政机关,不得再任意排斥或者忽略人民对其公法利益的合理主张。因为,排斥公法个人利益本身就意味着行政机关放弃了自己履行公共利益的职责。其四,公法个人利益之存在,为服务行政体系——尤其是公产制度中人民可主张的权利——找到了利益的正当来源。人民主张实现公法个人利益的权利属性,也就由传统意义上之私法权利,转化为基于公法而享有之公法权利。在公权主导之下,人民对国家提出合理分享公共利益之请求,就是受到公法和公益所保护之正当权利主张。

三、公产利用的权利渴望

(一)公产利用中的利益反思

如上所述,在当代中国行政法的实践中,由于行政权过分注重以公共利益集合与维系为目的的税收行政与规制行政,导致“权力”成为中国行政法乃至公共利益的代名词。但这并非同样适用于以公产利用为核心的给付行政体系。通过上述对公共利益的立体化解析,从公产利用中的利益运行角度,我们有必要对以下两个问题加以深刻反思。

1. 到底应当由谁界定可供分享的“公产”范畴?

公产承担了巨大的公共利益,因此所谓界定可供分享的公产

① 翁岳生:《行政法》(上册),中国法制出版社2002年版,第14~15页。

范畴，实际上就是在探讨应当由谁界定公共利益的问题。法治社会之中，公共利益的界定和实现是多种权力（权利）主体共同作用的结果。毋庸置疑的是，立法机关应当具有界定公共利益的绝对权威。通过立法权的行使，公共利益的界定权被掌握在“公众”手里。因为，只有人民自己才知道什么是自身的共同利益。所以，公众决定公益内容的最好形式，莫过于通过人民的代表机关或代议机构制定法律；[①]当然，除了立法机关外，司法机关无疑应当成为公共利益的终极裁判者，司法权是社会公正的最后防线，在立法所确定的公共利益范畴之中，司法权能够更为细化地识别公共利益的具体形态，裁判公共利益的正当性。

在确定了公共利益的界定主体与裁判主体之后，我们发现，对行政主体更为准确的角色定位，应当是充当实现公共利益的主体。但不容忽视的是，行政主体也有行政立法权，而执法权的运用原本就是一种裁判与裁量。于是，当行政主体在法律抽象的巨大空间中，利用行政立法“制造”权力，进而运用权力裁量公共利益的具体形态之时，立法的抽象性和司法机关的事后干涉权似乎都被行政权的强悍效能所掩盖。以公产利用为例，立法无法过于细化公产从设置到使用的方方面面，只能依靠原则性指向加上行政支配权的自觉性予以完成。司法机关显然也无法以事先介入的方式对行政支配权的实施状态进行干预，只能依靠公产利用人的权利主张被动干预，那么如果社会公众根本就没有明确的利用权利可供主张呢？

2. 如何突破“漏斗效应”，跳出公产物权制度的“黑洞”？

陈新民教授曾指出：公益概念最重要且最复杂的特征，就是其

① 参见刘丹：《公共利益的法律解读与界定》，载《行政法研究》2005 年第 2 期。

内容的不确定性，亦是公益的受益人及利益的抽象性。① 这也被视为公共利益“不确定法律概念”的根源。由此，如何确定“受益对象”，甚至如何确定“可供分享的公共利益”都被看似“责无旁贷”而又“无可奈何”的行政主体独享了。

如果过分强调“权力”而忽视“权利”，人民看不到自己对公共利益的期待所在，也就无法主张分享公共利益的权利。

我们的大多数立法，都把规制行政权作为第一要务，而与行政权所对应的公法权利却较少，在每一部法律中，我们能够看到的权利形态，最终都是在法律责任一章之中所体现出来的救济权利。这种思想，仍然是以公民控告和申诉的救济权对行政权力进行制约。那么，实际上，就如同行政法对于私人权利空间的不断扩张而引发的对人民行为的法律指引一样，公民的公法权利更应当成为行政权力的目的指引，唯有如此，才能改变行政法长期以来以管理与被管理思维所构建的规制行政特色，才能形成以服务与合作为内涵的新的行政法人文精神。公共利益应当承载的是公民的公法权利，只有这种公法上的权利才能真正映射公共权力的空间。因为“没有任何东西能够比权利的思想更能使人的精神得到升华和维护。权利的思想中存有一种伟大而雄壮之物，它可以抹去任何请求中的哀怜乞求之状，并把那些提出要求者置于与给予者同样的地位！”②

（二）公产利用中的权利渴望

1919 年德国《魏玛宪法》颁行后，人民的生存权受到特别之重

① 参见陈新民：《德国公法学基础理论》（上册），山东人民出版社 2001 年版，第 183 页。

② ［英］R. J. 文森特：《人权与国际关系》，凌迪等译，知识出版社 1998 年版，第 19 页。

视，国家对于涉及人民生存权益之经济、教育、文化等生活事项，不再消极不顾，而是采取积极介入的态度，以确保每一国民得有合乎人性尊严之生存权与人生欢乐之生活权。① 随着人权日趋受到国家的尊重和保障，从管理型政府向服务型政府的变革已是大势所趋。也正是这种行政任务由干涉人民自由，趋向对人民现实生活之给付、照顾及生存基础之保障，促使行政法学上公有事业法制、公营事业法制与公物法制之迅速发展。②

纵观现有之公产法律制度，人民财富汇聚而成的国家财产为公产制度提供了最为丰富的物质基础。“主权在民”的现代国家制度造就了支配、管理公产所需的行政机关及其公权力。但这还不足以保障人民实现利用公产的权利。公产就如同一棵苹果树，肥沃的土壤催生了丰厚的果实，坚实的围栏和忠诚的管理员保护着苹果的安全，那么到底应当由谁，又应当以何种权利分享苹果呢？对公共利益的重新审视，正是为了进一步佐证人民分享公产之用益权的合法源泉。

首先，公产所依托的国家财产源于人民，人民分享公产是公共利益循环的必然结果。这看似简单的原理却揭示了公产制度中两大症结所在。其一，行政机关并非公产之主人，公产更不能被简单视为行政机关之家产，否则人民分享公产的受益权将被阻碍于所有权的排他性之外。其二，个人利益是公共利益循环之最终目标。任何行政行为均需出自维护公益之目的，行政机关亦负有保障国民之义务，只要行政行为非专为特定人之私益服务，即已符合行政

---

① 参见林腾鹞：《公物概念之研究》，载《东海大学法学研究》第16期，东海大学法律学系2001年版，第1~2页。

② 参见林腾鹞：《公物概念之研究》，载《东海大学法学研究》第16期，东海大学法律学系2001年版，第2页。

之公益性[1]。由此,国家机关并非公产的受益者而只是推动公产给付反哺个人利益的实施者。

其次,公产所蕴含之公用目的,体现了国家对宪法中所列举的各种生存与发展之基本人权的促进与实现,国家正是借助于公产给付,方能确保社会成员的平等生存与发展,并弥补私营经济所不愿或不能承担的社会供给。

最后,公产所承载之公法个人利益,为人民主张公产用益权提供了利益源泉。公法个人利益的存在,击碎了公权力隔离个人利益与公共利益相互关联的"瓶颈"。由此,在服务行政之下,公产给付法律关系之中,人民所主张之公产用益权,不再是基于私法个人利益的"私权",而是应受公法保护之"公权",即"公法上之受益权"。[2] 从而,人民不仅得以此公权因法而行,施以己意且为主张人格之发动,[3]主动要求国家提供及时、充分、适当的公产给付,而且也得以在公产用益权受到侵害之时寻求行政诉讼、国家赔偿等公法救济手段之保护。

可见,公产所彰显之公权理念,是公产法治推动公益实现之动力源泉。诚如李惠宗教授所言,现代民主法治国家应该扬弃传统国家视公物为家产的公物观,改以视市民为公物主人而以市民为本位的公物观。故利用者并非只是行政机关行政裁量的客体,而且也应是主体,从而,公物之利用不再是一种恩给,公物的设置、管

① 参见张永明:《行政法》,台北,三民书局2000年版,第18页。

② 受益权是公权的核心组成部分,乃指人民为了自己的利益,请求国家行使其统治权,为一定行为,从而享受其利益的权利。参见张载宇:《行政法要论》,台北,汉林出版社1977年版,第87页;管欧:《中国行政法总论》,台北,蓝星打字排版有限公司1981年版,第91页。

③ 参见[日]铃木义男等:《行政法学方法论之变迁》,陈汝德等译,中国政法大学出版社2004年版,第154页。

理及其废止均不再任诸行政机关的裁量。亦以给付行政成为行政作用的主流,是以公物作为给付行政之一环,对公物之利用自有保护必要。①

综上所述,以公产及其利用制度为视角解析公益,进一步印证了“国家的理性在于服务社会,权力的理性在于确保权利”②之当代公法理念。行政机关给予人民充分、有效、完善的公产供给,不仅是保障宪法基本人权之践行,同时也是公共利益循环流动之必然趋势。由此,行政机关不应当截留和阻碍人民对公产合理分享。因为,行政机关所掌控的公产,不仅承载着公共利益和公法个人利益的双重利益诉求,而且还承载着人民对公产的合理期待,这并非是超越个人私法利益之非分要求,而是基于法律所赋予的公法个人利益之合法公权主张。基于此,在公产给付行政法律关系中,人民得以公产用益权来引导公权力的实施、判断行政机关加附公产之上的“公用目的”是否合理,并进而享有在公权力违背公共目的使人民公产用益权遭受行政侵害之时的公法救济权利。

第二节 公产用益权的法律属性

一、公产用益权的提出及其法律属性

(一)公产用益权的提出

通过上文的分析,我们发现,对公产的利用与受益,体现了人民对公共利益的分享,由此体现了公产的存在价值。但我们同样

---

① 参见李惠宗:《行政法要义》(第3版),台北,元照出版社2007年版,第228页。

② 参见谢晖:《法学范畴的矛盾辨思》,山东人民出版社1999年版,第264页。

也发现，在界定何种公共利益可供人民分享的问题上，如果缺少可供主张的公民权利，将使行政权力过度膨胀，引发行政专横。① 大量原本应由人民享有的公共利益被吞噬，演变成了行政主体的部门特权利益。这种权力与权利失衡的状态，也会直观地被反映在公产制度现象中：一方面是人民所需要的公产给付大量缺位，而已有的公产在行政主体支配权的“指挥下”，沦为政绩工程、或者蜕变成“专享财产”、或者成为某些私营业主的盈利性产业。另一方面是人民广泛的基本社会需求不仅没有得到满足，反而背负了沉重的公产利用成本负担。

以国家所有权形态为公产提供财产支持，是为了让人民能够利用公产而促成社会共同发展与和谐。以公产支配权形态为公产提供的权力保障，也是为了让人民对公产的有效利用得到公权力的法律保护。如果说公产之上支配权的存在绝非为了让公产行政主体独享公产，那么人民对公产究竟享有什么样的权利呢？

在私法物权制度里，从所有权之中可以分离出他物权体系，其中最为重要的当属用益物权。② 民法上的用益物权，源于罗马法中的役权，③在我国的物权法中，它被界定为对他人所有的不动产或者动产，依法享有占有、使用和收益的权利。④ 它作为物权的一种形态，具有物权的一般法律特征，如具有对世性、支配性、特定性、

---

① 参见余睿：《公法权利视角下的公共财产用益权探析》，载《学术论坛》2015年第5期。

② 参见孙宪忠：《中国物权法总论》，法律出版社2003年版，第73页。

③ 参见［意］彼得罗·彭梵得：《罗马法教科书》，黄风译，中国政法大学出版社1992年版，第250页。

④ 我国《民法典》第323条规定，用益物权人对他人所有的不动产或者动产，依法享有占有、使用和收益的权利。

排他性、绝对性和公示性等特征。[1] 那么,我们有理由相信,在公产之上,同样存在着这样一种物权形态,它具有和民法上的用益物权类似的物权独立性,它归属于对公产具有公法上分享利益的人民,它存在的目的是保障人民对公产的分享、利用,它可以解释为什么行政主体虽然可以利用其所占有的公务用公产却不能肆意妄为,它将帮助我们最终实现公产的公用目的……

借助私法上的物权定义,我们可以将它界定为公产上的用益权。既然这种公产上的用益物权可以被看作源于私法,那么人民公产之上的用益权可否由私法上的用益物权予以阐明呢?它具有什么样的独特属性?它的法律效力又源于何处呢?这些都需要我们进行更为详尽的探究。

(二)公产用益权与私法用益物权的比较

私法上的用益物权,已经成为各国物权法中必不可少的组成部分。通说认为:私法上的用益物权,以私法所有权为来源又相对独立于所有权,它以对他人所有物的占有为前提,以使用、收益为内容,以他物权、限制物权、有期限物权为特征,主要以不动产为标的。[2] 公产用益权是否都具有上述特征呢?这需要我们对这两种权利的特征进行比较分析。

其一,民法上的用益物权以占有物为前提。这是用益物权实体支配性特征的体现,即指用益物权须以对标的物的实体支配为成立要件,这也是用益物权被称为"实体权"而区分于担保物权的

① 参见马俊驹、余延满:《民法原论》,法律出版社1998年版,第422页。

② 参见钱明星:《论用益物权的特征及其社会作用》,载《法制与社会发展》1998年第3期。

原因所在。[①] 在公产制度之中，是否也必须以占有公产作为用益权的前提呢？笔者认为，这需要从公共用公产与公务用公产的分类上予以区别对待。首先，在某些特定的自然公产的特许使用中存在着独占使用的情形，如对国家所有的土地、森林、草原以及国家专有的矿藏、水流等进行占有、使用和收益。[②] 尽管这种占有是国家以出让自然资源开发使用权的行政合同形态产生的，但其更多的是出于财产增值部分之私法利益考量。公产制度调整的绝大多数公共用公产，利用人一般不具有占有支配的权能，否则将导致对其他利用人平等、自由利用的排斥，如公民对公路、湖泊、广场或者博物馆等公产形态的利用。其次，也有部分的公共用公产通过许可使用可以占有，如廉租房、公租房、经济适用房等，但均有期限之限制以便让更多人受益。最后，行政主体对其支配的公务用公产的利用是以排他占有的支配权为前提的，但需要注意的是，这种占有是以为相对人提供公务服务为目的的。

其二，民法上的用益物权以使用和收益为内容。这是用益物权的用益目的性特征的体现，即用益物权是以对物的使用收益为目的而设立的物权。[③] 在公产之中，使用公产同样是利用权的重要内容，但一般情形下，是不允许在公产上设置私法收益权的，即使可以从公产之上获得孳息，获益所得也应当回流于公产本身。当然，并不排除在特定情况下利用人通过公产间接获取法律所允许

---

① 参见李双元、温世扬主编：《比较民法学》，武汉大学出版社 1998 年版，第 336 页。

② 彭万林主编：《民法学》（修订 3 版），中国政法大学出版社 2002 年版，第 278 页。

③ 参见李双元、温世扬主编：《比较民法学》，武汉大学出版社 1998 年版，第 335 页。

的收益,①但如果以违背公产目的而进行的收益行为是必须禁止的。例如,将廉租房转租或者在法定期限内将经济适用房出租。总之,在公产制度中,公众利用公产,是以分享公产价值而促成公民生存、发展需要为诉求的,这种对因公产而获得受益性与民法上的收益具有本质差异,进而进一步印证了公产用益权与民法用益物权的不同价值取向。

其三,民法上的用益物权为他物权、限制物权和有期限物权。他物权是指用益物权的标的是他人所有的物,限制物权是指用益物权人一般不享有处分的权能。② 此外,民法上的用益物权是基于所有权人与用益物权人之间的民事法律关系而产生的,因此往往受到约定时效的限制。在公产制度中,公产的用益物权以国家所有权为来源,或者以私人所有权为来源,因此也具有他物权的性质;而在限制物权的特性上,公产与利用人之间多半是以行政法关系相连接,即便有以行政合同进行约定的情形,也和私法上的合同关系有本质差别。至于有期限物权的时效限制,在公产制度上也有体现,如对独占利用公产的时效规定。但对于绝大部分的公产而言,由于以自由使用为前提,所以一般是不允许对利用人设置使用期限的。

其四,民法上的用益物权主要以不动产为标的。③ 公产利用权的标的涉及所有的不动产与动产形态。例如,在秋收季节,大型联

---

① 例如,各地已经出现给予下岗职工免费利用“下岗夜市”摊位的权利,此时业主可以通过夜市进行小商品交易以维系生活。但此时并非是以“摊位”直接获益,而是以此作为一种平台通过商品交易获得利益。总之,间接收益的关键在于如果没有其他民事活动的参与,公产本身不会给利用人带来利益。

② 参见马俊驹、余延满:《民法原论》,法律出版社1998年版,第422页。

③ 参见孙宪忠:《中国物权法总论》,法律出版社2003年版,第73~74页。

合收割机的跨地域援助收割。

通过对私法用益物权的简单比较,我们似乎可以找到公产用益权的参照对象。然而,私法上的用益物权有着自罗马法时代以来的几千年的物权理论沉积作为其理论支撑,有着以各个时代不同国家的物权成文法作为立法的参考,在此基础上,私法学者们就可以不断地探究私法用益物权的形态,立法者也能够找到足够的立法理论依据。这为我们探讨公产之上的用益物权提供了可供借鉴的广阔空间。

然而,民法上的用益物权理论,尽管可以为我们确定公产用益权的内容与特征提供必要的借鉴,但由于公产利用关系始终是一种以公法构建的给付行政关系,也就注定了公产的用益权和民法的用益物权的本质区别。我们可以利用民法上的用益物权理论丰富公法上公产用益权的具体利用措施,但不能将其取而代之。正如奥托·迈耶所提到的:同样的物权,同样被冠以"财产,地役权,财产所有权,公用合同,赔偿及偿还请求"等名称,由于其"公共的"或者"公法上的"附注表明了这些名称与民法原型的一致性只是表面上的,其法律制度是根植于不同土壤之上的,从而所有的调节手段都是在公权力参与的基础上形成的。这就是作为出离于民法之外的第二种国家法律制度——行政法。①

(三)公产用益权的行政法特征

公产用益权作为行政法上的物权,其设立是为了公众共同受益,或是为公众直接使用,或是专门或主要用于某种行政公务。②

① 参见[德]奥托·迈耶:《德国行政法》,刘飞译,商务印书馆2002年版,第120页。

② 参见刘丽萍:《行政法上的物权初探》,载《政法论坛》2003年第3期。

以行政法为视角，以公产给付法律关系为线索，我们可以尝试归纳出公产用益物权的以下特征。

1. 公产用益权的主体是公产给付关系中的相对人

公产用益权的主体，在学界一直存在巨大的分歧，目前学界较为统一的观点是，行政主体和广大公产给付的相对人分别享有对公务用公产与公共用公产的用益权。笔者并不赞同这种观点。在民法中，作为用益权的主体，使用也好、收益也罢，都体现了民事主体为自身利益作出的物上行为。因此最终获得利益的主体要么是所有权人、要么是用益权人。但在行政法中，作为公务用公产的利用者，其所享有的行政受益权，是指国家为保证行政主体有效行使行政职权而向他提供的各种物质保障条件。这种受益权是行政职权有效行使的保障条件，并且其核心的目标在于——只能用于执行公务，而不得用于谋取个人私利，更不得被滥用。① 换言之，行政受益权的目的仍然是公共利益而非行政主体的集体利益，行政主体必须保证其公务用公产的合目的使用性。

从最广义的物权——财产权的角度来看，公共财产一旦从国库拨出，就应当视为一种公产，它蕴含了为完成公务的合目的性使用的公产给付职责。无论这种财产被用于公务用公产也好，被直接用于设立公共用公产也好，都应当坚持合目的性使用，即以完成人民所需要的公共服务为目的。我们主张公产用益物权的主体只能是广大相对人，正是为了体现这样的理念——无论是公务用公产还是公共用公产，都必须以让人民受益为目标，且必须接受人民的权利衡量，也必须让人民享有可供主张的权利方式。

① 参见周佑勇：《行政法原论》(第 2 版)，中国方正出版社 2005 年版，第 128 页。

2. 公产用益权的客体涵盖了公产的所有外延形态

公产用益权是以公产的存在为前提的,因此除却国家利益之外,无论是自然公产还是人造公产、无论是公务用公产还是公共用公产都应当被包含在公产用益权的标的之中。值得注意的是,某些涵盖了公产利益的物化权利,也应位列其中,如公民对自然公产环境的受益权、对预定公产的受益权、对已被承诺设置却没有形成物质形态的公产用益权等。否则,仅以实体公产作为参照对象,将导致大量的公产给付不作为违法被排除在公民权利救济的范畴之外。

3. 公产用益权的内容是权利人对公产的利用权和受益权

公产用益权的内容,是指权利人所具体享有的权利内涵,即实现权利的途径。它体现了权利人对其公法上的公共利益分享的最终价值满足。对于公产而言,发挥其公用目的价值的途径无非只有两种:其一,以直接利用并由此受益的方式实现权利,如公民对公共设施、自然公产的直接利用;其二,以间接利用并由此受益的方式实现权利。间接受益是指权利人尽管没有直接利用公产,但因为公产的存在或他人的使用而获得既有利益上的增加或是既得利益损耗的减少,甚至是个人幸福或满足感的提高。实际上,受益权应当是所有公产利用方式的最终评价标准,无论是直接利用还是间接利用,其结果都应当是使人民获得公产之利益满足。

将受益权作为判断公产用益权实现与否的最终标准,将大大地扩展公产的外延与公共行政的职能范围。例如,当某种关乎国计民生的重要生活物资价格上涨时,国家应当将其设置成公产,进而对该种公产的价格进行控制,以确保人民不会为此而承受过重的生活负担。又如,当道路因为车辆堵塞而陷入瘫痪,而交通警察却仍然忙着拦停违规车辆进行罚款进而造成更严重的堵塞之时,可以被认为人民基于道路的通常使用权受到损害，于是在是以疏导交通为公务目的还是以惩罚违章车辆为公务目的的比较中，可以看到前者使人民公产受益性损害的程度更大，人民得要求交警以疏导交通为首要任务。可见，公产用益权的内容，在很大程度上涵盖了目前已经存在的部门行政职权的外延，并且可以发挥引导行政职能、识别行政目标的功能。这也同时为其他行政行为模式的运行提供了额外的观察角度，从而印证了上文中我们所探讨的，以公民权利所需引导行政权力、识别公共利益内涵的必要性。

二、公产用益权的权利来源——主观公权利理论的引入

（一）公产用益权的权利来源之惑

公产用益权，是一种对人民公法利益追求的保障形式，这与私法用益物权所追求的私有物上的利益具有异曲同工之处。但我们也不难发现，在私法上，无论何种物权形态，它的存在价值都在于遵循物权法定的原则，以成文法的方式赋予私法物权以实体法权利的身份。基于此，享有这些私法物权如所有权、用益物权的当事人可以直接引用有效的成文法规定主张这种权利，要求物权关系的对方当事人或者第三人为或不为一定的行为。在公法上，我们目前能够找到的只有《宪法》与《民法典》等相关民事立法中公产所有权的法定效力来源，而公产支配权的法律效力来源则散见于各种部门行政法中，如《森林法》《草原法》《文物保护法》《水法》《公路法》《土地管理法》等。并且，在我们研读上述法律后会发现，目前的高位阶公产立法，具有几个鲜明的特点，其一，大部分的公产立法都以自然公产为立法对象；其二，大多数的公产立法都以强调保护公产，加强管理为内容，并附带了大量的罚则性法律责任；其三，大多数的公产立法都以规范与设定权力

作为立法动机，并且大量存在行政立法的授权；其四，上述公产立法都很少涉及作为公产最为常见利用人——广大民众的用益物权，且绝少有关用益权救济的明文规定。那么，当我们无法从现有实定法之中找到公产用益权的身影之时，又该如何判断公产用益权的法权属性源于何处呢？

尽管在我国当代行政法学中，探讨如何对行政主体行政权力的限制、控制仍然是理论界和实务界的主流。但也有不少学者以行政相对人的权利视角，试图找出行政相对人的集合权利属性。这在推动我国行政法由权力主导中心制到权利引导中心制的理念转换上具有巨大的理论意义，从而也形成了许多具有重要价值的观点。那么，我们是否可以从中找到可供借鉴的公产用益权效力来源之权利属性呢？

1. 公民权利集合说

这种学说，是以我国整体法律体系为背景，从各个部门法之中归纳出公民的具体权利形态，最终集合成为公民权利的整体框架，进而将公民所享有的全部法律权利概括为“利益、主张、资格、权能、自由”五大要素。① 这种观点，是在公民人权的视野下，俯瞰各种公民权利内涵的统一性，以期为各种部门法的具体权利构造提供人权理论的贯穿支持。不可否认的是，这种观点所蕴含的人权理念的大局观与高度的抽象性对于推动人权思想，引导立法、执法与司法具有重要的理论价值。但也有学者指出：从一般与特殊的关系来讲，当它们分属于不同法律关系的内容时，就应当有不同的表现形式，不同的内容和特点，不同的实现方法和保护途径，这对

① 参见夏勇：《人权概念的起源》，中国政法大学出版社1992年版，第42～44页。

立法、执法、私法和守法也会带来不同的要求。所以，行政机关与公民、法人和其他组织之间的权利义务关系有多重部门法属性，不同属性的权利义务应当是有所区别的。①

实际上，我们在分析公产用益权的私法来源之时就已经发现，同样作为物权体系重要组成部分的用益物权，在行政法与民法之中存在本质上的差异。因此，分析公民对公产的用益物权，应当在行政法框架之下，以公产给付行政关系为背景。当然，人权作为国家法治的最高追求目标，也应当被具体吸纳到公产用益权之中。例如，对福利院、孤儿院等公共设施的利用，体现了国家对公民生存权的保障，而对公立高校、文化设施等公产的利用则体现了国民对自身发展权的追求。

2. 公民私权理论说

这种学说是以行政法视野为背景的，其最主要的思路是将公民的行政法权利作为公民的私权与国家的公权相互分离，从而取得独立的法律效力身份。② 这种观点是以罗豪才教授提出的平衡论为理论背景的。③ 这也是国内较早提出将行政主体与行政相对人置于平等地位进行权利义务平衡考量的思想，从而为我们采用更为正确的态度认识行政相对人的权利架构提供了理论指引。

那么，公民行政法上的私权是否能够充分体现公产制度中用益物权享有者的独特法律地位呢？笔者认为，这种观点仍旧从理念上将公共利益与个人利益对立开来，重心也仍旧在于以个人私

① 参见方世荣：《论行政相对人》，中国政法大学出版社2000年版，第59页。

② 参见罗豪才、崔卓兰：《论行政权、行政相对人权利及其相互的关系》，载《中国法学》1998年第3期。

③ 参见罗豪才、袁曙宏等：《现代行政法的理论基础——论行政机关与相对一方的权利义务平衡》，载《中国法学》1993年第1期。

权利保护与实现个人私利益。这对于规制行政、税收行政关系中的相对人权利具有重要的指导价值,毕竟在上述两种主要的行政模式中,公共利益脱离于私人的既得利益,并且要求公民放弃必要的自由以形成对公共利益的保护。那么,用公民私权理论就能够解释为什么公共利益不得侵害公民在让渡利益和自由之后,仍旧归自己保有的私人利益与自由。

但在公产物权中,用益物权的目标是分享公共利益,公民获得的分享利益形态源于公共利益而非私人已经保有的既得利益。"现代国家与其说是一个阶级压迫另一个阶级的暴力机器,不如说是为保证公共幸福而协调公民和公民之间的各种必然需要和利益的机构。"①因此,这时所主张的权利,不再是源于排斥对私人既得利益的保护而是源于对公共利益的合法索取。这便构成了公民主张公法利益的内容,体现了公共利益与个人利益的相互融合。相应地,人民显然无法从纯粹的私人利益角度出发以私权方式发动对公共利益的分享,因为此时的私权已经具有公法上的权利效果。

总之,我们在分析公产用益物权属性与效力来源时,应当尊重大陆法系公法与私法相对独立的传统划分。实际上,公产制度的存在本身就是公法与私法划分的结果,而公产的法理也是在区分公法和私法的前提下成立的。② 日本学者美浓布达吉也指出:所谓私权,指实存于私人相互间的权利,国家与之处于第三者的关系;反之,若为公权,国家或公共团体本身居于当事者或义务者的地位,因此,国家对人民权利的保护方法,因公权或私权而有显著差

① 参见[俄]B.B.拉扎列夫主编:《法与国家的一般理论》,王哲等译,法律出版社1999年版,第297页。

② 参见[日]盐野宏:《行政法》,杨建顺译,法律出版社1999年版,第744页。

异，公法和私法的特殊性即存在于此。①

3. 宪法基本权利说

公民的基本权利是指宪法规定的公民享有的必不可少的某些权益，是公民实施某一行为的可能性。② 这些权利，表明了公民在国家生活基本领域中所处的法律地位。公民所享有的一切具体的法律权利，都源于宪法中的基本权利。

实际上，宪法基本权利与公产制度存在密切关系。我国《宪法典》第二章明确规定了公民所享有的各种基本权利，具体如第 33 条平等权；第 37 条人身自由权；第 38 条人格尊严权；第 41 条对公权力行为的申诉、控告和检举的救济权；第 42 条劳动权（劳动义务）；第 44 条退休人员获得社会保障的权利；第 45 条获得国家救助权；第 46 条受教育权（接受义务教育的义务）；第 47 条文化自由权等基本权利的立法精神。这些无一不体现了以社会主义为特色的我国宪法，强调国家和社会应当为公民的社会经济文化权利提供物质和法律上的基本保障。

那么，在宪法基本权利所涵盖的物质保障内容中，是否存在行政法上公产用益权的直接效力来源呢？其实，公民、法人和其他组织在行政法上的权利和义务，与他们所在的部门法和宪法上的权利义务是不相同的，但又与宪法上的基本权利与义务有着密切的联系。就行政相对人的权利而言，可以说它们是宪法权利在行政

---

① 参见［日］美浓布达吉：《公法与私法》，黄冯明译，台北，商务印书馆 1998 年版，第 124 页。

② 参见周叶中主编：《宪法》，高等教育出版社、北京大学出版社 2000 年版，第 251 页。

法领域的具体化。[①] 由此,宪法规定的公民基本权利并不是特定法律关系的权利,而是静态和确认性权利。这与行政法规定的权利意在具体实现而言,存在鲜明的区别。[②]

所以,尽管在公产制度之中,政府功能的主要体现是提供公产给付的物质帮助,这可以被看作行政法激活宪法基本权利的方式之一。这决定了宪法基本权利具有对公民享受国家物质帮助的抽象归纳,也使其与行政法上公民的用益物权存在可引申的效力来源关系。但由于宪法基本权利所具有的基本性、不可取代性、不可转让性、稳定性与母体性,[③]因此在权利内涵与权利实施方式上存在显著差异。因而,需要将行政法中可供主张可供救济的公产相对人权利作为中介,以便实现宪法基本权利的价值。

总之,尽管上述观点均存在一定的缺憾,但可以为我们寻找行政法上公产用益权的效力来源提供借鉴。实际上,公产制度是国家承担保障人权义务的必然体现,而公产用益权的存在,也必须打破传统行政法理念中的权力支配与权利被支配的模式,以政府与人民的平等法律地位作为依托,方有供人民积极主动实现公产用益权的可能。基本人权更是为公民行使用益物权、分享公共利益、获得国家基本物质保障提供了权利基础与可引申的权利效力来源。由此,任何负有公产给付职能的行政主体都不得藐视这种根源于宪法之中的人民权利之主张。

---

① 参见周佑勇:《行政法原论》(第2版),中国方正出版社2005年版,第38页。

② 参见方世荣:《论行政相对人》,中国政法大学出版社2000年版,第69~71页。

③ 徐显明主编:《公民权利义务通论》,群众出版社1991年版,第132~133页。

（二）推开博得之门——主观公权利理论的引入

论及至此，我们可以发掘出探讨公产用益权的效力来源的必要思路：公产用益权是由公民享有的对其公法利益的追求，而区别于公民对既有私法利益的追求与保护。公产用益权又是国家承担人权义务的体现，并植根于宪法基本权利之中。由此，即便它往往并没有以具体的实体法权利形态存在，但仍旧可以从宪法国家责任和公民基本权利中推导出它的实际存在。同时，公产用益权是依靠具体的公产给付行政制度实现的，它的存在得以在法律所保护的公共利益范畴下印证和指引行政机关公产给付职责的形态，而获得要求公产支配权主体以为或不为的方式履行公产给付职责，并使得人民因公产而受益的法律效力。毕竟“只有在法律上受保护的利益已被侵犯的私人，可以在因国家义务未履行而产生的诉讼中成为当事人一方时，那个私人的权利才与国家的义务相适应。无论是针对国家的不法行为还是国家的非法的不作为，诉讼的目标都可以是取得对非法造成损害的赔偿。私人对国家的这种权利，不仅在民法中存在，而且也存在于宪法与行政法，所谓公法中”。[①] 公法在法律上的优先能够赋予一种法律权利或者意志权利，正是这种权利使法律上的优先能够成为主观权利。[②] 这种主观权利，从公民的角度来看，是指公法赋予个人为实现其权益而要求国家为或不为特定行为的权能——主观公权利。[③]

① [奥]凯尔森：《法与国家的一般理论》，沈宗灵译，中国大百科全书出版社1996年版，第225页。

② 参见[德]埃贝哈德·施密特－阿斯曼等：《德国行政法读本》，于安等译，高等教育出版社2006年版，第302页。

③ 参见[德]哈特穆特·毛雷尔：《行政法学总论》，高家伟译，法律出版社2000年版，第152页。

主观公权利理念的引入，应当被看作行政法理论构架中的一大创新。行政法历经数百年的发展，始终摆脱不了以行政权为视角的学界研究重心。可以说，主观公权利理论为我们带来了一丝清新的空气。行政法是有关行政的法，它决定行政机关的组织、权力和义务。我们可以说，行政法包括有关公共健康、社会保险、公路建设、教育以及水电气的供应等的法律，显然，我们已不再认为行政法，仅仅是有关控制行政权力的法。①

显然，当代社会中，“国家的一个基本目的之一，就是捍卫和鼓励人的权利和基本自由，承认这些权利和自由”。② 因此，公共权力并不应当被视为公民权利的敌对者而存在。凡是在公法权利发达的地方，公共权力在更多的情形下，通常被看作以友善的合作者存在的。更为重要的是，一切公法权利皆需借助公共权力创设推行和实现。③ 行政权的享有者并没有属于自身的单独利益空间，所谓集合也好，管理也罢，其最终的目标仍然是让广大让渡利益的公民获得公共利益的分享。如果说公民的基本人权被视为权力之红线的话，那么主观公权利可以被看作在这条红线之上的公民基本权的发散。具体到公产制度之上，主观公权利与公产制度更是存在天生不可分割的密切关联。更为重要的在于，公产制度本身恰恰就是主观公权利的实践所在。

① 参见方世荣：《论行政相对人》，中国政法大学出版社2000年版，第114页。

② ［俄］B. B. 拉扎列夫主编：《法与国家的一般理论》，王哲等译，法律出版社1999年版，第298页。

③ 参见夏勇主编：《走向权利的时代》，中国政法大学出版社1995年版，第684页。

三、公产利用行政裁量治理中的权利呼唤

出于鼓励行政主体积极主动提供公共服务的灵活性考量，公法——尤其是行政法，并不能像私法那样，对绝大多数涉及民事关系的当事人各方的权利进行明文的规定，更多的是在主要规定行政主体的职权的基础上，附带对公民权利予以明示，由此形成公民的客观公法权利。实际上，"公法权利既然存在于公法之中，即理所当然应当以公共利益为依托的，倘若排除公共利益的存在，公法权利也就丧失其公法属性而转化成了私法利益之上的私权利"。[①] 此时，一个重大疑惑在于：作为识别公法权利存在基础的公共利益究竟应当由谁界定呢？

在严格意义上，公共利益的界定不仅仅是事关公法权力与公民私权利的分水岭，也是关乎公民公法权利是否存在的重要参照。唯有权力立法，唯有国家立法机关才是体现这种公共利益界定的最合适途径。因为"若未透过立法，由法规取得其内容时，则该公益是对国家无价值（Unwert）之存在，因而，并没有一个先验的公益概念，一切端赖立法者之创制之后，公益的内容方会产生"。[②] 可见，公共利益的具体内涵如何，范围有多大，以何种权力和权利形态出现，都应当由权力机关代表人民通过立法做出认定。行政主体应当是在法律所概括的公共利益范围内确定公共利益在个案中的具体实现。然而，立法由于效率上的考虑，不可能面面俱到地对公权力的具体实施进行规定，由此，通过行政权力在法律授权之下

① 余睿：《公共行政给付中的裁量权治理》，载杨寅：《中国行政程序的法治化》，中国政法大学出版社2011年版。

② 参见陈新民：《德国公法学基础理论》（上册），山东人民出版社2001年版，第195页。

设定公共利益已成为应然之需。“行政机关除可以依法律行使制止私人有害公益行为之权力,复可由法律授权,积极行使增进公益之行为。行政机关这种创设公益的行为,可以存在于一般传统之干涉行政的行政权力之中,亦可以在给付行政的权力方面,促使公益的实现。”①上述设定公共利益的具体表征,便是赋予行政主体对公共利益的行政裁量权。

在当代行政法治社会,通过必要的裁量不仅可以保持行政的能动性,而且能够最大限度地实现个案正义。因此,我们所要做的并不是反对那些必要的裁量权,而是要限定那些过度或太宽的裁量权,剔除那些不必要的裁量权,以防止裁量权的恣意和滥用。②而“对裁量权的限定,并不能将期望寄予法律的颁布,而在于比法律更为广泛的行政规则的制定”。③ 由此,通过法律所授予的行政立法与行政规则制定权形成裁量基准,通过对有关裁量权行使范围等方面的法律规范加以具体化的解释,以确保裁量权行使的统一性和平等性,已成为行政机关对裁量权实行自我拘束的一种较为常见的行政法现象。④

然而,“当立法权和行政权集中在同一个人或同一个机构之手,自由便不复存在”,⑤允许行政主体通过行政立法与行政规则制

---

① 陈新民:《德国公法学基础理论》(上册),山东人民出版社 2001 年版,第 197 页。

② 参见周佑勇:《裁量基准的正当性问题研究》,载《中国法学》2007 年第 6 期。

③ Kenneth Culp Davis, *Discretionary Justice*, University of Illinois Press, 1971, p. 56.

④ 参见周佑勇:《裁量基准的正当性问题研究》,载《中国法学》2007 年第 6 期。

⑤ [美]汉密尔顿等:《联邦党人文集》,程逢如等译,商务印书馆 1980 年版,第 248 页。

定充当公共利益解释者的身份,这在保障了行政权对公共利益积极介入的同时,也不可避免地带来了巨大的风险。这种风险在给付行政领域尤显突出。现实中的大量实践表明,在公产给付之中,行政机关往往会利用裁量及其行政规则的制定权变“可以”为“有可能”,变“允许”为“看情况”,从而在高位阶立法所遗留的裁量空间甚至是尚未被立法关注的社会生活领域中将自己的角色由公共利益解释者的身份进化为公共利益的界定者身份,形成权力法定盲区内的权力权定的局面。更为严重的是,无论是对公共利益的解释还是界定,公民的公法权利的身形往往被遮挡在权力的伟岸身影之下,从而欠缺客观法的权利支撑。如果说在规制行政中,客观法对公民既得个人利益之下的自由尚可给予较为全面的保护,用以抵抗裁量权的侵害的话,那么在给付行政之中,倘若将公民对公法利益的权利期待完全寄希望于行政主体对公共利益的裁量,其结果无外乎要么成为权力的对价商品,要么被权力无情遗弃。可以预见的是,行政机关所“界定”的公共利益范畴与个人利益范畴之间的冲突随着人民权利意识的提高而日趋复杂、愈加激烈,将导致人民对行政主体所界定的公共利益的不满。尤其在给付行政之中,行政主体控制了给付的途径、方式、程度与效率,以此作为公共利益要求公民遵从,而公民获得给付的受益权受到侵害之后,却在行政立法与行政规则中很难找到相关的权利规定,最终使原本应得的利益被抹杀。

面对上述情形,行政法学者们当然不会坐视不理。以系统研究行政法裁量权见长的周佑勇教授,就率先提出了对行政裁量进行系统治理的理念及其要件,具体包括:通过行政规则即裁量基准的制定对行政裁量范围进行适当限定;通过均衡性利益衡量即行政均衡原则对行政裁量进行实体建构;通过实质性利益沟通即强调公众参与与行政公开对行政裁量进行过程建构；通过司法审查技术的跟进与完善对行政裁量进行司法控制。① 上述行政裁量治理要件的提出，是建立在立法、行政、司法与公众四位一体架构的基础上对公共利益具体化所提出的全新要求。这对于在保护行政裁量积极性的基础上确保其正当性殊为可贵，并且对保障公民的公法权利大有裨益。更为重要的是，它为我们提供了这样一种思路——作为公众应当如何以权利的方式介入对公共利益具体化的行政裁量过程之中？

出于防止行政裁量权在对公共利益具体化过程中的独断与滥用，当代社会通常采取“权力约束权力”的方式对行政裁量进行治理，即主要以立法权、行政权与司法权的手段规范与审视裁量的正当性。

首先，从立法权来看，立法者对裁量的治理突出显现在坚持法律优先、法律保留以及越权无效等行政法定基本原则之中，以防止行政立法与行政规则越界裁量公共利益。例如，现行《行政处罚法》《行政许可法》通过不同法律规范位阶设定行政处罚与许可的限制，就很好地控制了实践中处罚无处不在、许可漫天飞舞的局面。但我们也不难发现，立法者对规制行政中裁量的治理思路，通常的做法是以“应当”与“不应当”划定行政主体对公共利益的裁量边缘，一并赋予公民对上述“不应当”的行政行为的救济权利。从本质上看，立法权对裁量的约束放置于规制行政之中是卓有成效的。然而，如果置于给付行政之中则显得力不从心。类似“不应当”的权力裁量限制是针对公民个人既得利益的保护而存在的，此

① 参见周佑勇：《行政裁量的治理》，载《法学研究》2007 年第 2 期；周佑勇：《裁量基准的正当性问题研究》，载《中国法学》2007 年第 6 期。

种情形中,公民的身份是通过放弃部分自由而遵守法律规定的义务者。在给付行政之中,公民的身份是对公共利益积极的分享者。

其次,从行政权的自身约束来看,通常是由行政主体权衡公共利益与个人利益的比例,来满足行政均衡原则的要求。同样的分野在此又一次出现于规制行政与给付行政之中。规制行政中的均衡,主要是将公共利益的维护程度和对个人利益的损害大小为比较对象。即便涉及授益性行政行为的信赖保护,也仍是在考量公共利益与个人已获取的利益剥夺之间的均衡。严格来讲,上述均衡都是以公共利益与个人利益的此消彼长为核心的,体现了公共利益与个人利益的对立。而在给付行政之中,均衡的对象变成了公共利益的分享与个人利益的需求,并且这两种利益形态具有同向性,体现了公共利益与个人公法利益的融合。此时在适用均衡原则的过程中,便形成这样一种困惑:如果将这种具有同向性利益诉求的公共利益与个人利益进行均衡裁量,像规制行政那样,完全交付给行政主体独自完成,能否保证利益实现的融合价值呢?我们不妨这样假设:如果将公共利益比作一个苹果,在行政主体对这个苹果进行保护的过程中,作为苹果的保护者,行政主体的决断当然可以具有单方意思下的排他效力。但倘若这个苹果应当被第三人享用,此时就显然不能将行政主体以保护者看待,而是应当将行政主体的决策视作对第三人分享苹果权利的积极响应与平等帮助,如果此时仍旧坚持行政主体的单方决断,其结果要么是行政主体可能会拒绝苹果被分享,要么是行政主体自己狠狠地啃上一大口。

最后,从司法权的约束来看,司法机关是判断行政主体对公共利益裁量正义性的终极审查者。由司法"复审自由裁量权是法治制度的基本特征"。毕竟,"我们可以用来衡量行政法制度有效性的可靠标准是允许法官复审自由裁量权的程度”。[①] 可见,裁量权的行政自我管制和内在秩序建构,既需要获得一定的司法尊重,也需要施以严格的司法控制。法院应当适应变化后的治理模式对司法审查技术作出相应的调整与完善。[②] 然而,我们也不能忽视目前司法权在对公共利益行政裁量的约束中所遭遇的阻碍。司法是以权利为其救济对象的,规制行政中,违法行政所造成的损害,一般集中于原本就隶属公民自由范畴之下的个人权利,司法救济并无障碍。而在给付行政之中,公民的权利往往融合于公共利益之中,受制于法律的客观权利规定,那么当法律规则缺位,而又被行政立法与行政规则忽视之时,给付行政中的相对人往往由于权利要素的欠缺而被阻挡于司法救济的大门之外。更为重要的是,由于司法救济不可避免的事后干预性,实践中的公共利益早已被行政主体的单方裁量所定性而转化为现实,即便司法机关作出确认违法的裁决,对于已经受到伤害的相对人权利而言于事无补。

综上可见,在包括公产制度在内的给付行政之中,对行政主体在公共利益上的裁量权治理,仅仅依靠“权力来约束权力”是不充分的。上述情形反映出的一个根本结论就是,同样是对公共利益的具体化,在给付行政与规制行政这两种行政法基本模式中存在着巨大的差异。给付行政应当是以保障公民的分享而非对公共利益的保护为起点;给付行政应当是以公民利益主张而非行政权力的专断为过程;给付行政应当是以公民的公法权利实现而非行政权力的控制为目标;给付行政所涉及的公共利益的裁量应当由公

---

① [美]伯纳德·施瓦茨:《美国法律史》,王军等译,中国政法大学出版社1990年版,第567页。

② 参见周佑勇:《行政裁量的治理》,载《法学研究》2007年第2期。

民与行政机关共同发起并完成。因此,笔者认为,对给付行政中行政裁量的治理,除却采取以权力约束权力的手段之外,我们更需要以权利引导权力。这便是,法律应当赋予公民以启动给付程序、确定给付职责、裁量给付手段、评价给付效果的公法权利,并督促行政主体尊重并服务于这种公法权利,确保司法机关及时充分为这种公法权利提供救济。正如德国学者哈特穆特·毛雷尔所言,如果说行政活动的目的是公共利益,行政法的调整对象是以公共利益为出发点的行政,因此经常涉及公共利益和私利益的划分。主观公权利理论即以此为根据。①

四、主观公权利理论与公产利用制度的契合

值得庆幸的是,以给付行政与公民受益为重心的公产制度具有培植主观公权利理论的天然优势。随着近现代社会国家原则的兴起,"行政应为公民提供服务和帮助",因此,在社会国家之中,"给付行政优先于秩序行政,而公共秩序的保障逊于社会福利网络的保障"。② 由此,人民不再是规制行政的服从者而是以要求享有公产给付为内涵的公法权利的积极主张者。由此产生的主观公权利则与位处给付行政核心的公产利用制度形成良好的契合。

首先,主观公权利更强调公民因公产给付而受益的权利状态,并进而凸显出行政权履行公共利益分配以完成公共利益循环所不可推卸的责任。同时,通过对公产利用中的公共利益分析,我们发现,在行政法之中,行政机关没有专属于自己的利益,即便是公共

① 参见[德]哈特穆特·毛雷尔:《行政法学总论》,高家伟译,法律出版社2000年版,第154页。

② 参见[德]平特纳:《德国普通行政法》,朱林译,中国政法大学出版社1999年版,第77页。

利益的守护者，也最终是为了人民的利益而存在。总之，正如德国学者在探讨主观公权利中所提到的：主观权利对国家和公民之间的关系具有决定性影响，它使宪法保障的尊严和人权产生法律效果。基本法承认公民是权利主体，从而赋予公民独立于国家、要求国家遵守有关法律的权利。离开这些权利，公民可能成为国家活动的仆从和客体。保障主观权利是自由、民主、社会、法治国家的基本条件之一。① 因而，在传统的命令与服从、制裁与被制裁的不对等行政法律关系中，相对人对主观公权利的享有无疑是痴人说梦。唯有将国家与人民视为平等的主体，主观公权利才有其真正的价值。主观公权利思想对行政主体及广大公民的触动，将推进当代行政法理念更为鲜明地朝着以服务与合作为内涵的行政法新的人文精神转变，②进而促使政府真正扮演有限而有为的角色。

其次，主观公权利的权属内涵，与公产制度中的核心权利——公民对公产的用益权——存在有机结合。其中，主观公权利中的受益权直接对应着公民用益权的内涵和价值，且成为判断行政机关的公产设置权力目标价值的核心标准。公产给付是否充分、及时且合法，都可以由主观公权利介入予以阐明。而自由权直接对应的是公产的管理权，是对公产管理机关滥用权力肆意阻碍公民用益权实现的妨害排除权。例如，公产管理乱收费、公产使用禁止规则权的滥用、私有公产侵占等现象都可以通过这种主观权利进行救济与抗衡。主观公权利中的参与权的存在，得以引申于公产给付的行政程序中，并伴随着具体行政程序，让行政相对人更为充

---

① 参见[德]哈特穆特·毛雷尔：《行政法学总论》，高家伟译，法律出版社2000年版，第153页。

② 参见叶必丰：《行政法学》，武汉大学出版社2002年版，第13页。

分地参与到事关重大的公产活动中,真正发挥主人翁的精神,这与我国实行的人民民主制度也是一致的。

再次,主观公权利的引入有利于构建以用益权为核心的公产物权体系,并使主观公权利本身得以实践之检验。公权利是行政法律关系中的核心项目,在行政法上的权利义务关系中,是人民对行政官方可以主张的项目。① 主观公权利的核心是一种请求权,在公产制度中体现为公产使用和受益的请求权、公产使用的妨害自由排除请求权以及公产支配过程中的参与请求权。而反观公产制度目前存在的最大障碍,就在于立法体制上的不完善,一方面体现为高位阶权利立法较少,且抽象性的成分较为广泛;另一方面则体现为行政规范数量繁多,行政机关的主观随意性和立法裁量性过大。相对人作为事先让渡个人利益的主体,应当是公产给付的受益方,一切立法和具体给付行为都应当以满足相对人利益为目的,使之成为一种理所当然应该享受到的充足且及时的公产用益权,行政机关只是扮演一个提供积极服务的职责主体而已。主观公权利的存在原本是对客观法的修正与弥补。西方学者对主观公权利的引申早已经超越了法律的明文规定之外,上升到法律所保护的利益及事实上值得保护的利益的范畴之中,构成了一个完整的由个人利益而出,遁入公共利益的体系。国家对个人生活和福利的积极义务与服务角色从而不可改变。②

最后,主观公权利能够为公产用益权的享有者提供主张权利的实然法律效力。主观是指个别的人民依公法所赋予的法律上的

① 参见蔡志方:《行政法三十六讲》,台北,成功大学法律学研究所1997年版,第72页。

② 参见柳砚涛:《行政给付研究》,山东人民出版社2006年版,第41页。

力,以追求个人的利益为目的,可以要求国家(或类似的团体)作出一定的行为(包括作为、不作为或忍受)的权能。① 由此可以使那些行政法具体条文没有载明的公民公法权利具有可供主张、可供救济的法律效力。这也正是公产用益权最为需要的。我国公产制度的不完善,造成了公民权利的缺失。一方面,相对人无法感知自身权利的存在,即便感知却又由于少却实体法规范的权利依据而很难提出权利主张与权利救济;另一方面,权利缺失的后果便是将主宰公产给付的公共利益界定权让给行政权力,从而形成行政权力拦截国家给付、怠于履行公产职责的漏斗效应。

可见,行政法是调整公共利益与私人利益之间社会关系的专门部门法。这便造就了行政法律关系所具有的独立特性,即行政权力对应的必然应当是公民权利,而公共利益对应的必然是个人利益。由于缺少了公共利益的理论界定,同时也存在对公民行政法上权利的关注不足,行政权力的直接指向就只能以个人利益为参照物,而忽略了个人利益与公共利益的相互融合性。也许在规制行政行为之中,这种似乎有违逻辑的对应关系看起来并非那么刺眼,因为,行政权力俨然就是公共利益的化身,而作为相对人,在规制行政之中,其承担的是遵守法律的义务,享有的是对原本就属于自己的利益给予保护的权利。这些权利始终都是与既得利益相关联的。由此,公权力的实施所造成的结果只有两种:要么它将代表国家剥夺相对人的利益,要么它将代表自己伤害相对人的利益。作为相对人利益所遭致的影响也只有两种:要么由于侵犯了公共利益而导致公权力的制裁被剥夺个人非法利益,要么由于公权力的滥用而使原本属于自己的合法利益被侵害。无论何种结果,可

① 蔡志方:《行政法三十六讲》,台北,成功大学法律学研究所1997年版,第72页。

以设想的是，公权力都从公民那里获取了或合法或非法的利益。在此，法律一般都明确规定了公民对公权力行为不服而主张救济的客观公法权利，并以此主张行政侵权的利益返还。对于这种规制行政关系，我们通过蛋糕法则进行界定。①

但在给付行政中，尤其是在公产制度中，情况却恰恰相反。公民的公产用益权是以公共利益的具体形态——公产——为参照的。也唯有公民的权利才应当成为引导行政主体履行公产给付职能的指南针，甚至印证某些行政主体并不承认的职责。然而，目前而言，公产用益权很难在客观法中找到其具体的权利形态和效力来源，由此形成了行政权力独大的局面。在客观法权利缺失的窘境之下，只有主张以主观公权利作为公民用益权的效力来源，并使其具有如同客观法权利一样，获得立法机关所承认的实然法律效力，方可使人民真正积极主动地享受到国家给予人民的全部物质帮助，并弥补成文法权利法律效力上的缺损。因此，在缺乏公产用益权的客观法规范的困境之下，从保障人权、实现公民的宪法基本权利，厘清公产支配权主体的职责，并最终凸显公产制度的存在价值的角度出发，都促使我们尝试从公法上主观公权利角度还原公产制度中原本就应当存在的公民权利。这绝对不再是一次抽象的

① 蛋糕法则是本书提出的一种在行政均衡原则制约下，用以形容公共利益与个人利益规制行政关系的形象化比喻。公共利益与个人利益好比两块蛋糕，个人违法侵害公共利益时，将必然造成公共利益这块蛋糕的缺损，那么行政机关基于法定权力，可以对个人利益进行规制，通过行政强制力迫使违法人返还所侵占的公共利益（包括侵害公共利益所应当承担的违法成本），但不得超越公共利益蛋糕所受损的利益量度过分剥夺个人利益之蛋糕比例。反之，当行政权力侵害公民个人利益时，个人可以主张个人利益蛋糕因行政侵权而受损，从而获得要求代表公共利益的行政主体返还利益赔偿损失的权利。因此，从公共利益与个人利益这两块蛋糕的长远轨迹来看，规制性行政法规范的作用就是保障两块蛋糕完好无损，相依共存，并赋予双方权力追偿与权利救济的可能。

归纳，而更应当被看作一次行政法研究视角的转变和对行政法相对人权利考量的具体实践。此时此刻，“是忽略抽象概念，集中于给我们的大多数公民新的感觉，即他们的政府关心他们的福利，关心他们统治的权利的时候了”。①

① [美]罗纳德·德沃金：《认真对待权利》，信春鹰、吴玉章译，中国大百科全书出版社1998年版，第269页。

第五章 公产利用的权利体系

第一节 公产用益权的权利构造

一、主观公权利理论的起源与背景考察

（一）主观公权利理论的起源与发展简述

主观公权利也被称为公法权利、公权利、公权等，而无论其概念如何多样，其内涵都基本相当，是指人民基于法律行为或以保障其个人利益为目的而制定之强行性法规，得援引该法规向国家为某种请求权或为某种行为之法律上地位。①

1. 主观公权利理论的萌芽时期

行政法上主观公权利理念的萌芽时期的代表人物当属德国学者卡尔·弗里德里希·

① 参见王和雄：《论行政不作为之权利保护》，台北，三民书局1994年版，第18页。

威廉·冯·格伯(Karl Friedrich Wilhelm von Gerber)。在其1852年撰写的著名的《论公法权利》一书中,首先提出了公权理论。格伯认为:所谓公权者,认为只有当个人与全体人民结合才是个人权利……个人并不能由全体的结合分离而享有公权,因而不能理解为孤立的个人人格所有的权利,也即是公权原则上不能是单纯的权能,同时也包含着一定的义务。因此,公权的存在基于"伦理性有机体之公权观"。它强调公权与私权完全不同,后者完整地存在于个人意思范围之内,可以自由处分,但公权不同,其既不归属于个人本身,也没有被局限于有秩序的权利范围(即实体法所约束的范围)。上面所谈到的全体,即民族共同体,也就是国家。格伯在1865年出版的德意志公法纲要中,采取了有机体说,且是一种"伦理性有机体"——个人只有作为民族共同体或处于国家的一个分支地位时,才享有公权,这也是格伯的"伦理性有机体之公权观"。①

除却上述认为公权仅在个人与全体结合时才得以存在的观点外,格伯的公权理论还包含以下几个特点:其一,公权的义务性,即公权的本质或者强调的重点,与其说是个人自由的权利范围,倒不如说是个人对国家所承担的义务。因为"国民必须顺从国家",②从而,公权不仅仅是单纯的权能,也包含一定的义务。其二,公权的狭隘性,在除了参政权(选举权)以外,格伯甚至认为最基本的自由权也非市民固有的公权。自由权与公权的区别在于,前者经常用以否定国家权力并命令国家权力退回其权限范围之内;而后者适用于对国家提出参与政治活动的请求与主张。

① 参见王和雄:《论行政不作为之权利保护》,台北,三民书局1994年版,第25~30页。

② [德]米歇尔·施托莱斯:《德国公法史(1800-1914)》,雷勇译,法律出版社2007年版,第444页。

应该说，尽管格伯的公权观点开创了德国公权理论的先河，并打破了传统的国家权威性而开始关注与承认人民的公法权利，这在格伯所处的君主专制封建统治时代已经殊为不易；但同样是由于时代特征的限制，当时的公权过分关注人民对国家的依附，缺少足够的自由主义与民主主义的基本权利内涵，内容也过于狭隘。并且，单纯依靠舆论力量宣扬公权而非以行政救济保障公权的局限性，也导致公权成为海市蜃楼或空中楼阁，成为国民服从国家而获得的一种“回应权利”（Reflexrechte）。[①] 所以，从今天的眼光来看，格伯公权理论的提出对当时的高权统治没有明显威胁，而只不过是以私法的眼光定义当时公民个人的政治地位而已，并未为公民创造出多大的权利与自由。但若以历史的态度观察，萌芽时期的公权理论，脱胎于国家高权统治时代，也就是义务本位时代，用法律的眼光为自由与民主开了高权统治大门的一道缝隙，为以后私人公权运动的蓬勃兴起奠定了基础。[②]

2. 主观公权利的发展时期

格伯的公权理论虽开启了行政法学界探讨主观公权利理论的大门，但由于其所处的君主专制时代所限，尚不能构成近现代意义上的主观公权利理论思想。19 世纪末期至 20 世纪中期，被认为是主观公权利的发展时期，这一时期的公权理论又称为传统的公权理论，在此基础上，以德国为代表的大陆法系国家，开始建立个人相对于国家的公法权利体系，并逐步完善。这一时期的代表人物，当属耶利内克（G・Jellinek）、奥特马尔・比勒（Ottmar・Buhler）、巴

---

① 参见[德]米歇尔・施托莱斯：《德国公法史（1800－1914）》，雷勇译，法律出版社 2007 年版，第 444 页。

② 参见徐银华、肖进中：《行政法上之公权与反射利益理论的历史演变》，载刘茂林主编：《公法评论》（第 4 卷），北京大学出版社 2007 年版。

切霍夫(Bachof)等德国公法学者。

作为近现代主观公权利理论的促进者,在耶利内克看来,主观公权利是建立在“受法律秩序承认和保护的人的意志权力,以保护物质与利益为目的的主观法”基础之上的。① 公法权利的本质是:能为个人利益变动法规范的能力,而个人利益是从所谓的人格的能力而来,因此,公权的形成意义是基于所谓的人格的具体能力的请求权。由此构成公权本质意思力说,即公权并非独立的自由个人权利,而是基于公共利益的要求,获得的一种请求的状态或地位,从而借助司法机关对抗国家。不过遗憾的是,耶利内克仍然受到格伯公权理论的影响,因而同样把公民个体视为仍然处于国家分支的地位,其着眼于人的资格而非人的权利,进而用以表达人与国家的公法关系。换言之,人民依然是被国家统治的行政法上的客体。②

与耶利内克的意思力说不同的是奥特马尔·比勒对公权的本质持“法律上之力”说,这是对在司法上可以实现的公法权利进行的学术观察。③ 即公权并非受保护的个人利益本身,也不等同于诉讼权利,而是公法上的法地位。换言之,个人因法规的赋予而取得这样的法地位,并依据法规的规定产生各种请求权,进而将公权定义为法规范为保障个人的固有利益所授予的公法上的意思力或权

① 参见[德]米歇尔·施托莱斯:《德国公法史(1800-1914)》,雷勇译,法律出版社2007年版,第504页。

② 参见王和雄:《论行政不作为之权利保护》,台北,三民书局1994年版,第33页。

③ 参见[德]米歇尔·施托莱斯:《德国公法史(1800-1914)》,雷勇译,法律出版社2007年版,第504页。

利力。①

巴切霍夫被认为是继奥特马尔·比勒之后，对公权利作出该时期最为完整概括的学者。他继承了奥特马尔·比勒的公权理论并加以修订与发扬，并提出了否定行政规则、以立法为核心的修正公权三原则。此外，巴切霍夫还结合信赖保护原则，回答了在被赋予授益性的行政法效果存续期间内，是否应当保护该授益性不受侵害的问题。② 这直接涉及公产制度中对公民用益权保护的内涵。巴切霍夫认为提供授益性（公产）的机关应在特定条件下以废止提供的方式废止一般使用，在此情形下，维持一般使用的请求权当然不可能存在，自然也没有请求维护公众一般使用的权利可言，但不得因此而推论认为使用人即使在许可使用期间内也没有请求依据许可而使用的权利。毕竟，公众使用非仅以谋求一般性利益为目的，而且也以利用者的特殊利益为目的。因此，"行政机关按照其对使用人负担的义务，在许可公众使用的期间内不得妨害公众使用。从而使用人得不受妨害其使用的个人利益，乃是指的保护的利益，如有疑问，应推定为被保护者而得享有公权"。③

综上所述，这一时代的主观公权利较之萌芽时期已经有了长足进展，其特点在于一方面以法治国的理念确定了在一个自由法治国家之中的主观公权利体系，进而保障人民对国家的公法上的利益；另一方面，则以成文法所凸显的法律上的利益作为主观公权利的来源，从而与非法定的反射利益区分开来。当然，也有学者指

① 参见李庭熙：《论附第三人效力之行政处分》，台北，台湾大学法律学研究所硕士学位论文，第62页。

② 王和雄：《公权理论之演变》，载《政大法学评论》1980年第43期。

③ 王和雄：《论行政不作为之权利保护》，台北，三民书局1994年版，第33页。

出,此阶段的公权理论也有其缺失,①主要体现于:其一,公权利保护的对象,仅限于国家行政的直接相对人而不及于行政第三人。其二,欠缺请求国家积极作为的公权利。尤其在重大危害人民权益的事项中,行政主体怠于行使其规制或取缔权限时,如没有请求国家积极作为的公权,即所谓行政介入请求权或公权力发动请求权,便出现了漏洞。其三,欠缺要求司法机关课以行政主体作为义务的诉讼救济方式。

3. 主观公权利理论的成熟时期

在第二次世界大战之后,主观公权利的发展得到了理论界与立法界的广泛关注,尤其是在德国波昂基本法与德国行政法院法制定之后,主观公权利以法律所认可的形态展现于世,受到主流观点的完全承认,并在法治国思想的塑造下渐为成熟。②

首先,对主观公权利与公民基本权的关系有所改善。实际上,在波昂基本法(《德意志联邦共和国基本法》)从颁布到不断修订完善的过程中,公民基本权的体系日趋成型,尤其是以基本法第 2 条第 1 款所确定的自由发展与人格尊严的基本权为公法学者热情称赞。然而与此同时,能否以基本权导出主观公权利也成为学者们争议的焦点。德国学者莫纳兹(Theodor Maunz)在其撰写的《公权之临终》中指出:基本权与公权是不能等同的,公权只有依据法律才能成立,基本权则是绝对权,后者是对国家之权利,而前者则不然。因此将自由权等基本权纳入行政法之中是不恰当的。而且,作为对引发世界大战的纳粹思想的反思,莫纳兹

① 参见王和雄:《论行政不作为之权利保护》,台北,三民书局 1994 年版,第 49 页。

② 参见[德]米歇尔·施托莱斯:《德国公法史(1800 - 1914)》,雷勇译,法律出版社 2007 年版,第 503 页。

同时还尖锐地指出，传统公权中将个人与国家完全关联在一起，并将公权作为个人成为国家分支的前提下存在，最终导致了“你什么也没有，你的民族才是一切”的民族公权论。① 在类似观点的引导下，公法权利成为一种被实在化的、被排挤到行政法中的，发育不健全的政治基本权形式。它的主要内容是阻止国家违法的行政行为。②

那么在公法权利受到基本权利冲击的过程中，其是否应当与基本权利彻底地分裂呢？实际上，更多的学者认识到了公权宪法保护的不足，由于违宪审查制度的缺失，即使宪法中载明了基本权，这也只是客观权而非主观公权利。基本权对于行政而言是法律上的界线，对于立法而言是道德上的界线，德国学者吉斯（Giese）就曾感叹道：与其仰赖基本权般在法律学上无任何用途之规定，不如以特别之立法形成自由来得重要。③ 然而，尽管存在上述疑惑，但引用宪法基本权弥补行政法成文法的不足，并由此引申出主观公权利在很多学者看来已是大势所趋。

其次，主观公权利的扩大化倾向已不可阻挡。这种特点主要是第三人诉权和事实上利益保护说的兴起。尤其是后者，将法规保护目的的权力概念从实体上的权利概念扩充到法律上所保护的利益概念甚至及于事实上的利益概念。作为研究德国主观公权利理论的权威学者王和雄教授也感叹道：“曾几何时，公权的概念已经不仅仅是从权利发展到法益，甚至更及于事实上的利益，进而认

① Theodor Maunz, Verwaltung Und Rechtssicherheit, Festschrift Zum Hundertjährigen Bestehen D. Bayerischen Verwaltungsgerichtshofes(1979),S. 273.

② 参见［德］米歇尔·施托莱斯：《德国公法史（1800－1914）》，雷勇译，法律出版社2007年版，第502页。

③ 参见王和雄：《公权理论之演变》，载《政大法学评论》1980年第43期。

为,公权不仅包括实体上的权利为限,法律上的利益也属于其中,甚至于当事实上的利益值得法律保护的内容,也包括在公权之内。而传统国家与个人的两面法律关系,也扩展到包括第三人在内的三面法律关系。”可见,主观公权利的范畴,已经开始尝试突破保护规范的不足,而沿着法理学所谓的实然利益向法定利益再向应然利益不断扩张。

最后,主观公权利的法律保护呈现多样化与彻底化。随着福利国家的兴起,当代行政法理念进入福利国家的给付行政时代。国家的作为义务,不仅仅是政治责任更是法律责任。人民请求国家发动公权力而为积极的作为的性质,在此时期,已被学说及判例先后承认并非单纯的反射利益。人民在法律上请求国家积极作为而不果时,就享有对国家请求损害赔偿的权利,便有了《德国行政法院法》第 42 条的课予义务之诉和《日本行政事件诉讼法》第 3 条第 5 项的不作为违法确认之诉。由此,避免给付行政的国家责任成为空中楼阁和人民权利的保障流于形式,而呈现出不仅在实体法而且在程序法上扩充主观公权利的倾向。① 日本学者也指出,随着国民对行政依存度的增大,以及权利意识的提高,判例的解释态度也逐渐缓和。现在判例基本上将行政与其相对人的关系,包括给付行政领域的关系,作为权利义务的关系来把握,而且在对待三人的关系上,将从前被认为是反射性利益的事项,尽量解释为法律保护的利益。例如,因为解除防护林的指定而被置于洪水等危险下的居民具有就解除防护林的指定而提起诉讼的原告资格。这些

① 参见王和雄:《论行政不作为之权利保护》,台北,三民书局 1994 年版,第 57 ~ 61 页。

判例都将法律上的利益作了相当广泛的扩大解释，[①]以确保“公法上之权利因法而行，施以己意且为主张人格之发动力”。[②] 这也为我们从公产制度的角度引入主观公权利提供了良好的借鉴。

(二)主观公权利理论的背景考察

在分析了主观公权利的缘起与演进轨迹后，我们发现，主观公权利理论产生于作为大陆法系重要代表的德国，进而先后被日本等传统大陆法系国家和地区借鉴。那么，为什么主观公权利多半存在于大陆法系国家而非英美法系国家呢？我国深受大陆法系的影响，能否对这一理论进行吸收和改良呢？这就需要对权利形态在不同法系中的传统构造进行相应分析。

英美法系长期以来的传统是赋予法官巨大的“造法”空间，也就是说，法官可以在宪法及宪法以下的各种法律文件所蕴含的法律原则与立法目的之中，利用推理，主动地判断与识别行政权力公民权利的实体存在性，进而作出司法裁量。这种“法官造法”的传统，有效地弥补了成文法的不足，使得司法救济不仅仅是从有限的成文法法律条文出发，更是从凌驾于法条之上的法律精神着眼，立足于公权力运行机制对纳税人权益的保护，进而极大地扩充了“公民权利”的外延。换言之，这种方式，是通过提倡和宣扬公民权利达到指导与规范行政权力的目的。同时，加之英美法系长期以来强调的程序正当理念以及相应的成熟程序法体制，这一方面形成了以凸显权力正义性为目的的程序法约束监督机制，将有限的行政权力置于几乎可以无限推断的公民权利激励与推动之下；另一

---

① 参见杨建顺：《日本行政法通论》，中国法制出版社1998年版，第200页。

② ［日］铃木义男等：《行政法学方法论之变迁》，陈汝德等译，中国政法大学出版社2004年版，第154页。

方面也相对减少了繁杂冗长的实体法立法负担,进而形成了以普通法与衡平法并行,公法与私法混同,成文法与判例法并重的传统法制格局。

传统的大陆法系国家,与英美法存在的法制传统有着许多鲜明的区别,其中最为重要的就是对实体成文立法的注重。相对应的,在司法救济之中,由于强调实体权利的法定性,法官在裁量案件时,也往往从实体法条文之中寻找公民的权利依据,而缺乏引申与推理的造法意识。以行政法上的公民权利为例,德国公法学者奥托巴霍夫就曾指出:“尽管立法者事实上经常明确表示承认某种权利——我们称之为:授权规范,但是即使立法者希望明确地对权利加以规定,他却受到限制,至少要对义务人应对权利人采取的态度作出同样的规定:命令规范,指令规范和义务规范。这样,权利人的权利——在一定程度上,只有明文规定的命令规范而没有有关权利规范的规定——就只能间接地从规定文字的相关意义中推导得出。”①可见,大陆法系的公法学者已经发现,如果说一部成文法是以授予和保障权利为目的的话,它往往是从行政权力的角度出发制定的,公民的权利被隐含在了大量对行政权力的授权与控权规范之中。换言之,这部法律最终可能还是转变为一部有关行政权力的立法。然而,在法律疏于明文权利规范的情形下,加之法官对法律之中权利内涵的引申空间有限,就形成一种显而易见的权利空洞效应,也许这种空洞效应在以集合公共利益的捐税行政和以保障公共利益安全的规制行政之中并非那么明显,毕竟捐税行政和规制行政针对的大多都是公民的法律义务——且这

① 参见[德]埃贝哈德·施密特-阿斯曼等:《德国行政法读本》,于安等译,高等教育出版社2007年版,第298页。

些义务往往是法律明文规定的。因此只需要识别行政权力是否超越公民的义务,即合法性的审查就足够了。但对于保障公共利益的分配——公民对公共服务和公共物品的分享而言,上述的空洞效应所带来的弊端就顿显无遗,因为这恰恰才是体现公民对行政权力所企盼的权利所在,而且这种权利并不是只需要依靠事后的行政救济权利就能够实现的,这种权利的内涵,实质上显现为一种要求行政权力及时发动而使得公众获取公共利益分享的权利主张。

不幸的是,在早期大陆法系的传统法制构架之中,公法与私法相区分的框架之下,尤其是在以控制行政权力为精神的立法模式之下,这种权利的空洞效应似乎很难获得弥补。此时此刻的公民基本权利,如拉班德所述,仅仅是对国家权力的限制,保障人民的自由,但它们未建立起国家公民权利,它们不是一种权利,因为它们没有客体。① 在 1848 年德国革命失败后,多数人开始寻求从事非政治活动,并提出基本权利系列所包含的主张走一般立法道路的要求。② 于是,这样一种思路得以形成,如果说不能让每一部成文法都以权力规范的方式关照公民权利的话,可否从所有公法成文立法所蕴含的公民权利精神之中,将整个公法体系之中公民所享有的权利推断出来,形成一种具有集合意义而又拥有抽象基本权利所不具备实然法律效力的——主观法之中的公民公法权利呢?

这样做的好处是不言而喻的,至少从行政法的角度来看,第

① 参见[德]米歇尔·施托莱斯:《德国公法史(1800－1914)》,雷勇译,法律出版社 2007 年版,第 500 页。

② 参见[德]米歇尔·施托莱斯:《德国公法史(1800－1914)》,雷勇译,法律出版社 2007 年版,第 501 页。

一,不必改变现有的行政法成文法的制定方式。立法无须在每一部行政法规范中频繁地列举公法权利的种种形态,这一方面体现了成文法国家对立法的依赖;另一方面又可以减轻立法者的负担。毕竟,只要通过这种集合权利的指引,我们就能从宪法、法律、行政法规范的立法意义,立法目的,甚至是在有关行政权力的规范之中,找到可供推导的权利身影。换言之,值得保护的利益也就是受到法律保护的权益,如果某一权益被认为是值得保护的,事实上授予这一权益的法规应该为他提供保护。① 第二,法官将不再因为缺乏权利的来源和依据而头痛,一旦立法机关承认了这种集合利益的实体存在性,那么,接下来要做的就是判断这种权利的具体形态,以及这种权利所对应的行政权力行为的正当性,包括行政权力发动的合法性、必要性、可能性、适时性以及合目的性。第三,公民可以通过主张主观公权利对公共利益进行界定,尤其是在涉及给付行政的过程中,行政主体往往以不作为的方式怠于履行给付职责,导致公民对公法利益的分享得不到实现。主观公权利的存在至少可以采取可供主张、可供救济的方式发起对公民需要而行政主体又不愿肯定的公共利益给付形态进行界定。当然,这种权利主张的最终目标,并非一定要满足公民的需要,而是将公共利益的界定置于正义的最后防线——司法机关的裁判之下,并由法官在个案中“依其法学者共通的内在客观感觉(而非依个人一己之感觉),来对该公益条款为价值之充实”。② 从而,避免行政权力对公共利益的单方屏蔽。

① 参见[德]埃贝哈德·施密特－阿斯曼等:《德国行政法读本》,于安等译,高等教育出版社2007年版,第305页。

② 陈新民:《德国公法学基础理论》(上册),山东人民出版社2001年版,第198页。

毫无疑问,上述思路的存在,最终促成了大陆法系尤其是德国公法中“主观公权利”理念的形成。这或多或少地呈现出一种对英美法系“权利推定”思想的追随,折射出两大法系在“法治国”理念上的相互贯通、相互借鉴的精神。但不同的是,英美法系的权利推定往往是直接交由正义的终极裁决者——法官来完成的,而大陆法系更容易接受的情形是将这种推定的权利以集合概念的方式置于立法所承认并保护的利益状态之中,进而让法官获得裁量的空间。但无论如何,从目前来看,德国的公权利理论与意大利等欧洲国家的合法利益理论所促成的立法格局,已经初具规模。①

在我国的公产制度中,上述大陆法系国家存在的困惑同样存在。正如之前在分析公共利益与公产利用关系的论述中所谈到的,由于传统中国行政法集中关注于规制行政之上,无论是在立法上还是理论上,以公产利用为核心的给付行政都严重地缺乏公产用益权的实体法形态,也很难得到法律条文所直接承认的法律效力。这对于正处于由管理型政府向服务型政府转变的中国,是一个绝对不允许忽视的缺憾。因此,对欧洲成熟主观公权利理论的借鉴、吸收与改良,应当视为一种较为现实的做法。当然,并非“国外的月亮一定就更圆”,欧洲大陆主观公权利理论从起源到

① 除了德国、日本等大陆法系国家在立法和理论中采用了直接论证主观公权利的途径之外,如意大利、葡萄牙、西班牙等欧洲大陆国家则采用了合法利益理论。这被看作对主观公权利的另一种角度上的诠释,只不过是以直接界定利益的方式导出权利的。葡萄牙《行政程序法》(1991 年制定,1996 年修改)第 4 条规定:行政机关有权在尊重公民权利及受法律保护的利益前提下,谋求公共利益。在西班牙《宪法》(1978 年)第 162 条第 1 款规定“合法利益”受行政法官保护。葡萄牙《宪法》(1989 年)第 20 条也规定公民合法利益应受保护。参见许玉镇、王龙军:《私人利益对行政权力的限制——欧洲大陆公法中“合法利益”概念简析》,载《北京科技大学学报(社会科学版)》2006 年第 2 期。

成熟过程中存在的大量争议,我们也需要结合中国国情进行甄别和梳理。

二、主观公权利的客观分析

如上所述,作为深受大陆法系影响的中国具有借鉴西方主观公权利理论的可能性,当然这还需要结合我国行政法尤其是公产制度的现状对主观公权利进行客观分析。

(一)公法权利与公法权力的分野

主观公权利属于公民而非行政机关,①由此产生公民公法权利与行政机关公法权力的分野。一般而言,权利义务通常为两相对立的概念,所谓有享受权利者便有对应负担义务之人。然而在公法之上,权利义务是否完全对应并不能一概而论。我国台湾地区学者吴庚就指出,公法上的义务并非完整对称,行政主体有依法行政之义务,公务员个人亦应诚实清廉、勤勉谨慎,然而并无对应之权利人。盖此等义务纯属职务义务而已。比如纳税义务人依法虽有申报之义务,稽征机关并未相应地取得权利,纳税义务人在违背义务不为申报或为不实之申报时,稽征机关方得行使法定职权依照查实的资料核定税额。② 笔者认为,由于行政法律关系各方主体的权利形态存在较大差异,因此,在税收行政、规制行政中,公民所负的守法义务并不能和行政主体的职权完全对应。但在公产给付行政中,由于涉及公产的供给和享有,那么,必然有支配公产以供分享与对公产利用而受益的权力与权利的相对存在。因此,在公

---

① 也有学者认为公权利同样可以由行政机关享有,提出行政给付权力权利化的观点。参见柳砚涛:《行政给付研究》,山东人民出版社2006年版,第132页。

② 参见吴庚:《行政法之理论与实用》(增订第8版),中国人民大学出版社2005年版,第101页。

产利用的权利体系中,法定含义之下的公民所享有的用益权与行政主体的公权力必然相对应,否则将产生人民之法定需要无从获得满足的局面。国内较早关注行政相对人权利的方世荣教授也认为,相对人的权利,“是由行政法所规定或确认的,在行政法律关系中由行政相对人享有的,并与行政主体的义务相对应的各种权利”。① 所以,我们可以将公产制度中的行政权力与公法权利视为两面对置的镜子,将法律所保护的利益视作窗外射入的光线。如果以主观公权利身份存在的公产用益权,一旦被囊括于法律所保护的利益之中,即可通过镜面折射而认定必然有相应行政公权力的存在;反之,但凡有行政机关公产给付公权力存在的情形,也可推定有相应的人民利用或受益的公法权利存在。无论何种,都能起到主张公权力发动之效力。当然,通过行政权力印证的用益权,其功能在于被用以实现合法设立的公产价值,或者可以被公民援引作为主张行政机关实施违法或不当的公产给付权。

(二)公民公法权利与私法权利的分野

作为主观公权利,公民所享有的公产用益权是一种公法上的权利,从而与公民所享有的私法上的权利相区别。实际上,公法权利原本就是从民法“主张权”中衍生出来的产物。② 那么这两个一母双生的同胞到底存在哪些区别呢?笔者认为其中最为重要的区别在于,公法上的主观公权利所蕴含的利益诉求并非其利益的分享者——公民个人——完全依靠自己即可实现,或者说,即使可以实现,也需要公民花费远远大于所得的利益付出,如医疗体系、教

---

① 方世荣:《论行政相对人》,中国政法大学出版社2000年版,第62~63页。

② 参见[德]米歇尔·施托莱斯:《德国公法史(1800-1914)》,雷勇译,法律出版社2007年版,第501页。

育体系、市政建设等,这无一不体现了现代生活中人民对政府的越来越强烈的依赖性。私法上的利益诉求基本上可以通过自主意思表示下的民事行为实现。换言之,公权利所追求的利益诉求,至少要求国家承担全部或者绝大部分的责任,这也是公民让渡个人利益从而集合成为公共利益之后的利益返还与循环从而催生必然需求。这种国家责任的存在,注定了公权利的存在必然是以公法为衡量标准,以行政主体为责任的实现主体,以公法的救济途径尤其是行政法上的救济途径对公民的公权利进行保障。

当然,在公产利用之中,用益权的实现并非全部依靠行政权力的实施完成,随着政府给付方式向市场的回归,大量以公私合营为载体或者以民事契约为手段的公产给付途径如雨后春笋般涌现。借助私法手段实施的公产给付具有行政手段所不具备的高效、快捷与丰富等特性。公民对公产的利用与分享权利也通常被民事法律关系中的民事权利所遮挡。因此,在当代社会,如果我们仅仅从公产给付的形式上看,就很难发现行政权力的身影。但这并非说明私法权利便可取代公法权利的法律地位。毕竟,私法权利关系中所蕴含的以个人诚信为依托、以等价有偿为手段、以价值收益为目的之理念,无法稳定与可靠地承载公产给付的全部目的,也并不能完整地反映人民的真实需要。换言之,私法权利只是实现公民对公产用益权的辅助而已。无论公产以何种私法形态付之于公用,其身后都必然存在行政法支配权的约束与支撑,这是政府不能摒弃的法律所赋予的公法职责。所以,公产给付绝不能全盘以私法方式替代,否则,在公权力放任之下所形成的“教育产业化”“医疗产业化”,看似卸掉了政府的负担,在这种表面轻松之下,公法权利也将如同私人债务一样,承担着“债权”无法实现的巨大风险。

(三)主观权利与客观权利的融合

客观权利,是指将其本质归结于受法律保护的客观利益而形成的权利。① 其早期由功利法学派学者倡导,用以识别权利享有者客观上的便利与利益的多寡。一般而言,客观权利主要是以法律规则作为其存在的源泉,被视作可以从具体的法律规则中直接引申出来的权利形态,从而直接具有法律所保护的权利效力。与客观权利不同的是,主观权利的形态识别是从法律所保护的整体利益,甚至是事实上值得保护的利益内容中推导出来的,在满足其构成要件的情况下,也具有可供主张的法律效力。可见,无论是主观权利还是客观权利,它们的共通之处在于,其一,都是利益的载体;其二,都具有法律所赋予的保护效力。两者最大的差异在于,客观权利无须推导直接从法律规则中获取,而主观权利需要从法律规制以外的立法目的与法律值得保护的利益中进行推理。

如前所论及的,公法规范与私法规范存在立法取向上的区别,公法规范侧重于对行政权力进行授权与控制,而不能像私法规范那样,将全部精力都置于对当事人的客观权利关注之上。所以,在公法规范中直接载明公民客观权利的法律规则相对较少,更多的权利留待行政主体在具体行政个案中通过权力来保护或者促成实现,从而弥补法律规则中所规定的客观权利的不足,实际上,法律规则是对法律原则的具体化,是对立法精神及立法精神所涵盖的公共利益的具体化,因此,无论是来源于法律原则与精神之中的主观公权利,还是来源于具体法律规则的客观公权利,都蕴含着丰富

① 参见[德]鲁道夫·冯·耶林:《法学是一门科学吗?》,[德]贝伦茨编,李君韬译,法律出版社2010年版,第15页。

的公共利益内涵。此外,客观公权利也并非始终一成不变,随着立法者对实定法的修改和解释,随着行政立法与行政规则对抽象法律条文的诠释,随着司法机关通过裁判对立法精神的扩张,公民的客观权利始终处于不断延展的过程中,从而最终达到与主观公权利外延一致的法律效能的最大化。可见,主观公权利与客观公权力之间的关系不是非此即彼的,主观公权利以其所代表的法律利益的广袤性而将客观公权利包容其中,并且通过法律实践促成前者向客观公权利转化。

在公产制度之中,公民的受益权也应当被视为一种公法权利的体现,此时同样存在识别主观权利与客观权利的必要。无奈的是,如前所述,由于立法者过于关照行政权力,而忽略了公产利用中的这种核心权利在客观法上的明示,从而造成受益权的形态过于依赖行政主体的裁量。广大公民难以直接介入这些事关自身利益的公共利益决策之中。

那么,如何将原本属于人民发起和参与的对公共利益界定的权利交还给人民,如何防止行政机关滥用行政立法与行政规范制定权将原本属于公民私权的禁区划定为虚假的公共利益,或者逃避原本属于公民应然分享的公共利益分配职责呢?笔者认为,主观公权利在一定程度上可以弥补这一漏洞。一方面,主观公权利之中的重要组成部分是以主动身份存在的参政请求权,可以使公民通过各级人大参与对行政立法和行政规则制定,对在此过程中涉及的公共利益界定的正当性进行必要的监督与审查;另一方面,以积极身份存在的公民受益权,可以从公民受益请求权的角度出发,发动对公共利益的主动界定程序,如应当设置何种公产形态、提供何种公共服务的内容以及公共资源如何分配等问题。换言之,公民可以脱身于客观权利之外,从主观权利的角度积极和主动地引导开展公产给付，并对公产制度的各种实践形成具有法律效果的审视与评价，从而反映作为受益权人的集体或个别期待。由此，民意可以获得充分释放的途径。

通过上面的分析我们可以看出，主观公权利所蕴含的法律精神，相比客观权利，更能够全面地折射出依法治国理念下的人权光辉，人民获得国家给付应当是权利之后的民意主张。由此，主观权利并非民权臆想，也并非闭门造车，它原本就是客观权利的源泉。

三、公产用益权的公权构成要件

通过研读公权理论的发展历程，我们不难发现，公权理论自衍生以来，就一直在批判与再批判的过程中顽强成长。主观公权利之所以受到如此之多的质疑，主要原因在于主观公权利的涵盖范围太过广泛，而其理论本身又过于抽象，以至于无法适应快速发展且富于变动的行政法现象，往往被看作一种主观揣测，拘泥于理论研究而非实践之中。笔者认为，主观公权利的存在，扩大了行政法律关系中相对人权利的外延，但主观公权利并非臆断权利，它的实践性应当在特定环境之下进行探讨。作为行政法重要组成部分的公产制度，无疑可以作为这样一块试验田，促成主观公权利价值由神界到人间、由抽象到具体的完整展现。值得注意的是，主观公权利并不代表着泛化的权利，它的存在也须有必要的构成要件。域内外公法学者在探讨主观公权利之时，也都毫无例外地涉及这一点，相信可以为我们追寻公产利用中主观公权利的真实面目提供指引。

（一）传统观点的考察

主观公权利的成立要件，被视为识别主观公权利是否存在的核心要素，早期学者格伯所倡导的公权必须以个人作为国家的分支地位而存在的观点显然已经廉颇老矣。实际上，真正识别主观公权利成立要件的学说是从公权理论的发展时期开始的。

1. 耶利内克的三条件说

被视为研究主观公权利之集大成者的耶利内克，在探讨公权之时，提出了著名的三条件说：其一，法的秩序应该是法主体之间的权利义务关系，也即只有具备法律关系的平等前提，才可探讨公权利之存在必要。其二，国家也应该被认定为服从法律的人格主体。该要件认为，国家及其所属的行政机关必须以独立的法律主体身份存在，人民方有提出主观公权利请求的明确对象。其三，在法治国家里，国家应该遵守其所订立的公法秩序。这些条件就是耶利内克所主张的“国家自我约束理论”；①换言之，即便双方法律关系平等，且国家具有独立人格，但如果国家及其行政机关享有肆意践踏实定公法秩序的特权的话，主观公权利便无从谈起。

2. 奥特马尔·比勒的公权三原则

在耶利内克之后，德国学者奥特马尔·比勒提出了全新的公权利存在原则，②这也被视作近现代公权利要件理论的基石。比勒认为，公权利的存在，必须满足三个重要的基本原则：其一，法规之强行性要素——只有强行性客观法的存在，才有公权的产生，而客观法是否存在、如何存在则与行政机关无关，其目的在于

① 参见李庭熙：《论附第三人效力之行政处分》，台北，台湾大学法律学研究所硕士学位论文，第20页。

② 参见王和雄：《论行政不作为之权利保护》，台北，三民书局1994年版，第37页。

排除行政机关的自由裁量权。[①] 其二，私益之保护性要素——法律所保护的法益，唯有不仅仅是出于对公共利益的保护目的，而且至少存在同时对个人利益保护目的之时，公权才得以存在。这一观点可以有效地弥补成文法的不足，进而在成文法没有明文规定的时候作为认定公权存在的依据。这一原则被许多学者继承，如毛雷尔教授在论及主观公权利之时也提到，“如果有效的法律规定（行政的法律义务即由此而来）不仅是为了公共利益，而且——至少也是为了公民个人的利益，就应当肯定主观权利”。[②] 由此成为后来德国行政法中公权利保护规范理论的来源。其三，赋予对国家请求权的要素——能否提起行政救济，是判断公权存在的标准。[③]

3. 巴切霍夫的公权三原则

巴切霍夫在比勒的公权三原则基础上进行进一步的修正，最终成为“二战”以前德国公法中公权利要件“最为完善的理论”。[④]

第一，对于比勒的法律之强行性要素。巴切霍夫在其基础之上将行政规则排除在强行性制定法之外，由此将主观公权利的法定利益来源限制在法律和行政法规之中。此外，他还认为即使法规规定了裁量权的存在，该法规也不具有法强行性的要素；除非遵循了均衡原则的约束，才具有强行性。

第二，对于比勒的法规目的的私益保护性要素。巴切霍夫作

① 参见［德］埃贝哈德·施密特－阿斯曼等：《德国行政法读本》，于安等译，高等教育出版社2007年版，第302页以下。

② ［德］哈特穆特·毛雷尔：《行政法学总论》，高家伟译，法律出版社2000年版，第154页。

③ 当时的德国《行政法院法》类似我国《行政诉讼法》，是以列举法的方式将可诉的行政行为罗列出来，进而判断原告是否适格。

④ 参见王和雄：《公权理论之演变》，载《政大法学评论》（1980年）第43期。

出了4点补充：首先，巴切霍夫否定了法官造法，认为仍然应当以立法为准，但可以对立法进行解释，如果解释或理解认为某些利益被该法所保护（尽管没有被明文规定），则公权利也存在。其次，对法规是否应当兼顾公共利益和私益的标准，巴切霍夫认为，只要法规所保护的公共利益至少可以被理解为谋求具体且可得以确定的个人利益，那么公权存在。① 再次，法规保护的个人对象，不能仅仅限于其直接指向的对象，如贫困法，不仅保护贫困者本身也包括贫困者所扶助之人（子女），否则就会使被扶助之人陷入反射利益的地位。这一观点，也是第一次将主观公权利覆盖于行政相对人之外的行政第三人身上。最后，在探讨法规中是否课有应承诺及维持授益的义务的问题上，作者创新性地通过信赖保护理念提出对既有授益性利益的公权保护思想。

第三，关于赋予对国家请求为一定行为的意思力或法律上之力的要素。巴切霍夫对比勒的观点进行了两点补充：②一方面，巴切霍夫认为，法规必须以意思力或法律上的力授予权利人，各被保护的利益方能称为主观权利，若法规只是以义务的方式保护利益，而没有以授权规定的方式使利害关系人得以实现请求权的时候，该利害关系人即使在事实上享有利益，也仅仅属于客观法上的反射利益而已。这一观点，是针对有多个行政相对人之时所必须遵循的公权原则；换言之，如果法规是以课以特定相对人义务的方式保护其他相对人的权利，则不构成主观公权利。如在对医疗机构的管理规定中，常常以课以医疗机构遵从医德、履行医疗活动的必

① 例如，生存照顾是国家对需要者负有照顾的法律义务，这对于需要照顾的公民而言是可确定的个人利益，因而并非单纯的公共利益。

② 参见徐银华、肖进中：《行政法上之公权与反射利益理论的历史演变》，载刘茂林主编：《公法评论》（第4卷），北京大学出版社2007年版。

要谨慎义务为内容，那么，对于病人因医疗机构未履行义务而获得的损害，就不具有公权利的性质而属于私法上的损害赔偿请求权。

另一方面，巴切霍夫认为，尽管近代行政诉讼法采取了概括式的诉权方式，但根据法院列举的诉权种类识别主观公权利仍然不失为一种好的标准。只不过当权利人处于并非为自己的利益而是为他人利益的管理者的地位时，则可以否定主观公权利的存在。这一观点实际上是从另一个角度限制公权利的滥用，即公权利一般情形下应当由法律所保护的利害关系人自己享有并行使。

（二）近现代理论的修正

在上述三位学者提出的主观公权利构成要件之外，"二战"后德国波昂基本法与行政法院法的颁行，对主观公权利理论的要件又有了一定的修正。其中最为引人注目的便是将宪法基本权与主观公权利的有机结合。如在前面探讨公权理论的缘起发展过程所论及的，学者们一方面认为在基本法对人民基本权作出明确规定后，实际上基本涵盖了主观公权利的空间，由此产生公权理论是否有继续存在必要性的思考。但也有学者同时指出，基本权以高度抽象的方式填补了公权理论的生存空间，但基本权毕竟是宪法上的抽象权利，尽管它是以客观权利的方式存在。事实上，"由于基本权系列缺乏便捷，因此要描述一项基本权利的实在内容十分困难"。[①] 这仍旧无法弥补宪法位阶下法律对基本权具体化的缺憾。更为严重的是，如果以基本权取代公权，将使对基本权的救济上升到宪法救济，而在违宪审查机制尚未完善的情况下，这种救济的成功性微乎其微。所以还是采取由行政特别法引申出的公权利作为

① ［德］米歇尔·施托莱斯：《德国公法史（1800－1914）》，雷勇译，法律出版社2007年版，第500页。

保障和救济公民基本权的手段显得更为现实。由此，主张以基本权为基础，并以公权利为其具体化的手段。

上述公权利要件从抽象到具体，从简单到复杂，无不体现了公权理论随着福利国家与法治国思想的兴起，将其基本权的保障从以自由权为中心转变到以生存权为中心，现代国家的行政也由自律自主的市民社会为本的自由国家转换为行政主导的福利国家，最终决定了行政法的使命在于：一方面传统意义上的保障自由权不受行政权侵害；另一方面需达成福利国家的期待，即矫正行政权的懈怠行使，确保公权利的适时发动，以改善且保障国民的生活。由此，“现代行政法应不仅消极地成为‘刹车器’(brake)，对行政权的违法行使有制止机能，更须作为‘方向盘’(handle)及‘加速器’(accelerator)，以导正并促进行政权之积极行使”。①

(三)寻找公产用益权的公权要件——以我国国情为背景

笔者认为，自由国家向福利国家身份的转变，引发了由规制行政向给付行政时代的转变。此时的国家职能绝不仅仅限于维护国家安全，抵御外敌，或者以警察行政的身份消极地保护国民自由和公共利益了。国家和行政机关应当更为积极地为国民谋取福利，并以公产给付为重要手段促成人民的幸福。当然，人民对国家的需求，也不再仅以自由权或者权利不受侵害为满足，也要求国家能发挥积极功能，为国民谋取生存照顾、发展空间与环境等各种福利。以主观公权利为指导的公产用益权效力的体现，也从另一方面促成了行政救济尤其是行政诉讼受案范围与裁判类型的丰富，并以此为人民提供在请求国家积极作为、履行给付职能未果时，拥

---

① [日]原田尚彦：《行政责任与国民权利》，弘文堂1979年版，第14页。转引自王和雄：《论行政不作为之权利保护》，台北，三民书局1994年版，第64页。

有适当和充分的救济与保护的途径。这便需要宪法、行政法以及行政救济法从各自的功能着手,为公产用益权这种主观公权利的存续和识别创造条件。因此,我们可以在参照与借鉴学者们主张的现有主观公权利要件的基础上,以中国国情为依托,对如何识别公产用益权的存在及其效力的认定做出以下分析。

1. 公产用益权之法律要件

公产用益权的识别,应当以《宪法》中的公民基本权利作为引导,并以法律、行政法规以及其他行政规范性文件作为其权利的来源,同时以遵循法律优先原则为必要。此为公产用益权之法律要件。这主要包含以下三层含义。

首先,以宪法基本人权补充公产用益权。实际上,德国公权利理论在处理与宪法基本权的关系上,经历了三个阶段,①从早期的基本权消极学说,即基本权的消极性决定了将其视为公权没有实际意义;到后期的保护规范理论,即基本权原则上不能作为公权存在与否的判断标准,只能是在例外情形下用基本权解释规范起到确立公权的补充作用;再到波昂基本法之后的基本权导出公权学说,即摒弃法律解释的不完善性,直接从效力高于法律的基本权中寻找公权的存在基础。可见,宪法的基本权利对于公权法律效力的来源具有天生的优越性,将宪法中明确规定的带有国家物质帮助性质的基本权利,以其所在的部门行政法为依托,可以引申出公民的特定公产的用益权以及公产支配机关的法律职责,并进而通过行政法上的救济手段予以保护。这更为切合我国的国情。

其次,公产用益权的法律效力的来源可以是法律、行政法规、

① 参见王和雄:《论行政不作为之权利保护》,台北,三民书局1994年版,第61~62页。

部门规章、地方性法规、地方性规章，甚至是行政规则与政策性规范。之所以承认如此广阔的权利来源，主要是因为一方面从我国行政法目前的情况来看，涉及公产给付的高位阶立法仍然较少，因此仍然必须依赖低位阶的行政立法与行政规则。现实的情况也表明，大量的公产给付规定散见于法律和行政法规之下的各级行政规范性文件甚至是政策性文件之中。尽管低位阶行政规范性文件的制定具有较大的地方利益或者部门利益的倾向性，很可能会造成公民权益的损害，但并不能因此就过分限制各职能部门和地方政府实施公产给付的积极性与主动性。因此，“现在普遍承认个别行政规则事实上的外部效果具有法律意义”。[①] 例如，武汉市曾出台机动车停放的有关规定，认为30分钟以内的临时停车可免停车费用。由此赋予了市民有限的免费利用停车位、停车场的权利。这应当看作地方政府积极主动地规范市民停放机动车的举动。如果否定其作为公民用益权来源的话，将导致这一初衷良好的权利赋予名存实亡。另一方面，行政机关往往以承诺的方式或者政策性规范的方式赋予公民“名义上的公产用益权”，但到最后却往往不了了之，将低位阶行政规范纳入公产用益权的识别依据，可以使人民运用所获取的公权监督或主张公产支配者实现诺言或政策，防止政策流于形式成为挂在报纸和文件上的“空头支票”。

最后，以法律优先原则限制行政规范滥用行政立法权。法律优先原则是指法律相对行政立法即行政法规和规章的优越地位，其强调的是法律的位阶体系。[②] 实际上，将最广泛的行政规范性文

① [德]哈特穆特·毛雷尔：《行政法学总论》，高家伟译，法律出版社2000年版，第599页。

② 参见周佑勇：《行政法基本原则研究》，武汉大学出版社2005年版，第175页。

件作为公产用益权来源的直接负面影响便是，低位阶的行政立法者可能利用行政立法权强化行政权而排挤公民的用益权，或者设定更多的用益权对价条件。在此情形下，法律优先原则可以较好地控制行政立法权的滥用。

2. 公产用益权之利益要件

公产用益权的存在，应当是在遵循均衡原则的前提下，在法律所保护的利益范畴中，将公民的受益性作为公产用益权的利益要件。

主观公权利的存在，离不开其所追求的利益目的。在以公产利用制度为核心的给付行政中，公民所追求的利益并非私法上的个人利益而是对公共利益的分享，即属于个人公法利益范畴。因此，必须要对这种利益加以限制，否则将导致个人私欲过分追求下公共利益的损害。此外，公产的用益权并非一种排他性的权利，换言之，用益权的实现必须以不侵害其他公民的平等分享为前提。所以，公产用益权所蕴含的利益诉求必须要获得公法的认可方才具有可主张的效力。反之，公法对公民利益应当给予何种广度的保护也映衬了主观公权利的存在区间。近现代公权理论发展历程，也可以被看作公法利益的扩张之旅。在早期，公权利仅存于实定法所保护的利益之中，即以法律的明文记载作为生存空间，此时的主观公权利实际上是与客观公权利、实体权利相重叠的。随后，这种利益范围被扩大至法律上值得保护的利益，并由此超越客观权利将所有能够体现立法宗旨、立法目的以及立法原则的权利囊括其中，从而到达法律所保护的利益最大化。在当代西方行政法之中，理论与实务界的主流观点又一次出现突破，将主观公权利所代表的利益形态推至事实上的利益，从而朝着一国之公法体系中公民的应然利益边界靠拢。由此打破了主观公权利应当以立法为界限的权利外墙，将大量的非法定的公民又得以要求的利益交由司法进行裁量。

那么，在公产权制度中，用益权的利益边界到底在哪里呢？笔者认为，用益权的利益追求，必须以公产支配权的实施为前提，倘若超越了法律，则作为公权力的支配权将面临越权之风险。正如学者王和雄所言："法治行政原应以法律为依托，事实上的利益学说，超越了法规之存在意义，完全从具体的行政关系判断所侵害的权利利益是否有保护的必要性，从而决定原告的适格与否，实在是与法治行政的原则相悖。"①可见，一旦允许事实上的利益将行政职权扩于法律的约束之外，主观公权利也就难免兔死狗烹，鸟尽弓藏之境地了。所谓"任何行政职权都是有限制的，无限制的职权为现代法治所不许"。② 因此，以事实上之利益作为主观公权利的边界实难接受。至于实定法所保护的利益，从本质而言是将主观公权利与客观权利作同等对待。既然是法律已明文保护的利益，当然也就没有再探讨权利存在与否、正当与否、效力如何的必要了。实际上，公产用益权所遭遇的最大尴尬恰恰就在于明示性法律规则的欠缺，因此，才需要我们在实定法的法益范畴之下寻找用益权的身影。从这个目的来看，将法律上值得保护的利益作为用益权的边界更为实际。换言之，当立法并未以规则的方式载明公民所需之公法利益之时，我们便可以在立法宗旨、立法目的以及立法原则所保护的利益区间中寻找公民用益权的利益所需，进而推导出与这种利益需求所对应的公产行政主体的支配权。这样，即可使用

① 参见王和雄：《论行政不作为之权利保护》，台北，三民书局1994年版，第174页。

② 周佑勇：《行政不作为判解》，武汉大学出版社2000年版，第79页。

益权所承载的利益置于法律所保护的状态,也可以防止行政权力越轨。当然,此时的法律,应当被扩大于包括宪法在内的整体公法体系,这样,即使用益权所需的直接立法出现缺位,公民也可以通过宪法所赋予的获得国家物质帮助之基本权利主张法律保护的权利。

在我们考察了用益权的利益边界之后,紧接着出现的疑问是,利益的存在价值是用以满足权利的需要,那么,在公产利用制度中,法律所保护的利益是以何种价值满足的方式与公民的受益权相连接的呢?笔者认为,无论是以自然公产、公共用公产、公务用公产为标的,还是以自由利用、许可利用或是间接利用等为手段,公产存在的最终目的都是让用益权的主体——公民——获得公法上的利益。这实际上也是公产所附载的公共利益分享的体现。毕竟,“法规虽非专为谋求个人利益之保护,但至少也是为谋求具体而可得到确定之个人利益保障时,始得认为该法规系为保护个人利益而制订者”。[①] 一切立法行为都必须基于公益而非私益,是自罗马时代以来的法律常识,所以举凡法律的正当性,以及法律的权威性,都建立在追求公益的前提下。由于在公产给付之中,公民主张的是对公法利益的分享,从而得以与个人之纯粹的既得私法利益相分区分,体现为公共利益与个人利益的融合。那么,以公民的受益性为标准,就能较好地体现出公产用益权的公权特色。

但是,对公民受益性的判断,就目前行政法的实践状况而言,多半是被行政机关掌控,这在前面探讨公共利益裁量的过程中已多次提到。因此,需要公民通过公产用益权的公权方式介入这种判断,与行政机关形成平等的法律地位。这并非是说,一旦有某个

① 陈新民:《德国公法学基础理论》(上册),山东人民出版社 2001 年版,第 182 页。

公民认为自己的受益性比别人要少,就主张公产支配权违法,而是为公民提供一种参与公共利益评价的机遇。如前所述,无论是单纯的公民还是单纯的行政机关都不具有对公共利益的最终界定权,而应当由司法权进行终局裁判。同时,在识别公民是否具有受益性的时候,应当以行政均衡原则作为权衡的标准。所谓行政均衡,是指行政主体在实施裁量时得全面权衡各种利益关系以作出最佳的选择判断。① 行政均衡不仅运用在规制行政之中,也生存于给付行政之中,不仅应当被行政主体遵循,也应当被公民主张用益权,司法机关裁判受益性的判断标准,不仅仅在行政主体发起的裁量中适用,也应当在由公民发起的对行政权力引导性裁量中被适用。尤其是在判断公民的某种情形对公产的受益权是否构成主观公权利之时,就需要运用均衡原则对公民的受益需要与公共利益的满足程度进行均衡。这一原则之中所体现的平等对待、信赖保护等分支原则也在巴切霍夫的公权三原则中有所体现。

此外,在主观公权利理论之中,法律所保护的利益是否仅由当事人自己享有与行使的问题也值得我们关注,巴切霍夫就提出为他人利益而非为自己利益主张公权不应得到承认。笔者认为这种观点具有可商榷之处,这需要根据具体情形进行认定而不能一概否认。

3. 公产用益权之救济要件

公产用益权之救济要件,是以未被法律所排除的公法救济空间作为公产用益权法律效力之保障。

通过审视西方公法学者提出的公权要件,我们不难发现,在主观公权利盛行的国家,行政诉讼的救济可能性往往成为判断公权利存在与否的重要条件。毕竟,无法通过司法裁判保障的权利并不是

---

① 参见周佑勇:《行政裁量的均衡原则》,载《法学研究》2004 年第 4 期。

一项完整的权利,当然也就不具有可以实现的完整法律效力。所以,行政诉讼不仅是公权救济的最终途径,而且通过行政诉讼的受案范围和判决方式也可以识别主观公权利的法律效力。在德国行政诉讼制度中,基本上是以保护规范说为背景寻求权利在实定法上依据的,如果没有适当的实定法作为依据,往往沿用基本权,尤其是《基本法》第2条第1项的自由权以及第14条的所有权以及采用是否值得保护的性质为标准判断诉权的存在,从而与第19条相吻合。这使公法权利的保护扩张至事实上的利益。德国《行政法院法》第42条第2款所规定的课以义务之诉与确认不作为之诉也进一步阐明:起诉不必以国家经济、政治、道德及其他利益的损害为条件,只须以受法律保护的、因此属于主观权利的利益受到侵害为条件。①

那么,这种以行政诉讼救济可能性作为识别主观公权利存在的条件是否就无懈可击呢?这里存在的一个巨大疑惑在于,行政诉讼是以权利为救济的标的,那么既然已经被司法救济所承认,那么还有探讨主观权利的必要吗?可见,通过诉讼推导权利然后再通过权利寻求诉讼救济则陷入了一个循环论证的过程之中。德国公法学者巴切霍夫就指出:“以前经常将诉讼可能性看作为主观权利的标准。但根据新的德国《行政法院法》总则以及《基本法》第19条规定的适用范围,是否可能诉讼正是取决于某一‘权利’的主张,这样诉讼可能性就不再能够作为评判的根据了。”②因此,通过诉讼救济可能性判断主观公权利的存在只是为了应对早期各国行政诉讼通过列举法罗列受案范围所导致的不可避免的遗漏,而在

---

① 参见[德]哈特穆特·毛雷尔:《行政法学总论》,高家伟译,法律出版社2000年版,第154页。

② Otto Bachof, Reflexwirkung und subjective Rechte im Öffentlichen Recht, In Gedächtnisschrift für Jellinek(1984),S. 292.

当代包括中国在内的各国行政诉讼制度日趋完善的前提下，概括式的行政诉讼受案范围已是大势所趋，此时，如果再将诉讼可能性作为判断标准则无实际意义了。例如，在日本，尽管原则上仍然采用了德国的保护规范说，但是其《行政事件诉讼法》第9条的规定，已经在承认在诉权的问题上扩大了以往以权利被毁损或权利被伤害为要件的范围，因此下级法院基于救济的实效性，在法律上被保护利益以外，发展出法律上值得保护的利益说或事实上利益说以扩大原告资格。① 从这个意义上来说，司法救济只是主观权利存在后的应然之需，“联邦法院几乎都认为‘受到法律保护的利益’主张就已经足够了。并且，即使是立法者也不能通过取消诉讼途径的方法来表明原先赋予的权利并不是权利，换言之，他们不能将一只手赋予的权利用另一只手去再次剥夺”②。

那么，通过行政救济识别主观公权利的存在是否就真的没有任何意义呢？我国《行政诉讼法》经过近30余年的发展，也逐渐具备了识别公权利与保障公权利的条件。早在最高人民法院于2000年颁布的《最高人民法院关于适用〈中华人民共和国行政诉讼法〉若干问题的解释》第1条之中，就规定了“公民、法人或者其他组织对具有国家行政职权的机关和组织及其工作人员的行政行为不服，依法提起诉讼的，属于人民法院行政诉讼的受案范围”。被广泛认为相比1989年颁布的《行政诉讼法》极大地扩宽了行政诉讼的受案范围，进而具有了容纳主观公权利内容的空间。该司法解释第57条、第58条与第59条中规定的确认违法之诉与责令履行

---

① 参见杨建顺：《日本行政法通论》，中国法制出版社1998年版，第201页。

② 参见［德］埃贝哈德·施密特－阿斯曼等：《德国行政法读本》，于安等译，高等教育出版社2007年版，第312页。

职责之诉,也为公产用益权的法律效力提供了诉讼救济之保障。上述立法精神,在2014年修订的《行政诉讼法》以及2018年施行的《最高人民法院关于适用〈中华人民共和国行政诉讼法〉的解释》中也被有效地继承。但这是否已经足以达到对主观公权利救济的完整性呢?我们的答案是否定的。因为目前看似完善的行政诉讼制度中实际上存在几个已被广为诟病的硬伤:首先是对抽象行政行为尤其是行政规章与行政规则的审查力度极其有限;其次是对行政裁量公正性的介入力度不足,过分受制于"显失公正"这个主观因素,导致对裁量权滥用等的实质性审查和程序适当性审查都是一种模糊性的判断标准;①最后是过分关注人身权与财产权等规制行政下的公民自由权而忽视了给付行政之下的公民权利如知情权、请求权等。因此,笔者认为,根据中国行政诉讼救济制度之现状,如果按照西方国家所遵循的以承认权利取代诉讼救济标准的思维,反而会使大量的公产用益权沦为空谈,因此并不可取。但如果以仅有的行政诉讼制度推定公产用益权的存在又显得力不从心。那么,如何摆脱这种两面尴尬的境地呢?

我们提出从整个公法救济制度着眼,将所有未被法律明文排除的救济空间作为识别公产用益权主观公权利存在的救济要件。理由如下:

其一,与西方国家不同,我国的行政救济制度的效能由司法救济向下呈正金字塔状发散;换言之,从行政诉讼开始到行政复议再到行政信访对行政案件的包容性越来越广泛,可以有效地突破上位行政救济手段的受案范围限制。由此赋予上位救济手段不能涉及的公产用益权形态以获得承认并得到救济的可能。

① 参见周佑勇:《行政裁量的治理》,载《法学研究》2007年第2期。

其二，正如前面所论及的，对于公务用公产与公共用公产这两种不同的公产形态，人民均享有受益的权利。那么，仅通过行政救济显然无法直接满足公民对公务用公产的用益权主张，此时可以引入行政救济以外的其他公法救济手段，如权力机关救济、[①]刑事司法追诉[②]等，从而形成整体公法救济的合力，全面地维护公民对公产的用益权。

其三，以排除法限制救济机关对概括式受案范围的过分主观支配。目前行政诉讼受案率不高的重要因素在于，尽管《行政诉讼法》及其司法解释已经改变了原有以列举方式阐明受案范围的思想，转为以概括式界定受案范围，但这也同时造成救济机关对概括性受案范围的过于主观的解释。换言之，救济主体仍然是在将原有的列举范围作为重要参照，从而造成大量行政案件得不到受理。但实际上，只要未被法律明文排除，救济机关不应有裁量是否受理的主观支配权；否则，概括式受案反而成为部门保护主义与地方保护主义的挡箭牌。由此，笔者认为，只要未被法律明文排除，就应当有可供救济的主观公权利存在，这种思路与其说是一种创新，倒不如说是应对现有实践现状的无奈之举。

总之，“尽管现在诉讼可能性已不再是主观权利的重要特征，但反过来看，承认某种受到法律保护的利益具有法律上的可追诉性，则总是说明该利益的形成以及实现是一种主观权利”。[③]

---

① 参见本书第八章有关内容。

② 这里的刑事司法追诉，是针对行政主体及其工作人员侵吞公产构成犯罪而言的，人民可以向刑事司法机关提出举报，请求发动刑事诉讼程序。虽然从目前来看，要实现这种思路并不容易。

③ Otto Bachof, Reflexwirkung und subjective Rechte im Öffentlichen Recht, In Gedächtnisschrift für Jellinek(1984), S. 292.

四、公产用益权的公权体系构造

(一)主观公权利体系的传统构造

主观公权利是以一定的结构存在的,在主观公权利发展的历史长河中,除格伯认为主观公权利只包括参政权以外,最为著名的公权结构理论是由耶利内克与卡尔·施密特(Carl Schmitt)提出的。① 其中,卡尔·施密特将“个人的诸权利”,区分为“前国家的、绝对的权利/后国家的、相对的权利”和“自由主义的、个人主义的权利/民主政治的/社会主义的权利”。其建构的目的在于论证真正的宪法基本权。② 耶利内克则是从公权利的视角建构该框架,从而形成了其独特的地位学说。③ (见表5-1)

表5-1　公权体系构造

国家与个人的身份关系	受国家承认的利益	公权的基础
消极的地位	自由(妨害排除请求权)	人(的权利)
积极的地位	受益权(利益满足请求权、权利保护请求权与利益斟酌请求权)	市民(的权利)
主动的地位	参政权(选举人资格请求权)	市民(的权利)
(被动的地位)	(义务)(遵守法律之义务)	

① 实际上,日本学者宫泽俊义也曾提出过公权结构框架,但学界通常认为其仍然是以耶利内克的公权框架为基础修订的。其遵循了“自由主义下的自由权→民主主义的参政权→社会国家下的社会权”的思想,并且该框架是以人权作为其探讨背景的。参见[日]宫泽俊义:《日本国宪法精解》,[日]芦部信喜补订,董璠舆译,中国民主法制出版社1990年版,第506页。

② See Alan Wolfe, *Fascist Philosopher Helps Us Understand Contemporary Politics*, The Chronicle, Vol 45:1, p. 1-65(2004).

③ 参见王和雄:《论行政不作为之权利保护》,台北,三民书局1994年版,第45页。本书对原图表进行了重新编排。

需要说明的是,学者们一般认为,耶利内克的公权理论存在致命的缺陷,即其仍旧将个人视为国家的依附,且少有对社会权的探讨。但是,笔者认为,耶利内克的上述公权地位学说结构,尽管存在理念上的不足,但是其简单易懂的构造是难能可贵的。更为重要的是,"这种学说创立了一个空间,可以在里面进行理性的探讨",①因此直到今天,耶利内克的学说仍旧可以为我们研究公权理论提供充分的借鉴。在此基础上,我们提出了公产利用权利体系下的主观公权利框架的修正结构(见图5-1),并尝试着寻找公物用益权在该结构中的权利归属,下文的探讨也以此为前提展开。

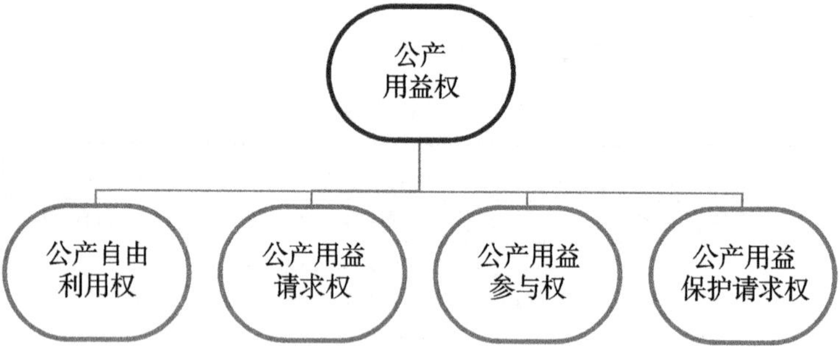

图5-1 公产用益权分类

(二)被动地位下的遵守法律之义务

从国家与人民的身份关系及产生的主观公权利层次来看,公民所处身份地位的不同造就了行政法中公权利的不同内涵。其中,被动之身份并无相应主观公权利产生,因为所谓被动的身份,系人民对国家的权利及利益的让渡,并遵守保有公共利益需要的

① 参见[德]米歇尔·施托莱斯:《德国公法史(1800-1914)》,雷勇译,法律出版社2007年版,第504页。

一种静止状态。在这种状态下,人民无法提出任何请求,而是表现出对法秩序的尊重和默守。一旦出现对公共利益的侵害,则由有权机关主动行使制裁,人民对于合法且合理的制裁措施应当保有被动接受而不得抗拒之义务。在此状态之下,行政机关与人民构成的关系是一种单向的、强制性的以制裁为手段的法律关系。在此法律关系中,人民之身份大多位于义务主体的角色。一言以蔽之,这种被动地位下遵守法律之义务与以维护公共利益安全为目的的公权力之间所构建的社会关系,成为税收行政与规制行政模式的来源。

在公权结构中探讨义务并非毫无意义,因为公民在获得公法权利的同时也必然需要承担一定的公法义务,由此,公法关系中之权利,名为公权,与公权相对等之义务,名为公的义务。① 这已经为公权学者普遍认同。但是公法权利与公法义务的存续关系并非一概而论,有的情况下,公法权利与公法义务同栖同生,如公民获取义务教育之权利,公民获得劳动保障之权利等。而有的时候,公法权利与公法义务分属不同的行政行为模式而归于同一主体,如公民在享有道路通行权的情况下不得违反交通规则等。即便是在给付行政之中,如果受给付人超越了法律所保护之分享权利,进而侵害了公共利益或者妨害了其他相对人获得给付的权利,则同样会受到权力的规制。在公产利用制度中,国家法律对用益权的行使也存在法律限制,从而构成公民遵守之法律义务,也即个人对公产利用有不可侵及物上负担之义务,②如不得破坏公共设施,不得拆毁公共标志等。

---

① 参见范扬:《行政法总论》,中国方正出版社2005年版,第35页。

② 参见范扬:《行政法总论》,中国方正出版社2005年版,第42页。

此外,在公权结构之中探讨公法义务还有一个重大的意义。我们不得不感叹在中国这样拥有 14 亿人口的泱泱大国之中,要达到全民福利将是一件多么艰苦而漫长的工程。当然这并非在泼冷水,反而会让我们具有更为清醒的头脑对待给付行政和公产制度的现在与将来。

其一,为了防止给付行政带来过重的国家负担,需要我们进一步加强对公产制度的探讨,树立"授人以鱼不如授之以渔"的思想。公产给付与传统给付的最直接区别在于,直接给付往往是以财产无偿赠与的形态存在,而转换所有权的结果往往是受益人的挥霍与不思进取。公产给付主要针对的是人民的发展权,辅以对特殊群体的生存权救助,从而体现出辅助利用、反复利用的特点,人民基于此可以获得生活上和事业上的扶助。由此,"国家不是作为人民追求利益幸福的监护者,而是要保证人民都有一个可以独立追求个人幸福而自由生活的空间"。①

其二,为了防止行政权力的过度膨胀与人民惰性心态的滋生,需要我们进一步强调人民在获得公法受益权之时所承担的公法义务,并设立受益权的边界。一方面,人民须以宪法所载明的劳动义务为寻求生存发展的基本所需,即所谓"国家追求、实现公益的行为,必须在社会的个人凭自己的努力都无法获得利益,从而妨碍公益的获得时,方可为之"。② 另一方面可以通过必要的对价与其他公法义务的规制,使人民尊重与珍惜来之不易的受益权。如 L. 亨金所言:"我们的权利的理论基础来自个人的自由与自治,并且反

---

① 柳砚涛:《行政给付研究》,山东人民出版社 2006 年版,第 197 页。

② 陈新民:《德国公法学基础理论》(上册),山东人民出版社 2001 年版,第 189 页。

过来支持个人自由与自治，而不是要求社会为个人提供社会所不能提供的东西。"①

（三）消极地位下对自由权的妨害排除请求权

如果人民身份仅以义务主体即戛然而止，就会形成一种困惑：如何防止这种单方面的公权力实施不会伤及无辜，进而侵害人民权益？又如何保证这种公权力的来源正当且发动及时呢？如果要对中国的行政法制进程做出一个阶段性评价的话，可以说我们现在所付出的精力，绝大部分都用于如何扩大公权力的范围，建立更多的义务与服从关系之上了。

消极之身份开始产生最为基础的主观公权利——自由权！人人生来自由，在强调权利推定的法治社会基础之上，人民享有了对公权力超越公共利益范畴进而损害个人利益的行为的对抗权利——妨害排除的请求权。之所以称之为消极，其内涵在于这些行政侵权行为并非由受害人发动，更不可能是基于受害人的请求，而是以行政机关"积极"滥用权力为表征的。人民在此处于消极的受害者地位，进而享有对行政侵权行为进行反抗的主观公权利。在这里，实施侵害的主体是公权力机关，实施侵害的方式是违背法律、超越公共利益的诉求侵害个人权益，受到侵害的客体是自由，包括财产自由、人身自由、人格自由、非法定禁止的行为自由等。而行使自由权维系的方式便是：提出妨害排除的请求权——行政救济。

如果说我国行政法实务界尚处于第一种将人民视为服从义务主体的角色的话，那么我国行政法学界和立法者已经日趋向着第

① ［美］L. 亨金：《权利的时代》，信春鹰等译，知识出版社 1997 年版，第 56 页以下。

二种公民身份的目标进发。诸如排除妨害、防止公权侵害、禁止滥用权力从本质而言都必须从对行政权进行控制和限制的角度进行。毕竟只要达到对行政权的有效控制,强调权力法定,则无疑可以划分出行政权的禁区。值得注意的是,即使是从这里开始,主观公权利仍然是一种最初级的权利形态。它受制于客观法的限制,从实践来看,问题的关键往往不在于权力法定,行政权的行使方式纷繁复杂,种类繁多,立法尚不可能及时对绝大多数的权力进行归纳控制,却又不能过分抹杀行政权的主观能动性。权力法定中的"法"也往往因为广义角度的理解,于是成为另一种意义上"权力权定"的恶性循环。对于上述情形,由职权法定、越权无效、法律优先与法律保留所构成的行政法定原则①可以在一定层面上起到控制行政权的功用。

然而,行政法定原则对处于最低位阶的规范性文件——行政规则的约束显得仍然较为单薄。行政规则在行政诉讼中的效力尽管并不稳定,甚至不能被作为定案的依据。但是,绝大部分的行政案件或者是涉及行政行为的民商事案件中,当事人举出的最有力的证据恰恰是最低位阶等级上的一份文件。

因此,唯有强调人民对公产使用的主观公权利才能弥补公产给付法律关系的失衡局面,使公产管理机关肆意设定"公共利益"并借机牟取权力化利益的行为,得到人民权利的监督与控告,进而避免公权力内部监督的延迟性甚至是通融性,保障公民对公产的自由使用权。

这种以自由权身份出现的主观公权利仍然处于一种消极地

---

① 参见周佑勇:《行政法基本原则研究》,武汉大学出版社2005年版,第166页。

位,只有出现公产支配权遭到滥用,如不顾人民私益设置公产损害人民利益,或者在公产管理中肆意添附人民义务,或者未尽到管理职责导致公产致害等情形下,人民基于自己的合法权益受损,才能主张妨害排除权。但需要说明的是,人民权益受损对于侵权行为而言是消极的,但从权利主张的角度而言,人民的身份是主动的,请求权的内涵也证明了这一点。

总而言之,主观公权利在公民消极身份上的存在,能够帮助我们对抗行政侵权行为的伤害,这是作为已经作出权利和利益让渡的公民所享有的最为基础的集合权利。在公产给付制度上,这种权利的存在,可以监控行政机关的公产设置的合法性,可以监督公产管理机关管理行为的正当性。一言以蔽之,承认这种主观公权利的价值在于保护人民对公产利用的基本自由不受公产支配权之伤害。

(四)积极地位下的受益权

那么是不是只需要赋予人民以自由权为内涵的主观公权利就能够完整地调控公产给付制度呢?实际上绝大多数的行政法研究到此也就自告终结。从目前的公产制度实践来看并非乐观。只有利益的损害达到“切肤之痛”的程度,人民才有所行动。这种状态在公产给付制度中存在得尤其明显。行政机关如何设置公产,如何管理公产,于老百姓而言,都是“事不关己高高挂起”,“有则用,无则忍”是对处于消极公产给付地位的人民地位的形象表征。

可见,主观公权利的存在价值,无疑应当处于行政法体系的核心地位。也许,从控权论、限权论的角度而言,只要设置行政权的禁区,即可明确相对人的权利范围,但这样做是否就一定能够达到目的呢?暂且不谈对行政权设置禁区有多么的困难,仅仅这种由权力推导权利的思维就值得推敲。

显然,仅仅承认上述以消极身份存在的自由权不受侵害就能够保证行政法制的和谐存在,进而保证公产利用的最大诉求显然是不可能完成的任务。因为倘若如此,我们就可做出推断,人民的权利是行政机关公权力的反射利益,只有公权力发动造成人民私人利益的损害,主观公权利方可产生。如果行政机关根本就没有实施权力,或者权力实施的利益对象是出于漏斗效应上方的行政利益而尚未涉及个人利益损害的话,公民主观公权利是否就并不存在或者不能及时发动呢?这样的情形在公产给付制度中是大量存在的。前者如对特殊自然灾害的应对不力,对湖泊江河旁的安全设施的疏于设置,对违章占道、违章建筑的行为的放纵。

反思之余,我们应当清楚地意识到,对于规制行政行为而言,从理想状态出发,也许恪守行政权的红线,就能够保证公民的私益不受侵害。然而在公产给付制度中,从公产本身的目标价值来看,要求行政权以消极的状态出现恰恰是对公产给付目的的违背。

换言之,在公产利用的权利体系之中,公民应当享有的权利,绝不仅仅是不受侵害的自由权,更多的是需要通过公产给付而获得实实在在的个人利益,从而实现公产给付所蕴含的分配公共利益的目标,完成从公共利益反哺个人利益的循环。如果说自由权的存在是保障公民既有的个人利益不受侵害的话,那么还需要有另外一种主观公权利的内涵来保障公民对公共利益分配的合理分享权,并且是获取实然利益配给的分享权。这便是主观公权利体系中处于最核心地位的权利——受益权!

受益权是从公民所处之"积极地位"上划分的主观公权利类型,它"系指国家承认及给予人民法律上之资格,可以为其个人之利益,请求透过国家之制度,藉国家之统治权力来达成其愿望之地位也”。[1]“在行政过程中，私人并不限于防御性地位，而且还立于积极地向国家、公共团体要求给付的地位。这可以称为受益性地位。”[2]人民凭借这种积极地位可以请求国家积极为一定给付，从而使某些个人利益得到公权力之协助满足。因此“这个地位使个人由法律所保障的权益，可以获得国家组织及实力之维护”。[3]从本质来看，受益权与消极地位上的自由权存在的最大差异在于，前者要求公权力的积极作为而后者则要求公权力的消极不为。

可以说，这种由公民对国家的“积极地位”进而产生的“受益权”，不仅体现了公民对国家不同以往的崭新法律地位，而且几乎涵盖整个主观公权利的制度外延。这也难怪在许多公法学者看来，受益权几乎就是公法权利的化身。[4]下面我们就从公民受益权的三种不同的衍生——对国家的保护请求权、对国家的受益请求权以及相应的权利斟酌请愿权——考察其折射于公产用益权之上的权利光辉。

1. 权利保护请求权

对国家的保护请求权，其适用的情形是针对第三方侵害行为的存在，也即直接的侵害主体并非行政主体本身，但行政主体负有对该

---

① 陈新民：《德国公法学基础理论》（下册），山东人民出版社2001年版，第693页以下。

② ［日］盐野宏：《行政法》，杨建顺译，法律出版社1999年版，第240页。

③ 陈新民：《德国公法学基础理论》（下册），山东人民出版社2001年版，第694页以下。

④ 在许多公法学者的论述中，我们都可以看到他们对受益权的界定几乎就是对完整的主观公权利的概括。如“受益权是人民为自己的利益，请求国家为一定行为的权利”。参见张载宇：《行政法要论》，台北，汉林出版社1977年版，第87页。又如“受益权乃指人民为了自己的利益，请求国家行使其统治权，为一定行为，从而享受其利益的权利”。参见管欧：《中国行政法总论》，台北，蓝星打字排版有限公司1981年版，第91页。

侵害行为进行干涉的规制行政职责。从这个角度而言，所有的行政机关的存在都对公民存在潜在的利益保护价值，也即公民对所有的行政机关的公权力都享有分享其保护利益的受益性。在公产给付制度中，这种形态的受益权是切实存在并具有重要意义的。例如，在民营化或者以私人财产设置公产的过程中，行政机关并非直接的公产给付者，也就是说这里存在公产设置权力与公产管理权力的分离，存在基于设置权对民营化公产或者私人公产管理行为的监管规制职责，以保障这些公产形态切实足额完成公产给付的任务，进而保障公民对这些公产给付方式的受益权。如果在上述公产形态的给付过程之中，出现民营机构或者私人公产管理者对公民分享公产给付的权益构成侵害，无论是基于应有之职责还是相对人的主张，这些监管机关都有职责进行纠正和惩治。

需要注意的是，这里的保护请求意愿并非指代行政监管行为的发动需要有相对人的主张在先，而是固有之职责在先，而所谓的保护请求则是指在利益已经受到损害或者利益损害可以预料已不可挽回的情况下，公民的最终主观公权利的体现。

2. 利益满足请求权

利益满足请求权，是指“仰赖行政活动而满足自己利益之请求权”，①作为公民积极实施的现代主观公权利分支中的重要组成部分，可以说其存在的价值以及运作的领域已经从早先之授益性行政转入独立的给付行政之中。这是因为给付行政尤其是公产给付的本质就是在现代社会公民难以仅凭自己的力量达到其生存与发展的幸福状态的现实条件下，行政权力运用国家之力以及各种物质资源，给予公民必要的物质帮助。在公产制度中，公产对于公民

① 王和雄：《论行政不作为之权利保护》，台北，三民书局1994年版，第46页。

而言，其最终目的便是使公民获得公法利益，因此，公产用益权无疑是对利益满足请求权的最直接诠释。

实际上，在探讨受益地位性质的发展与定位的历史过程中，我们不难发现，利益满足请求权究竟是主观公权利还是反射利益的涉及者的争论与公权理论的演进几乎如影随形。在第二次世界大战之前，对法律上利益（权利）的范围的解释是有严格限制的。例如，认为福利行政特别是扶贫行政是根据维持公共秩序和公众卫生的需要，由国家对贫民的恩惠性给付，国民因扶贫行政而得到的利益。受益权是法律考虑公共利益的结果而产生的反射性利益，绝对不能看作需要保护的国民权利。① 由此，公产给付的相对人在公产给付行政法律关系中的受益地位性质常常被作为被动接受恩赐的反射利益的涉及者看待。

然而，随着福利国家的兴起，人民不再单纯满足于对民主政治的参与，进而越来越多地需要从国家那里获得物质帮助与生存照顾，由此受益权获得主观公权利理论的重视。奥托·迈耶就曾指出：这种独特的公法权利与按照请求权的方式设定的参与权的区别主要在于其可支配性。人们对参与权只能是决定行使或不行使，人们在行使参与权之前是不会意识到其存在的。而这种独立出来的公法权利则相反，它从其形成之时就可由权利所有人支配。② 由此，"前述传统的解释论也随着时代的变化，特别是随着国民对行政依存度的增大，以及权利意识的提高，判例的解释态度也逐渐缓和"。③ 公民的身份也发展至可积极主动向行政主体主张自

---

① 参见杨建顺：《日本行政法通论》，中国法制出版社1998年版，第198页。

② 参见［德］奥托·迈耶：《德国行政法》，刘飞译，商务印书馆2002年版，第111以下。

③ 杨建顺：《日本行政法通论》，中国法制出版社1998年版，第199页。

身合法需求的权利享有者。反射利益在解释利益满足请求权的过程中已经逐步让位于主观公权利学说。

可见,如果我们把自由权的出现认为是标志着公民个体在公法上对国家独立人格的产生,使公民个体摆脱了封建统治体制下权力客体地位而成为公法上之法律主体的话,那么受益权获得主观公权利理论的认可则预示着公法关系将从传统的夜警模式下的命令与服从关系回归至以人为本的服务与合作的关系。公民的权利不再是隶属于行政权力的产物,而成为可以引导行政权力,甚至要求行政权力的实施满足公民公法利益的公法权利。由此以权力中心制的行政法理念开始朝着权利中心制的方向进化,服务型政府也随之产生。

作为整个主观公权利的核心内容,这种请求权的内涵就是"行政相对人通过行政主体的积极行为而获得各种利益及利益保障的权利。这些利益可以包括财产利益、人身利益和其他各种利益"。① "举凡一切关于最起码生活要求之权利,如生、老、病、死之抚恤照顾及儿童保健甚至房屋住宅之拥有,亦包括在这种权利之内。"②并且,随着公民对国家依赖的逐步增加,生存权已经不再是利益满足所关注的唯一目标,而以"合乎人类尊严之生活"③为内涵的发展权开始成为利益满足权、受益权,甚至整个主观公权利所注重的核心价值。

受益权不但是一种具体的权利,而且还是考察行政法现象的

---

① 方世荣:《论行政相对人》,中国政法大学出版社2000年版,第89页。

② 陈新民:《德国公法学基础理论》(下册),山东人民出版社2001年版,第694页。

③ 参见方世荣:《论行政相对人》,中国政法大学出版社2000年版,第90~93页。

一种新的视角。在行政法理论中，我们将行政主体向行政相对人给予一定利益的行政过程称为授益行政行为。① 这仅是从行政主体的角度对这一行政过程进行的界定，反映出传统行政法理论在思维本质上仍将给付行政作为行政主体向行政相对人的"施舍"，没有正视行政相对人的权利主体地位。其实给付行政的过程既是行政主体为一定授益行政行为的过程，也是行政相对人受益权予以实现的过程。以受益权的视角解读给付行政中的诸多现象，更能使分析过程和结果契合给付行政存在的原初目的，符合对行政相对人予以生存照顾的时代要求。

在公产制度中，公产作为国家公共财产的一种，必然蕴含了一定的财产价值，也必然包含了价值实现所体现的利益，但公产利益的实现目的与一般私有财产或者公产的另一种形态——国家资本——是不能等同的。私有财产和经营性财产都不排除其掌控者由此而获取收益的倾向，例如，公民可以将自己的财产交付给他人进行股票投资，所获得回报由双方共享，国家可以将公共财产的一部分以经营性投入的方式交付于国有企业，但并不能要求将由此而产生的全部资本受益全部上缴，而只能以股权收益或者税收的方式获取部分利益，剩余的利润则由企业自享。公产却不同，公产价值的实现是让人民获得实实在在的利益，也即受益性，即便某些公产本身具有增值或收益的特征，但所产生的额外利益也仅仅循环于公产内部，并未发生利益的分裂。② 换言之，公产收益只能作

① 授益行政行为就是指行政主体对相对人创设、确认权利或法律上之利益或免除其义务的行为，而与负担行政行为相对称。参见叶必丰：《行政法学》（修订版），武汉大学出版社 2003 年版，第 171～172 页。

② 如我国《文物保护法》第 10 条第 3 款规定：国有博物馆、纪念馆、文物保护单位等的事业性收入，专门用于文物保护，任何单位或者个人不得侵占、挪用。

为原有公产形态的附加价值而存在,它仍旧属于公产的一部分。

当然,随着国家公产给付责任的日趋繁重,给付程度的日趋加大,国家所承受的负担也不容忽视,公产给付的民营化因此随之产生并日趋广泛运用。在此过程之中,就存在对民营化运作而产生的公产利益的第三方分享问题。值得指出的是,在这个过程中,作为公产设置和对民营化公产管理的公产机关,绝对不能成为这种利益的分享者。

换言之,即使公产给付过程中,公民需要为其受益权付出一定的对价,那么这种对价要么成为民营公产的必要成本和有限收益,要么应当成为公产给付循环利益过程中的国家正规渠道的财政收入,无论怎样,一个透明的环境是保证公民享有用益权的必然途径。

(五)公产行政参与权的公权归属——以参政权为对照

在探讨上述主观公权利结构的过程中,我们并没有涉及作为主动地位的参政权与作为积极地位的受益权范畴之中的利益斟酌请求权,这并非我们的疏忽,而是认为,从行政法中公产利用角度,这两种权利的位置与归属是需要通过比较与分析从而加以修正的。

1. 公产行政参与权的公权归属

作为公法上的主观公权利,其起源之初便是以参政权作为核心内容的。有学者认为,真正的公法上的权利是从授予个人参与权开始的。由受委托者掌管国家事务,是为国家的利益——公共利益——而进行的。这对于更广的程度而言又必须顾及个人。个人利益对国家事务的进行有其要求。为了以权利的形式确保个人的上述利益,可以依据法律规定授予个人在国家活动中的参与权,以及对部分公共权力的控制力。① 此时，便存在参政权与参与权的混淆。然而，必须指出的是，同样是主观公权利，这种宪法上的参政权与行政法上的公权利——参与权——是有所不同的。参政权是指人民参与国家意思之形成，并由此而获得对国家之请求权，它并非请求国家权力之不行使或排除国家权力之侵害，而是"请求国家承认能为国家活动"之权利。② 行政参与权，是行政法正当性原则的要求，是指受行政权力运行结果影响的利害关系人有权参与行政权力的运行过程，表达自己的意见，并对行政权力运行结果的形成发挥有效作用。③

如果说参政权作为主观公权利的基本构成之一的话，那么行政参与权在主观公权利体系中的归属何在？行政参与权主要体现为一种程序权利，其目的在于监督行政主体的行为是否出于保障公共利益和个人利益安全的角度。其最终目的便是保护公民的个人自由不受侵害，且保障公共服务的价值最终使人民受益。在耶利内克的公权结构中，一个重大的缺陷就在于无法体现行政法中日渐受到重视的行政程序权，只有于此相关的利益斟酌请求权。利益斟酌请求权的本质是通过请愿的方式就"属于国家机关权限之事项，课以诚实处理之义务。例如，君主赦免请愿权、议会请愿权、向行政机关申请或以诉愿为目之请愿，等等"。从严格意义上，请愿权与行政程序权大相径庭，其更应当被视为公民宪法上的一

① 参见[德]奥托·迈耶：《德国行政法》，刘飞译，商务印书馆2002年版，第109页。

② 参见王和雄：《论行政不作为之权利保护》，台北，三民书局1994年版，第47页。

③ 参见周佑勇：《行政法原论》（第2版），中国方正出版社2005年版，第78页。

种自由权而非需要主张方可获得的权利。那么耶利内克为何不直接使用行政程序权或者宪法上的自由权呢？笔者认为，这是耶利内克所处的“人民依附与国家”造成的必然后果。在当代社会，各国宪法均已经承认请愿权作为公民自由权而存在，并赋予了详细的权利形态。例如，我国《宪法》第35条就规定了公民享有言论、出版、集会、结社、游行、示威的自由权。可见，随着行政法治进程的不断前行，我们有必要通过行政参与权改造利益斟酌请求权。

在实体法与程序法紧密结合的行政法部门法中，我们可以这样看待行政参与权，首先，它是依附于主观公权利而存在的，无论是在规制行政（涉及公民自由权）还是给付行政（涉及公民受益权）之中，参与权都是促使主观公权利得以实现的程序保障。其次，“在性质上，参与权乃公权的一种”。① 换言之，行政参与权本身也是主观公权利的组成部分，这对于处于积极地位的受益权而言尤为重要，毕竟，在规制行政触及公民自由权之时，人民行使参与权是消极的不得已而为之，而在受益权之中，无论是主张权利保护还是利益分享又或者是民意请愿，都是由人民主动发起的，而这也正是行政给付行为所欠缺的。由此，我们可以将其取代传统公权利结构之中的权利斟酌请求权，从而构成主观公权利框架中的独立一环。②

2. 参政权与参与权之区分

第一，参政权的实施主要是通过代议制度实现的，因此并非每

---

① 周佑勇：《行政法基本原则研究》，武汉大学出版社2005年版，第258页。

② 严格来讲，行政参与应当与行政公开以及行政回避并列为三大行政程序制度。但由于并不存在行政公开权与行政回避权的概念，因此在这里我们采取了广义上的行政参与权概念，毕竟行政公开与行政回避也是需要以公民参与行政程序的请求为基础发动的。

一位公民都能自始至终地进行所有决策;而参与权针对的是行政法制度,其是每一位公民在成为行政相对人时都可以享有并实施的权利。

第二,从利益构成来看,参政权的实施者可以对公共利益和个人利益的划分作出直接界定,以呈现民主集中决策的结论;而参与权的实施者却不能直接对公共利益和个人利益的划分作出直接界定,而只能通过行政程序获得知情权或者参加到公共利益决策的过程之中。由于行政公权力具有单方支配性和强制性,也出于对法安定性的考量,参与权主体的行为只能是非决策性的。这包括,要么对行政主体基于公共利益的既定行为进行评价,以体现民意;要么对行政主体的未尽行为要求发起其公共利益的决策,从而获得对公共利益的分享;要么提出救济,要求有权救济的主体对公共利益的既定划分进行裁决,以督促行政主体纠正其损害公共利益的行为或者履行公共服务的职责。一言以蔽之,参与权并不能让实施者直接界定公共利益的范围和实现途径,却可以在既定权力立法所确定的利益保护基础上启动行政程序,并对行政主体基于公共利益的行为进行评价、请求和要求有权机关裁断。

第三,从实现过程来看,参政权主要通过议会或者选举程序实现,而行政法上的参与权体现在参与行政立法、参与行政决策、参与行政救济之中,涵盖了从立法到执法再到救济的完整行政程序的参与过程。相应地,从权利的保障来看,参政权依靠宪法所赋予的救济途径来保障,而参与权依靠行政救济途径来保障。

3. 参政权与参与权之联系

其一,参政权和参与权同样来源于宪法,也都是民主参与的形态,只是对民主参与方式的不同,后者是一种直接民主制,而前者以代议制度为标志形成一种间接民主制。由于间接民主制是对民主妥协的结果，在其实际运行过程中也存在诸多弊端，为了弥补这一不足，直接民主制无疑成为民主制发展的重要内容。① 而行政参与权恰恰是间接民主参政权的重要体现。② 主观公权利理论着眼于整个国家的公法制度，是对公民基本权利的具体化，因此，参政权与参与权被认为是同时赋予了宪法部门法与行政法部门法的不同公权上的功能。

其二，作为公民，民主参政权与行政参与权都是公民的主观公权利，尽管位处不同的层次，受不同的部门法管辖，但并不能因此就得出以主观公权利产生主观公权利的同语反复的逻辑思路。因为宪法原本就与行政法密不可分，随着民主制度的发展和民权意识的高涨，早期封建统治时代公法学者所关注的参政权已经逐步褪去其公权利的主观色彩，因为宪法制度的完善，使这些权利成为宪法明文记载的客观权利。当然，这并不能否认参政权的主观公权利本质，正如前面所谈到的，客观权利的来源正是主观公权利本身。在当代中国，我们决不能忽视对参政权这种主观公权利的存在。

其三，参与权与参政权之间也绝非不可逾越的鸿沟，前面谈到的参与权的体系也给予了参政权足够的介入空间。首先以对行政主体基于公共利益的主动界定——行政立法行为为例，现行行政诉讼法对行政立法和行政规则都没有审查的权力，司法权介入行政立法行为尚无法实现，仅仅依靠行政复议法中行政机关的自我反省也是远远不够的，那么民权机关的介入就显得及时且天经地

① 参见周叶中：《代议制度比较研究》，武汉大学出版社1995年版，第339页。

② 参见周佑勇：《行政法原论》（第2版），中国方正出版社2005年版，第78页。

义。从目前立法的角度来看,民权机关可以对所有的行政立法和行政规则进行审查与否决,问题的关键在于这种审查职能往往是通过主动形态实现的,被动审查由于欠缺发起程序的权利主体而往往无疾而终。实际上,从主观公权利的角度可以很好地解决这一难题,当公民通过参与权的行使无法阻止行政立法和行政规则的最终作出之时,或者认为行政立法与规则对公共利益和个人利益造成不利后果之时,即可行使参政权,要求其选举的民权机关对该公共利益的正当性进行衡量。

在公产给付制度中,有一个问题更容易说明参与权与参政权的结合,那便是公务用公产的设置与使用情况,公民的受益权如何体现?这里同样涉及公共利益与集团利益乃至个人利益的划分问题,毋庸置疑的是,行政机关滥用财政拨款将会导致公民负担的加重,诉讼制度无法很好地解决这个难题,因为这往往被视作一个典型的内部行政行为。绝大多数情况下,公民的行政参与权尚无法直接触及这层利益关系,公民只能通过有限的知情权获知,却无法以权利进行抗衡。那么受益权的保障依靠参政权实现和保障就显得尤为必要。毕竟公产给付的绝大部分来源(除去私人公产和捐赠)都是由权力机关决策的(并非直接的划拨主体,却是预决算的决策主体),参与权此时与参政权相结合,形成了要求质询和说明的主观公权利。而作为获得预决算的民选行政主体,是不能拒绝的。由此,参政权和参与权共同体现了对公产行政主支配权体的公权约束。

第二节　公产物权的二元化结构分析

一、公产物权的属性归纳——三类主体三种权属之间的复式关系

在上文中，我们分别探讨了公产的所有权归属与性质、公产物权效力的来源与属性，公产利用之中的用益物权属性。其实不难发现，整个公产制度中的权属并非如民法物权那么统一，而是呈现出三类主体和三种权属之间的复式法律关系。

（一）公产所有权——私法上的财产所有权

经过分析我们发现，在公有制之下，公产源于人民，并以国家所有权的形态为人民所共有。在我国现行法律体系之中，公产的取得无非有两种来源：其一，国家所有权状态下的国家财产的转化或投入；其二，私人所有权状态下个人财产的转化或投入。值得注意的是，上述财产作为行政法上的公产的起点，并非意味着财产所有权的取得，而是源于调整公产制度的公法规则对上述财产在行政法上的法律地位的确认和支配。换言之，上述财产在未经公法规则确认或设置之前，并不属于行政法上的公产而仍然是国家或私人所有的一般财产形态，并且接受民法中物权制度的平等对待与一体保护。当然，除了作为行政法上的公产以外，它们还可能作为国家的经营性财产被投入国有资产的运营和增值，作为个人的专属财产而被私人利用并获得收益。这些财产的利用形态，显然与行政法上的公产所具有的公用目的并不相同。

同时，由于社会主义公有制的基本经济制度的存在，我国物权制度的立法内容鲜明地展示了国家财产只能由国家所有，国务院作为最高行政机关享有代为国家履行所有权的职能，而其他行政主体并不具有对国家所有权直接行使处分的情形。唯有在以提供

给付方式的合目的处分与在获得国家法律法规授权且公产属性被废止之后的有限处分权。因此可以看出,即使公产由国家财产或者私人财产转化而来,其所有权状态并未发生改变,仍然处于作为私法的民法物权制度的静态保护之下。

正如德国学者 G. 平特纳所言,"公物正如同其他物质一样,可被行政取得以及转让,对此不存在公法特别规则。对公物的所谓采购方式和转让,依照民法进行"。① 所以,公产在所有权的状态下受到的与一般民法所有权不同的限制,并非说明公产所有权属性发生了改变,而是由于支配公产的行政公权力的存在,才使公产得以持续、稳定、充分地供公民分享与利用。

总之,公产的所有权仍然是一种私法上的国家所有权或者个人所有权,享有这种权利的主体是作为所有权人的国家或者个人。即使在被设置为行政法上的公产之后,公产所附载的国家所有权或个人所有权仍旧与其他形态的物上所有权一样受私法中物权法的平等保护。对公产所有权在流转、处分上的限制来源于行政法上的支配权效力而非公产所有权本身。

(二)公产支配权——公法上的行政权力

公产是为满足公用目的需要,依据公法规则确立的,供公众使用或受益的财产。它不能仅仅依靠物的状态就达到供给的目的,而是需要国家通过行政权的方式促成公产价值的实现。那么,在公产由设置到提供公用的过程中,我们绝不能忽略在国家所有权之外,还有一种足以造就并影响公产法律性质的重要权属形态的存在——行政主体或者其他公产组织对公产所享有的公法上的支配权。

---

① [德]G. 平特纳:《德国普通行政法》,朱林译,中国政法大学出版社 1999 年版,第 175 页。

公产支配权是指管领公产的行政机关或组织运用行政权力、通过行政行为,从而实现对公产支配、设置和管理的权属总称。公产的支配权是一种区别于私法所有权的公法权力,它让所有权人在公用使用设定的存续期内不能享有其所有权的全部权能,因而实际上是一种优先于所有权并排挤所有权的公共权力。① 同时,这种行政权力同时代表着行政主体所不可推卸的公产给付职责,使这种权力不得被随意放弃或者随意改变,从而取得约束第三人、约束公产所有权人、约束公产行政机关自身的法律效力。

公产支配权的享有者是公产组织,既包括行政主体也包括公营造物组织。具体而言,公产支配权制度有两个方面的内容:公产的设置权和公产的管理权。其中,公产设置权的行使着重于公产法律属性的确立,包括对公产的设置、流转(设置的变更)以及废止(设置的取消);公产的管理权着重于在公产存续期间为保障公共使用目的的实现而采取的各种管理权行为,主要包括公产的养护权,公产上的家主权与治安权。

总之,公产的支配权,是一种公法上的行政权力,享有这种权力的主体是公产行政主体。公产支配权既体现了国家授权行政主体对公产进行设置与支配并保障公产安全的法定职权,又体现了国家依托行政主体完成公共利益分配、实现公民分享公法利益的法定职责。

(三)公产用益权——公民的主观公法权利

公产用益权是指公众通过直接使用公产或因间接利用公产而获得利益满足的主观公法权利。如前所述,用益权的概念来源于

---

① 参见肖泽晟:《公物、公物法与公营造物》,载应松年主编:《当代中国行政法》,中国方正出版社 2005 年版,第 449 页。

民法的用益物权，即“在保持物的本质情况下对他人之物使用和收益的权利”。[①] 公产制度隶属公法范畴，公法上的用益权可以借鉴私法中的用益权，但其与民法上的物上用益物权存在本质差异。第一，在法律调整的问题上，相比后者前者优先受公法调整；第二，在用益权的内容上，公产用益权的“受益权”内涵与私法用益权的“收益权”存在本质区别，前者既可以体现为个人基本权利的满足，也可以体现为个人利益的消极获取，[②]而后者通常直接指向额外利益的积极获取；第三，公产用益权以自由使用和受益为原则，以排他的独占使用许可为例外，而私法用益权一般带有天生的排他性。可见，公产用益权并非一种私法上的物权，我们应当更多地从公法，尤其是行政法的角度看待公产用益权。

从对公产的横向与纵向的公共利益分析来看，公产体现了公共利益最终造福于人民的循环体系，同时体现了公民对公共利益享有公法上的利益分享权。用益权的主体只能是公民，行政机关尽管也享有对公务用公产的受益权，但其受益并非为了自己的利益，仍然应当以完成公务、让公民受益作为公务用公产的价值目标和判断标准。因此，我们必须注重公民对公务用公产的受益性，从而解决特许使用、间接使用或公务使用没有客观评价标准的难题。可见，公务使用是从行政主体的需要角度进行合理性评价，而受益权是从是否符合公众需要的角度进行评价，显然，后者才是公务使

① [德]鲁尔夫·柯努特尔等：《民法大全·学说汇纂·第七卷：用益权》，米健译，法律出版社1999年版，第1页。

② 所谓消极获取，是指由于公产的存在公民可以省却本应由个人承担的费用，如由于警察局的设立，公民获得安全保障就可不必额外购买安防设备；又如政府设立行政事务联合办公大厅，可使公民免受奔波之苦，进而减少公民办理行政事务的成本。

用的真正目的,前者不过是满足后者受益需要的手段而已,两者不可相提并论,更不可张冠李戴。此外,从公产用益权所具有的法律效力来看,它以宪法基本人权作为效力援引,其所具有的受益性应当被视作主观公权利体系中受益权在行政法上的具体化。于是公产用益权便具有了主观公权的独特属性。

总之,公产用益权,是一种由公民享有,以公产为标的的主观公权利。由此强调公产必须满足公众使用或受益的核心价值。

(四)传统一元化公产物权体系所带来的困惑

由于受到传统民法物权体系的影响,学界对公产物权的结构识别也是以自罗马时期以来的所有权中心制为参照的。这引发了公产物权结构两个方向的极端:一个极端在于,倘若将国家所有权视为公产物权的核心权利,容易使行政法上的公产与国家财产的私法形态相混同,从而无法合理解释行政法公产所具有的与其他私法财产所不同的物权行为限制。更为关键的是,以国家所有权为主导的公产给付思想,仍旧停留在国家用自己的财产施舍人民的观念之上,人民可能被过分附加利用公产的公法义务,且很难通过主张权利的方式要求所需要的公产给付与受益。另一个极端在于,如果突破国家所有权的界限,而由公产行政主体作为公产所有权的归属者,这既违背了公有制的基本经济制度,也容易使具有所有权与支配权双重身份的公产行政主体滥用所有权,而将大量的公共利益转化为行政主体的部门特权利益,使人民对公产利用价值的企盼与分享权成为行政权力的掌上玩物。因此,以所有权中心主义来定位公产的核心权利,进而引申出用益权的观点已经不符合当代公产制度的需要,无法体现近代行政法所追求的给付型、服务型政府的角色转变。这就对我们提出了必须对其进行公法上特殊改造的要求。这将"有助于实现公物管理权、公物使用权、公物上的私权

(物权)的和谐共处,共同增进公物公用效果的目标”。①

二、公产物权二元化结构理论的建构

既然在公产物权体系中,每一种独立的公产物权形态都具有自己独特的主体归属与权利(权力)属性,那么在传统物权理念的所有权中心制所造成的公产物权结构诸多混乱与困惑面前,唯有尝试革新方能厘清这种更为复杂的物权结构,进而为公产得到更好的利用夯实理论基础。

(一)民法物权所有权与利用权的相互分离所带来的启迪

实际上,现代社会的财产问题,集中表现于财产归属与财产利用两大范畴。这一事实为学者不同的表述所认可。② 因此,即使在以研究物权制度为己任的民商法学界,也不得不直面现实中的物权制度从所有权中心制朝着所有权与利用权相分离的方向前进,并承认“人们对物质资料的使用过程被划分为对法律上的物的所有和利用两大状态”。③ 而“两大法系有关财产的现代法律,都充分体现了以利用为中心的物权观念,传统的以所有权为中心的物权观点,已经被以物的利用为中心的现代物权观念所取代”。④

这种思想也为立法者部分接受,在当年《物权法》的制定过程中,对用益权与所有权的相对独立性的观点,也有相应的呈现。首先,虽然权利人依法可以将其享有的用益物权予以转让、抵押

---

① 杨解君、赖超超:《公物上的权利(力)构成——公法与私法的双重视点》,载《法律科学(西北政法学院学报)》2007 年第 4 期。

② 参见孟勤国:《物权二元结构论——中国物权制度的理论重构》(第 2 版),人民法院出版社 2004 年版,第 61 页。

③ 参见梁慧星主编:《中国物权法研究》,法律出版社 1998 年版,第 581 页。

④ 参见王利明:《物权法研究》,中国人民大学出版社 2002 年版,第 409 页。

等，但不具有对财产的所有权进行处分的权利。其次，用益物权还具有期限性，用益物权人必须根据法律的规定及合同的约定正确行使权利。最后，用益物权人应当保护和合理利用所有权人的不动产和动产，按照设定权利时约定的用途和使用方法利用所有权人的财产，不得损害所有权人的权益。此外，用益物权一经设立，便具有独立于所有权而存在的特性。所有权对物的支配力受到约束，所有权人不能干涉，也不能随意收回，或者妨碍用益物权人依法行使权利。用益物权具有对物的直接支配性和排他性，可以对抗所有第三人的侵害。①

在此基础上，已有物权法学者直接提出："以所有、所有权表述财产归属，以占有、占有权表述财产利用，所有权制度和占有权制度共同构成二元结构的物权制度。"②并进而主张："中国的物权制度，应是解决财产归属问题和财产利用问题的法律规范的综合，一个财产归属制度和财产利用制度组成的二元结构体系。"③当然，也有学者表露出一种担忧，认为强化利用权的观点，实际是绕开旧意识形态法学，扩大国有企业及其他所谓"公有制主体"的财产权利地位，和法律保护的一种有意义的呼声……但仍旧不能打破旧意识形态的束缚。④

实际上，民法学者们所遭遇的物权问题同样存在于公产物权制度中，甚至更为明显。如果说在民法物权制度之中的所有权与

① 参见全国人大常委会法制工作委员会民法室编：《中华人民共和国物权法条文说明、立法理由及相关规定》，北京大学出版社2007年版，第211~212页。

② 参见孟勤国：《占有概念的历史发展与中国占有制度》，载《中国社会科学》1993年第4期。

③ 孟勤国：《物权二元结构论——中国物权制度的理论重构》（第2版），人民法院出版社2004年版，第62页。

④ 参见孙宪忠：《中国物权法总论》，法律出版社2003年版，第20页。

利用权的二元化分离，是需要解决同属私法物权的所有权、用益权之间几千年以来的从属关系，并基于我国公有制的现状解决物权制度中存在的所有权与利用权之间无法调和的现实问题，“不得已而为之”的无奈之举的话，在公产物权制度中，由于同时涉及私法关系、宪法关系、内部行政关系、外部行政关系，且多种主体的不同权利(权力)属性交叉其中，那么显然没有私法物权体系之中单纯的物权脉络那么清晰。当然，这并非坏事，一脉相承的结果往往是惺惺相惜，而各司其职的结果却更容易割断原本就并不存在的纽带关系。因此，公产物权制度的二元化，尽管同样是为了解决目前公产制度存在的混乱局面，但更应当被视作一种必然的结果。

(二)公产物权二元化结构理论

公产物权是指基于公产而形成的各种权属的总称，从广义上来讲，公产物权制度包含了三个层次：其一，以调整公产所有权取得和废止后处分为核心的公产所有权制度；其二，为实现公产的公用目的而由公产行政主体享有的对公产设置、管理的公产支配权制度；其三，以实现公产利用价值为目的而由广大公众所享有的公产用益权制度。其中，后两种公产物权是在行政法上的公产给付行政关系中相对存在的，并构成狭义的公产物权制度，因为公法行政主体对公产的设置与管理不仅仅是一种权力，更是一种法定的行政给付义务，这种义务或职责的相对方，便是享有相应公产用益权的广大公民。

公产物权中各权属的性质与主体归属各不相同，形成了公法性质上的公权利(力)与私法性质上的私权并存的局面。[1] 德国行

---

[1] 参见杨解君、赖超超：《公物上的权利(力)构成——公法与私法的双重视点》，载《法律科学(西北政法学院学报)》2007年第4期。该文作者也察觉并探讨了公物之上存在的复杂权利(权力)关系。

政法中就存在类似“公物的二元结构”的理论雏形。[①] 德国学者奥托·迈耶认为：“今天的公共物权法原则上坚持私法财产，并把它与特别的、公法上的物的支配权（Sachherrschaft）相结合。这种公法上的物支配权是通过公用宣示而促成的。”[②]尽管在此迈耶尔并未意识到，与所有权相独立的，除了支配权以外，还有以主观公权利形式存在的公产用益权，但已经为我们提供了一个可供借鉴的新视角。笔者认为，行政法上的公产物权制度所调整的核心法律关系应当是作为公产支配者的公产组织和公产利用者的广大相对人之间形成的基于公产支配与分享而形成的给付法律关系，由此主张对公产物权应当采取二元化的调整方式。具体而言，公产所有权应当与公产的支配、用益权相互独立，呈二元化结构。所有权具有私法性，支配权、用益权具有公法性。公产法律属性的设置是行政权作用的结果，进而决定了公产价值的实现方式，也具备行政法上的法律效力。因此，以公产支配权、用益权为内容的狭义公产物权得以对抗公产所有权，形成与所有权一样的对世绝对权。任何人或组织都不得妨碍公产价值的实现，否则将受到公法的制裁。除非通过法定手段消除这种附加于财产之上的公产设置行为的效力，并给予受影响的用益权必要的弥补，否则国家所有权和私法所有权主体均不得通过行使所有权来阻碍公产价值的实现。

在此基础上，一方面，将公产的所有权与公产的支配权和用益权区分开来，使前者与后两种公产物权之间具有相对的独立性，并将除了公产所有权以外的其他公产物权而产生的法律关系归由行

① 参见应松年主编：《当代中国行政法》，中国方正出版社2005年版，第446页。

② ［德］米歇尔·施托莱斯：《德国公法史（1800－1914）》，雷勇译，法律出版社2007年版，第557页。

政法主要调整。另一方面，肯定并保护公产的国家所有权或私人所有权，否定公产组织擅自对公产进行目的外处分。将公产的所有权取得与目的外处分统一归由国家授权的部门和私有公产的私法所有权主体行使。同时强调上述两种所有权主体，不得通过行使所有权，妨碍公产组织对现有公产支配或者影响公众对现有公产的利用。将公产的所有权问题归于私法上的物权法调整，从而形成与其他所有权形态的一体平等保护。一言以蔽之，行政法上公产之“公”并非强调公产来源之“公有性”而是着重于公产给付之“公益性”。

公产物权的二元化理论可以通过图 5－2 明示。

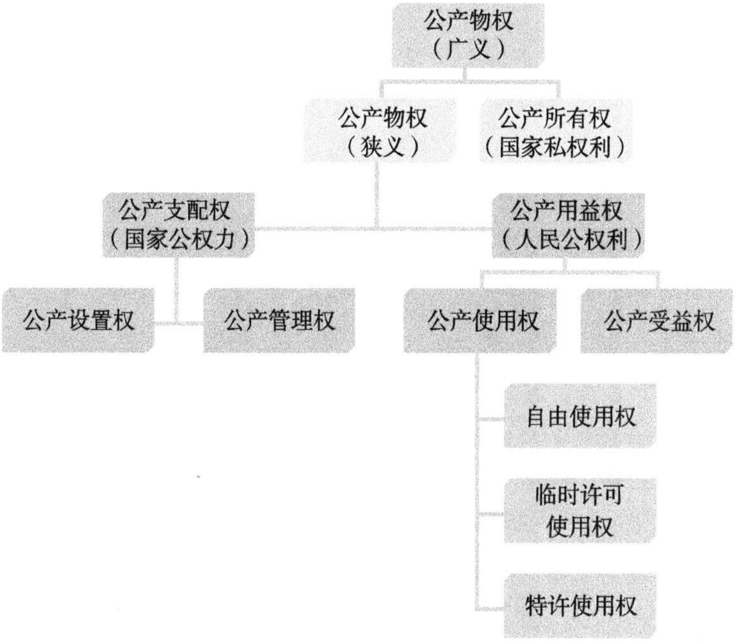

图 5－2　公产物权的二元化理论

（三）公产物权二元化结构理论的实践意义

公产物权的二元化结构，对于公产制度尤其是公产的利用具有以下理论与实践的重大意义。

第一，公产物权的二元化结构，突出了行政法部门下的公产制度所调整的特别社会关系，即公产组织与相对人之间给予公产支配与利用而形成的行政法律关系，这也体现了行政法的独特调整对象——公共利益与个人利益之间的关系。[①] 而公产所有权关系则应当由民商法部门下的物权制度予以具体调整。例如，国家对公产组织的财产的拍卖，私人对私有公产所享有的民法上的处分权等均属私法的调整范围。由此一方面体现出不同部门法对公产物权制度的专属调整功能；另一方面保障民法物权调整的一体性与平等性，避免在民法物权制度所规定的国家所有权之外可能出现受到“特别优待”这种所谓公法所有权的诡异现象。

第二，公产物权的二元化结构，将公产的所有权与支配权相分离，突出了公产支配权和用益权对于所有权的相对独立性。这样便可以解释为什么在对公产主张取得权与处分权时将受到如不可融通性等诸多限制。换言之，公产在处分时受到的限制，正是由于公产支配权和用益权具有相对的独立性，进而产生了足以对抗其他针对公产的所有权主张的行政法上的法律效力，这种效力一方面来源于公产设置的行政法效力；另一方面来源于公众对利用公产所形成的信赖保护效力。因此，如果公产的目的外处分权需要实现，就必须通过取消公产设置终止公产的支配权和用益权，使其恢复到静态的物上所有权状态之中，进而成为以私法方式处分的

① 参见叶必丰：《论部门法的划分》，载《法学评论》1996年第3期。

对象。正如日本学者所阐述的:“公物组织对公物的支配权,并不一定要求是以所有权存在为前提的。”①一言以蔽之,公产所获得的“特殊保护”并非来源于其具有的国家所有权状态,而是来源于公产属性本身,从而将行政法上的公产与另一种国家所有权状态——国有经营性资产相区分开来。

第三,公产物权的二元化结构,将公产的所有权主体与公产的支配权主体相互分离,那么即可否定公产行政主体对公产的所有权,而仅仅将其界定为一种履行公产给付职责的主体。一方面保障公产行政主体积极主动地以合目的的处分方式履行职责;另一方面可以防止公产行政主体滥用公产处分权,导致对公产的损害或者对公民私人所有权的侵害,而将公产的目的外处分统一归由国家通过法律授权的机关享有。此外,也并不因为所有权与支配权的关联而使私有公产的私法所有权主体丧失依所有权进行民事处分的可能。

第四,公产物权的二元化结构,促成了狭义的公产物权体系中法律关系的简单化与明了化。由此在淡化公产所有权观点的同时,强调公民对公产的用益物权所具有的主观公权利法律效力,使人民不必过多地直面国家财产所带来的威慑力,在遵守法律的前提下,自由平等地利用公产获得对公共利益的分享。同时,公民所享有的公产用益权,也得以越过掌控公产行政主体的无端呵斥(通常以国家财产不容随意侵犯为由),进而产生引导公权力勉力履行职责的效果。

第五,公产物权的二元化结构,可以理顺国内法的财产法体系,从而催生严谨而有序的统一公产框架的形成,以此对公产体系

① [日]盐野宏:《行政法》,杨建顺译,法律出版社1999年版,第751页。

的全局进行重新的梳理，使国有财产、国有资产、行政法公产以及其他公产形态规范并存。

第六，公产物权的二元化结构，可以扩大公产给付的来源，丰富公产给付的手段。公产所有权不再是公产制度所关注的重心，国有资产与其他私人资产都可以经过支配权设置而参与到各种公产给付方式之中，由此促进了公私合营或者以 BOT 方式构建的私营公产的大量涌现。特别是在当前，随着我国经济与社会的高速发展，社会成员对公产尤其是医疗卫生、教育事业、住房保障等方面的需求日趋旺盛，传统公产制度中主要以有限的国家资产作为来源的"公立""公办"等形式的公产给付手段显然已经捉襟见肘。此时，公产物权的二元化理论可以引导政府改变以往对私营经济的看法，通过合营或改制政策，吸引大量的民营资本投入公产给付制度中，用这些新鲜的血液补充国有公产的短缺和遗漏，缓解传统"大包大揽"理念下政府的沉重财政负担，并丰富公产给付的手段。当然公产物权的二元化在忽略公产所有权来源的同时更加强调政府运用公产支配权保护公民用益物权的行政职责，公产民营化也绝非意味着公产的产业化。[①] 政府应当建立完善的监管机制以确保民营性公产的基本公益性。这并非完全堵塞民营资本的营利性取向，而是主张民营性公产应当和国有公产一样以满足社会成员的基本公产分享为主要诉求，但民营性公产可以同时通过其他非公用目的性的服务手段满足社会成员更高层次的

① 笔者认为，各种所谓教育产业化、医疗产业化的称谓是对公产公益属性的误读和违背，民营资本的介入应当被视为一种公共事业社会化的必然趋势，而非全盘否定其公益性特征。

服务需求。①

三、统一公产框架的建立

(一)公产与公物概念的合理并存

长期以来,国内学界对于以“物”还是“财产”构建我国的公产制度屡有争端。由于法国与德国的公物(公产)制度存在显著的区别,国内学者的观点也基本上分为三种学说,“公产学说”认为,对于财产的研究本身就已经囊括了对于物的研究,何况,从我国的理解以及实定法上关于“公共财产”等的表述来看,行政法上将公产作为一种财产来研究,所包含的范围更广,更有利于展开对行政法上的公产的讨论。持相反观点的公物学说则认为:公物侧重于财产的物化形态,公产则侧重于财产的权属内涵,因而主张使用公物概念。第三种学说为“平行说”,认为尽管国家公产在法国与日德所用的称谓不同,但“二者含义并无不同”。

上述第一种与第二种学说的解读角度虽略有不同,但均自成一格。前者立足于我国传统的公共财产理念,但其视角主要是将国家所有权状态下的公共财产作为公产制度的主要研究对象,这

---

① 例如,在高校后勤社会化改革的过程中,已经出现民营经济大量涌入高校后勤服务的各个环节,此时,通过严格的监管制度,在确保以微利经营、保本经营满足学生对住宿、餐饮等基本公产需求的前提下,可以允许民营资本以其他途径如校园餐厅、宾馆等形式获得收益。这同时也可以丰富高校后勤服务的手段,满足不同层次的消费需求。同时,更需要我们关注的是,民营资本进入高校后勤领域,其管理效能和服务产出未必会形成“价高质次”。以同样的物力、人力、税收成本加之合规监管,民营资本的活力可能远比“自主经营”更有优势。参见李潇潇:《高校食堂涨价,不能让学生“吃不饱饭”》,载微信公众号“新京报快评”2021 年 8 月 13 日,https://mp. weixin. qq. com/s? __biz = MzA3NzMxNjQzMA = = &mid = 2650735968&idx = 2&sn = 90a138ead77de0a69fa4722531cc1c1f&chksm = 87584d41b02fc45712419c3f7b6ea52fdd2b44f0ead13c625daebba23bf6996f444496ccb182&scene = 27。

似乎模糊了行政法上公产的公用目的性特征。后者立足于财产的物化状态，但可能过分拘泥于有形物，而忽略了还有其他非有形公物之形态从而将这些物的形态排除在当代公产范畴之外。

实际上，"公产"和"公物"的概念分歧应当说是大陆法系两大行政法起源国——法国与德国的不同立法模式遗留给我们的困惑！众所皆知，在德国民法典中，采用的是物权而不是财产权的概念，由此在德国民法中建立了一个独立的制度，即物权法制度，并在此基础上形成了民法典的科学体系；在法国民法典中采纳了财产权这一概念，也同样建立起了一个相对完善且具有强烈历史传统性的财产权制度。中国作为深受大陆法系影响的国家，在借鉴的过程之中，也不可避免地出现无所适从的局面。这种情形，其实早在《物权法》的制定过程之中就已经显现。

我国私法学界在当初探讨关于是制定一部财产法还是制定一部物权法的问题上就存在巨大的争议。作为当年参与《物权法》及后续《民法典》物权篇立法的王利民教授就曾专门刊文指出："我国当前的物权立法仍然应当采纳物权而不是财产权的概念，我们应当制定一部物权法，而不应当制定一部所谓的财产权法。"①同时，私法学者中也不乏主张以财产法作为物权立法称谓的呼声。例如，有学者指出："物在财产中的比重已经很小，'物'又是一个缺乏弹性和延伸性的概念。如果以'物权'为起点立法，就会造成用于调整社会财富关系的基本法律却将社会财富的主要部分排除在外的结果。"②最终，2007 年的《物权法》立法者综合考虑了这两种观

① 王利民：《物权立法：采纳物权还是财产权》，载《人民法院版》2001 年 8 月 27 日，第 5 版。

② 郑成思：《关于制定"财产法"而不是"物权法"的建议》，载《中国社会科学院要报（信息专版）》2001 年第 41 期。

点的利弊,形成我们看到的,无论是在当年的《物权法》还是在后续的《民法典》物权篇的立法中,尽管仍是将传统物权理论所指向的动产与不动产作为主线,但也从财产权的角度广泛吸纳了可能在其他法律规定中存在的法律规定“可以作为物权客体的权利”以弥补动产与不动产概念的盲区。

立法者在我国物权立法中对财产权与物权两大概念兼容并包的方式,值得我们借鉴。实际上,无论是德国法也好还是法国法也好,比较研究的最终结果还是需要与我国现有的国情相吻合。公产与公物概念从本质上绝非两种截然分立的概念。二者既存在共性又有相应之个性。其中,公产概念的含义更为广袤,既可以同时涵盖有形物与无形物,也可以涵盖其他具有物上价值的财产权利。同时,长期以来,在我国各种法律规定中,已经习惯使用国有财产、公共财产、国有资产等以财产为落脚点的术语,这种立法惯性映衬出公产概念尽管具有较为浓郁的国家所有权色彩,但已经在社会生活中以及社会公众的思维中形成了根深蒂固的影响。因此,在行政给付制度中,应当强化狭义上的公产在国家公共财产体系中的突出地位,强化“行政法上的公产”这一概念,防止思维惯性造成将行政法上的公产与国有资产、国有资本等其他国家所有权财产形态的混同,甚至形成将私有财产提供公用的财产也认为是国有财产的误读。

可见,公产概念在我国,应更多地衍生于给付行政制度之中。社会生活之中人们对公产的识别,少却了对所有权来源的追诉,更侧重于“可供人民使用的财产”思维形态。事实上,行政法上的财产存续,原本就不在于追求所有权的安全性,而是以实现财产公共利用价值、满足人民用益权需求为己任的。因此,采用公产概念更能凸显这种行政法中特殊财产的公用与公益属性,更加侧重于对这种公法上的特殊财产进行合法的支配与合理的利用。此外,采取公产概念将突破传统公物概念受限于有形物的传统观点，将其引申到其他无形财产或财产权利之中。

总而言之，尽管公产与公物具有不同的侧重点与不同的社会认知角度，但他们并非处于非此即彼的对立局面。我们可以在公产物权二元化结构理论的引导下，以区分不同法律地位的国家财产为目的，构建一个符合我国法制渊源和所有制形态，并完整涵盖行政法公产利用特征的财产框架，以求充分体现公产与公物两者的共性，进而在淡化公产的所有权特性的同时强化其用益权特性，最终使公产与公物概念合理共存，避免概念混乱可能导致的理论混乱和制度混乱。

（二）构建统一公产框架的尝试

实际上，行政法上公产的主要来源是国家公共财产，但公共财产并非只有行政法公产一种形态，而是呈现出不同利用目的的多元化。如图5－3所示。

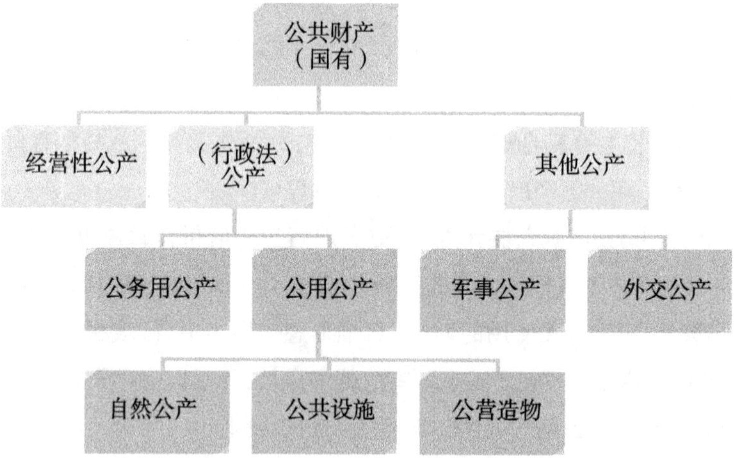

图5－3 公共财产的各种形态

(三)统一公产框架的理论解析

统一公产框架中的公共财产是指最广义之上国家所拥有的全部财产。在我国公有制基本经济制度之中,按照《宪法》第12条之规定,公共财产包括全民所有的国有财产和集体所有财产。基于《宪法》和我国物权制度的立法精神,我们本应将集体财产置于和国有公产相并列之地位上,以区分集体所有制与全民所有制下的财产权内容和相应法律调整手段上的差异。然而,集体财产如果需要转化为国有财产进而设置为公产,则需要经过法定的征收行政程序。因此,在统一公产框架中,集体财产并无体现的必要。① 但在具体实践中,如能突破集体财产的集体内利用属性,则其将具有私有公产的同等的巨大利用价值。

一般而言,公产的来源主要包括两个渠道:其一,通过公法上的利益集合方式从私人财产或集体财产中获取,主要是通过税收行政的方式,如税收、征收和行政事业性收费等。当然,规制行政与刑罚处罚也可以成为非正式形态下的公产获得方式:如行政法上的罚款与没收以及刑法上的没收财产、罚金等。其二,通过私法主体身份取得公产。主要包括:以财政公产获取的利益,如国有企业的股权收入和国有资产的增值;以民法上财产权获得利益,如对无主财产的取得;又或者是以法律直接规定属于国家专有的方式获取的财产,如矿产、土地等自然资源。探究公产来源的重要意义在于说明"公权力应服务于人民的重要理论,它揭示公产的实质是人民作为国家肌体的血库而存在的事实,基于此,任何行政公权力

---

① 实际上,用集体所有权下的财产设置仅附载公民用益权的公产形态是可行的,例如,在城市周边村落的集体闲置土地上修建供城市打工人群居住的廉租屋等。当然,由于集体财产的受益性目标群体是有限制的,因此仍需理论上的进一步论证与解读。

行使者都无权呵斥人民的呻吟”。[①] 这将有助于我们更深入地理解行政法公产给付的意义。

统一公产框架之中的公产属于静态意义上的公产形态，所谓静态是指此时的公产只是处于国家所有权的状态之下，尚未被加附占有和使用等用益权的内容。强调这种静态意义上之公产形态的目的在于，此时的公产所有权状态与其他集体所有财产、私人所有财产一样受到法律的平等保护，而得以对抗财产侵害。特别是当其处于不同的用益物权状态之下时，这种静态意义上的公产国家所有权形态一般都不会发生改变。如果经营性公产的所有权变更，在发生国有资产转移的情况下，也由物权制度和国有财产制度进行调整或干涉。

如果说静态意义上的公产形态强调的是公产的所有权，那么处于统一公产框架第二位阶之中的财政公产、行政公产和其他公产就属于动态意义上的公产形态，它们分别被加附了不同的支配权或用益物权之内容。公产的用益物权内容是多种多样的：其一，当公产被作为国家私产进行投资和经营之时，其处于经营性公产的用益物权形态，由国有企业支配。用益权的目的在于使公产保值与增值，主要受民商法调整。其二，当公产被设置并投入公共给付之中时，其处于行政法公产的用益权形态，由公产行政主体支配，其目的就不再是公产的保值、增值，而是履行国家的给付行政责任，满足公众的使用和受益权需要，[②]因而主要受行政法的调整。其三，当公产被作为其他用益物权形态如作为军费或军事设施被

① 张树义：《变革与重构——改革背景下的中国行政法理念》，中国政法大学出版社2002年版，第141页。

② 实际上，行政公产总体上处于一种被消耗的状态之中。

投入军队之中时，其由军队支配，而目的就在于维持军队建设、保障国防安全了，此时应当以军事特别法进行调整。

经过动态意义上的支配权与用益权附加之后，行政法公产才能以更多的具体形态如公务用公产、公共用公产而发散开来。此外，以私有财产通过公法设置的方式形成公产的情形也不容忽视，只不过同样在公产物权二元化的影响下，私有公产与上述框架所描述的所有权与利用权的分离局面基本相同。所以，私有公产在未经国有征收丧失所有权之前，是独立于统一公产框架之外的，但同样接受行政法的调整。

总之，统一公产框架的建立，是将静态的所有权制度与动态的用益权制度进行区分的结果，这也体现了对公产物权二元化结构的具体实践。由此，公产与行政公产各自都获得了与之特性相适应的法律地位。在此框架之下，既体现了公产国家所有权的统揽性，又体现了行政公产的相对独立性。同时也明确了行政公产、经营性公产与其他公产法律调整手段上的区别，进而为其他部门法如民商法、刑法探讨公产问题留下了足够的空间。值得说明的是，尽管统一公产框架理论只是我们的一种尝试，还有许多值得商榷之处，但面对目前国有财产所呈现的“现实情况”，我们仍希望能够以此为今后的“国有财产法”以及公产相关立法提供借鉴。

第六章　公产利用基本制度

第一节　公产利用之保障——公产支配权制度

公产支配权在公产形成、维系与灭失的整个过程中体现为一种概括性的管理权，既包含决定公产形成的公产设置权能、保障公产维系的公产养护权能，也包含决定公产灭失的公产废止权能，三种权能的衔接配合共同保障公产运营的良性发展，使公产利用成为可能。

一、公产的形成——公产设置法律制度

公产的设置是指使财产具备行政公产的法律属性，从而供公众使用或受益的特别制度。公产的设置权行使是公产得以存在并获得法律认可的必经环节，也是探讨公产管理和利用的前提性要件，因而受到行政法学界的特

别关注。国内学者一般认为，公产的设置原则上必须具备两个要素：一个是实体要素，即必须有供公共使用的公产实体存在；另一个是法律要素，即必须有供公共使用的行政主体的意思表示。① 公产的设置在日本被称为“公物的成立”，②在德国被称为“公物的命名”，③在法国，公产的设置被置于公产管理内容之中，被称为“公共使用目的的设定”。④ 与国内学者的不同之处在于，国外学者几乎都将公产设置的重心置于公产的法律要素上，并未过多关注公产的实体要素。他们将公产的设置视为一种法的行为形式，⑤某项财产只有在根据行为主体的意思确定为供公众使用或公务使用时才构成公物，否则就不属于公物。⑥

（一）公产设置的构成要件

第一，形式要件——具备提供公共使用的客观形态。公产设置的形式要件是指拟设置为公产的财产必须客观上具备可供公用的形态，如市民广场已经投入使用、公共桥梁已经竣工且验收合格、沙滩在退潮时能供人们漫步于上等。对于尚在施工的市民广场、验收不合格的公共桥梁、常年被海水淹没的土地因缺乏公用价值客观上不具备可供公用之形态。可供公用的形态既可能通过行政主体及公务受特许人的修缮或租赁、征用而获得，前者如保障性住房、公路的修建，后者如租赁私人楼宇作为政府办公楼、征用私

① 参见朱维究、王成栋主编：《一般行政法原理》，高等教育出版社 2005 年版，第 232 页。

② 参见［日］盐野宏：《行政法》，杨建顺译，法律出版社 1999 年版，第 758 页。

③ 参见［德］汉斯·J. 沃尔夫等：《行政法》（第 2 卷），高家伟译，商务印书馆 2002 年版，第 464 页。

④ 参见王名扬：《法国行政法》，中国政法大学出版社 1988 年版，第 318 页。

⑤ 参见［日］盐野宏：《行政法》，杨建顺译，法律出版社 1999 年版，第 759 页。

⑥ 参见王名扬：《法国行政法》，中国政法大学出版社 1988 年版，第 318 页。

人车辆追捕逃犯;也可能因财产的自然性质而直接获得可供公用之形态,如山间小河的流水、自然风景区等。值得注意的是,在公产设置中,应以其公用目的性的利用功能具有实现的可能确认具备客观形态,反之则可能给后续的公产利用带来极大的困扰。

第二,实质要件——由行政主体宣示提供公共使用的意思表示。与形式要件相比,实质要件处于核心地位。毕竟,客观上具备可供公用之形态,事实上也确实已为人民大众使用,然而未经行政主体提供公用只能算作“事实上的公产”,不受公产法调整。宣示提供公用的意思表示,需以行政主体取得处分权为必要,理由在于提供公用意味着财产所有人向“剩余财产权人”转变,这意味着财产所有人将承担于其不利的容忍义务,自当以其授权或追认为前提。对自有公产而言,行政主体作为财产所有人具有处分权自不待言;在他有公产的处分权问题上,行政主体在法律规范明确规定且补偿财产所有人的情形下得以单方行政行为之方式强制取得处分权,或在缺乏法律授权的情形下与财产所有人以行政合同之方式取得处分权。对处分权的有无对提供公用的意思表示有何影响这一问题,学界存在两种截然对立的观点:“无效说”的代表厄斯特·福斯多夫认为,无权限的公用开始行为不属于基于同意而作出的行政行为,而未得到当事人同意的行为通常属于无效;①“可撤销说”是近年来的通说,其指出是否取得处分权仅作为公用开始行为的合法要件,亦即未经所有权人同意的命名依然可以成立公产,命名只在所有权人诉请撤销时才归于无效。② 笔者认为,既然处分

① 参见[日]大桥洋一:《行政法学的结构性变革》,吕艳滨译,中国人民大学出版社 2008 年版,第 202~203 页。

② 参见[德]汉斯·J. 沃尔夫等:《行政法》(第 2 卷),高家伟译,商务印书馆 2002 年版,第 471 页。

权在性质上属于财产所有人的私权权能,那么赋予财产所有人自主决定处分权的让渡及其效果则更符合权利的本质,可撤销说更能体现对私权自治的尊重。

第三,程序要件——完成交付公共使用的事实状态。在德国行政法中,由行政主体宣示提供公用之意思表示的活动称为“命名”,完成交付公共使用的事实状态则为“命名”的生效要件,亦即公产的生效要件。典型例子如日本《都市公园法》《河川法》《道路法》所规定的公园预留地、河川预留地、道路预留地,这些尚未成为但即将成为公产的财产(即预定公产)以公产管理法的直接规定作为命名依据,其管理和处分虽然处于公共规制之下,然因“在外形上仍不具备公产使用的实体”①而不可能实际交付使用,故公产之法律地位并未真正生效。此外,公产附近居民等利害关系人可能因公产设置而遭受不利影响,如垃圾处理厂、公墓的修建将对附近居民的生活环境及内心感受产生消极影响;因道路施工而堆放物料、设置隔离栏,影响了附近居民的便利出行。遇有上述情形应事先公开公产设置的计划(选址、施工时间等)并举行听证活动,那么此处的“公开”“听证”是否作为公产设置的程序要件呢?此问题与“提供公用之行政主体需具备处分权”是一个道理,即两者均不作为公产设置的成立要件,而仅作为评价设置行为合法性的因素加以考虑。如果未经听证,那么公产附近居民得以撤销诉讼寻求救济。

(二)公产设置的具体方式

公产设置的具体方式包含六大类:其一,通过法律规范性文件

① 朱维究、王成栋主编:《一般行政法原理》,高等教育出版社2005年版,第227页。

直接予以设置,如制定针对特定公共设施的管理规则,但由于这种设立方式的程序较为复杂,因而在实践中运用较少。其二,通过具体行政行为的方式进行设置。这种设立方式,既可以通过明示的具体行政行为实现,如采取公告、通知的方式宣告某公众场所的开放,也可以通过默示具体行政行为的方式实现,如举行桥梁或火车站的建成剪彩仪式等。其三,通过事实行为的方式设置为公用。这种设立方式通常通过公众事实上的使用得以实现,如公路建成后车辆直接进入即表示设立完成。其四,根据特定事实状态的多年延续推定为提供公用。其五,通过合同方式设置为公用。例如,行政主体与私人订立租赁合同,租借后者的楼宇作为政府办公楼;个人向公共图书馆捐赠藏书,于赠与合同中特别约定藏书须提供公共使用。其六,根据习惯成立公产。追溯至古罗马时代,诸如海港等财产在观念上被认为继承自国家,但其永久性的使用则习惯于献给公众,如公众在海港游玩、航行、钓鱼等被理所当然地接受,海港的公产属性即因习惯而生。

值得注意的是,公产设置根据公产种类的不同也存在一定的区别。首先,对于自然公产而言,一般采取事实行为的设置方式,①而无须通过具体或抽象行政行为的认可,但如果对自然公产的使用可能破坏自然公产之原始状态,或者影响到其他使用人的权利,则需遵循法律的特别规定。如公众可以到湖泊中游泳,但不得随意向湖泊中倾倒垃圾或造成其他污染。其次,对于公务用公产而言,一般需要通过法定的登记手续方可获得公产的法律属性,如机

① 日本学者则认为自然公物无须设置即可归于公物。这种思路从公民原生权利的角度出发,但可能导致救济上的困难。参见[日]盐野宏:《行政法》,杨建顺译,法律出版社1999年版,第758页。

关购买的电脑、车辆等。但对于临时使用的公务用公产，如警察在追捕逃犯时临时征用的私人车辆，则只需以事实上的实际使用即宣告设置完成。当然，这种临时性的设置在公务完成之后即视为公产的废止，应当及时归还所有权人。最后，对于公共设施和公营造物而言，上述三种方式均可适用。①

随着当代行政法的发展，国家承担公产给付的范围不断扩大，程度也日趋加深。但随之而来的是政府负担的不断加重，仅仅依靠政府本身兴建各种公产设施已不再能完全满足社会发展的需要。在此情形下，通过政府采购与公私合作的方式设立公产已被视为大势所趋。其中，公私合作设立公产（BOT）更是被看成国家负担机制向市场的部分回归。所谓公产 BOT 制度，是指政府授予民间投资者以特许经营权，由民间负责募集资金进行建设（主要为不动产），在公产设置建成之后，于特许经营期限内通过向公产利用人收取一定的费用，收回投资和获取一定的利润回报，在设置及管理公产的过程中由政府给予一定的协助及提供优惠条件，民间机构（BOT 项目公司）在规定的营运期届满后，将该公产的所有权无偿转移给政府的公产设置制度。② 随着我国 BOT 的实际运用，目前还出现如 BOO、BLT、ROT 等一系列具有新的合作内涵的公私合作设置公产的推衍形态。

（三）公产设置的法律效果

一般而言，公产设置具有两个方面的法律效果：其一，在使用目的范围内剥夺所有权人对物的支配，即形成剩余财产权；其二，

---

① 公营造物的设置较为特殊，还需设置管理公营造物的相关组织机构。

② 参见肖泽晟：《公物、公物法与公营造物》，载应松年主编：《当代中国行政法》，中国方正出版社 2005 年版，第 456 页。

物体本身亦受使用目的约束而有所负担，即形成公共地役权。①

一方面，在公用目的范围内剥夺所有权人对物的支配，体现为以下具体情形：首先，占有权能受限。公产一旦确立，即由行政主体承担相应的公用目的维护工作，例如租用的政府办公楼由行政主体负责管护、征作公用的私人道路将由行政主体负责维修，公产所有人若主张对公产占有，须以不影响公用目的之发挥为限。其次，处分权能受限。这包含事实处分与法律处分的受限，前者体现为所有权人不能损害公产的物质形体，后者则要求所有权人向第三人转让公产时不得作出无公用负担的虚假承诺，事实上，误信虚假承诺的善意第三人取得公产后亦不能主张不受公用目的之限制。

另一方面，公产本身受公用目的的约束，呈现出与私物不同之诸多特性。首先，公产的融通性受限，仅在保证公用目的之范围内允许融通，而与融通性相关的问题即公产能否成为强制执行的标的，一般认为公产被强制执行也需以申请执行人接受公用目的的约束为前提。其次，公产不适用取得时效的规定。有学者对公产取得时效的相关学说作了归纳：②否定说认为只要没有政府明确废止公用的意思表示，公产便因公用目的之存续不能适用取得时效的规定；限制肯定说认为只要不影响公产之公用目的，原则上不排斥取得时效的规定；默示的公用废止说认为只要综合周围环境能够客观推断存在默示的公用废止意思，则取得时效适用于公产。笔者认为，默示的公用废止说与否定说具有逻辑相同点：默示公用

① 参见林锡尧：《行政法要义》，台北，元照出版公司2006年版，第559页。

② 参见侯宇：《行政法视野里的公物利用研究》，清华大学出版社2012年版，第39~42页。

废止前，排斥取得时效之适用；默示公用废止后，私物当然适用取得时效之规定。鉴于公用目的之保障需要，公产处在行政主体的持续支配之下，不可能存在他人公然、和平、善意、持久地占有公产；并且退一步讲，若上述占有状态已然形成，占有人因之取得公产所有权很可能破坏公用目的之存续。因此，除非占有人同时因时效取得公用负担，否则不适用取得时效的规定，即采限制肯定说。最后，公产被"征收"须符合一定条件。征收是指国家基于公共利益之考量，依照法律依据及法定程序取得私人或集体之财产的所有权或其他物权的活动，被征收财产所服务的利益发生由私向公的转变。然而，在"征收"公产的过程中，公产始终服务于公共利益，故其实质为公用目的之转换，决定转换的条件为新服务的公益比原服务的公益更为必要或重大。

二、公产的维系——公产管理法律制度

"管理"之含义极为广泛，严格来说，设置、维护、废止皆属此列。此处的"管理"特指在公产存续过程中，由公产支配权人实施的维护公用目的以及公产本身适于公用的一系列活动的总称。公产管理制度涉及公产管理人在公产存续期间为保障公用目的之实现而采取的各种管理措施及活动。公产负有行政给付的公共使命，但是无论是自然公产还是人造公产，在大多数情况下都需要通过管理者的各种管理行为加强其行政给付目的之实现或者排除妨碍公产使用的各种行为，因此法律赋予了公产管理者以公法上的特别权利以维护公产的正常运作。

公产的管理主体通常由公产种类决定。其中，自然公产和大部分的人造公产由各单行法规定的专门行政机关负责管理，如林业局对森林的管理。值得注意的是，自然公产的管理权往往不是

由单独的机关享有,可能存在多个机关共同管理的情况。如对水资源有管理权的部门就包括水务局、航道局、环保局等。公共设施一般由设置公共设施的行政机关管理,公务用公产一般由占有和使用公产的行政机关管理,公营造物一般是由公营造物组织自己进行管理。负有管理权的行政机关可以将非权力性的管理事项委托给专业公司完成,如对城市公路、办公大楼的清扫。公营造物组织由于其身份的特殊性,其管理权的性质和内容也较为特别,对此,本书后续“公营造物组织特别研究”一节将有详细阐述。

公产管理权对于公产管理主体而言是一种公权力。随着当代世界各国日趋重视对公民生存照顾的责任,公众对公权力的给付效力产生更为强烈的期待,公共服务观念代替了公共权力观念,主观公权利取代了被动服从的义务。公权力不再仅是一种发号施令的权力,①同时应当被视作以维系公产给付持续与有效开展的行政职责。公产所提供的国家给付往往不只是为了满足公民的一时所需,而是为了满足公民生存与发展权的全方位、持续性的公共需求。公产管理权的维系公产给付的持续性和效率性职责显得尤为重要。公产的管理是公产给付中行政主体不可推卸的职责。

在国外行政法中,学者们不仅研究公产管理中有关公产保护的基本内容,还从相对人的角度出发研究公产的划界和公产的相邻权问题。② 在国内学界,学者们还提出了包括公产管理在内的公

① 参见[法]莱昂·狄骥:《宪法论》,钱克新译,商务印书馆1962年版,第8页。

② 参见朱维究、王成栋主编:《一般行政法原理》,高等教育出版社2005年版,第323~333页。

产储备制度的新思路,①这些独特的研究视角值得我们借鉴,但在本书中,我们还是针对公产管理权制度中的基本问题进行研究,即公产管理权中包含的三种基本制度。

(一)公产养护制度

公产的养护是指公产管理人从物质形态方面保障公产的存在,而使其处于能够满足公共使用的状态。它主要是为避免公产管理机关可能存在的疏忽而进行的保护。公产被设置后,通常处于两种状态,一种为消耗性的状态,如国家拨付之扶贫经费或专项助学资金。此时强调的是对这种状态下公产的妥善保管与合理支出,以避免其价值受到不必要的消耗。对这种公产的养护,通常是静态的,以不作为的方式(不得违法挪用)实现。另一种为持续性的状态,如自然公产、公共设施、公务用公产以及公营造物均属此类。所谓持续性是相对的,并非代表着其不被消耗,如公立医院中的医疗设备,城市中的公路,政府机关的车辆都经受着由自然力或人力造成的价值削减。对这种状态下公产的养护,强调的是保持其正常之使用状态,故而通常以作为的方式进行养护,如对破损路灯的维修和更新,对政府公车的养护,对路边行道树木的补栽等。严格而言,从公权力行使的角度来看,养护公物本身被视为非权力行为的一种,属于事实行为。② 公产管理人对公产必须尽充分的维护与注意义务,如果对公产不注意养护而导致使用人或者第三人损害的,则可认定其构成公产养护不作为违法,公产管理人因此需承担公法上的赔偿责任和行政责任。并且,对公产的养护费用,一般都被

---

① 参见朱维究、王成栋主编:《一般行政法原理》,高等教育出版社2005年版,第244页。

② 参见[日]盐野宏:《行政法》,杨建顺译,法律出版社1999年版,第769~770页。

列入政府财政预算,这不仅为公产的养护提供了财政保障,也为监督机关以财政监督的方式判别公产管理人养护职责的履行与否提供了途径。此外,公产管理人的养护行为通常直接与其提供公共服务的质量联系在一起,成为衡量相关行政工作成效的重要指标。

(二)公产家主权制度

行政法领域的"家主权"概念,来自德语中的 Verwaltungsrechtliches hausrecht 一词,在公产管理关系中,它主要是指公产主管机关为维护公产之正常利用,对不符合资格之使用者所得拒绝之权能。① 家主权作为公产管理人所特有的权力之一,可以用来排除可能对公产本身造成损害或者对公产管理权带来不利影响的使用人。这种对不符合资格的使用人的拒绝,一方面出于保护公产安全性的考虑;另一方面是出于其他有权使用人对公产正常使用的权利维护。家主权在公产管理权中属于一种原生的权利,既可以来源于法律,②也可以来源于行政机关拟定的行政规则(广义的行政立法),还可以来源于非行政机关的公产管理人(如公营造物组织的内部规则)。在后两种情况下,通常被认为是一种公产管理者的自力救济,其包含了公共安全等公共利益。③ 值得注意的是,家主权所针对的是有资格限制的公产,因而多半都是人造公产,对于供自由使用的自然公产而言,本身并无资格限制,因此不存在家主权的问题。与公产警察权相比,公产家主权仅具制止意义,不具惩戒意义。

① 参见林胜鹞:《行政法总论》,台北,三民书局1999年版,第276~277页。

② 如我国《公路法》第50条规定:"超过公路、公路桥梁、公路隧道或者汽车渡船的限载、限高、限宽、限长标准的车辆不得在有限定标准的公路、公路桥梁上或者公路隧道内行使,不得使用汽车渡船……"

③ 参见[日]盐野宏:《行政法》,杨建顺译,法律出版社1999年版,第770页。

（三）公产警察权制度

公产警察权又称公产治安权，是针对合乎利用资格的人，对不合乎利用方法的使用所进行的干预权能。[①] 公产警察权与家主权的最大区别在于，其一，两者所针对的对象不同，家主权针对的是不具备使用资格的相对人，这种相对人尚未进入公产的使用关系之中；而公产警察权针对的是具有使用资格的相对人，并且是对其进入公产使用关系后的公产使用权进行干预。其二，两者的权能属性不同，公产警察权直接来源于行政权，属于行政权中规制权的一种，通过这种权力，公产管理人可以对公产使用人进行处罚和强制，如对污染水源的当事人进行罚款或者对损坏公共设施的人强制其修复或赔偿；而家主权是一种原生权利，其来源于财产所有权支配人对第三人恶意影响的本能对抗，它只能排斥使用人而不能规制使用人的行为。除非有法律授权或者由行政机关直接实施时才属于行政权。如《文物保护法》第66条第2款规定："刻划、涂污或者损坏文物尚不严重的，或者损毁依照本法第十五条第一款规定设立的文物保护单位标志的，由公安机关或者文物所在单位给予警告，可以并处罚款。"此时的文物保护单位，就享有作为行政处罚主体而执行罚款的行政权力。

维持公产使用关系中公产价值形态的完整性并实现公产最大利用价值是公产警察权的最大特点，这种完整性包括保护使用关系中公产的物质完整和不被损害并避免被恶意侵占。通过警察权，公产管理人可以制定公产保管条例，对违反条例的人给予处罚，从而显示公产和行政主体的私产（财政公产），以及私人财

---

① 参见林胜鹞：《行政法总论》，台北，三民书局1999年版，第276~277页。

产不同的特殊地位。① 值得注意的是，与一般的治安警察权相比，公产警察权的目的是保持公产的物质形态的完整性，因此它和公产不可分离，具有财产权性质。而一般治安警察权的目的是维持社会秩序的安定，不具有财产权性质，因而可以同时保护公产或者私有财产。在某些情况下如在高速公路管理过程中，一般治安警察权与公产警察权是可以并存的。此外，公产警察权往往涉及对使用人私权益的处分，因此必须严格遵循行政法定原则的要求，即使是其制定的公产保管条例，也不得超越法律保留之范畴。在法定的治安权范围外，如出现对公产的不当使用，则应当寻求一般治安警察权的干预。与公产家主权相比，公产警察权具有制止与惩戒的双重意义，前者如采取强制措施，后者如实施行政处罚。

三、公产的灭失——公产废止法律制度

公产的废止是指使公产丧失其公产属性，并使其公共或公务使用效力终止的法律行为。在德国也被称为命名的终止。一般认为，公产的废止与公产的设置一样，是一种依靠行政权力实施的法律行为，只是具有与公产设置相反的法律效果。② 在法律没有特别规定时，公产的废止可以由设置公产的行政主体作出决定。至于废止的方式，根据情况可以采取明示的具体行政行为，也可以通过默示的行政行为，甚至还可以采取事实行为的方式废止公产。不过，以事实行为废止公产的方式可能由于被废止的公产失去管理而导致偶然进入的公众受到利益侵害。所以公产管

① 参见王名扬：《法国行政法》，中国政法大学出版社 1988 年版，第 337 页。
② 参见［日］盐野宏：《行政法》，杨建顺译，法律出版社 1999 年版，第 759 页。

理者应当采取相应的防范措施。值得注意的是,公产的暂停使用不能认为是公产的废止,通常是由于客观原因对公众用益权的临时中止。

(一)公产废止的原因

其一,自然废止,即公产的提供公用的使用价值已经消灭,从而引发公产法律属性的自然消失,而无须公产设置机关作出废止的意思表示。自然废止存在两种可能:第一,公产由于物质形态的消灭而被废止,如发放给灾区的救灾粮,由于灾民的食用而被消耗,又如公共图书馆因为台风而倒塌。第二,公产的物质形态尚存,但已失去可利用的价值。如公务机关报废的车辆、被消耗的办公用品就属此列。

其二,法定废止,是指公产仍然具有可使用的价值,但出于公共利益的需要,由公产设置机关作出废止的行政决定而使其丧失公产法律属性。例如,为拓宽公路、保障交通畅通而拆除公路两旁的绿化隔离带。这种废止由于涉及公共给付的取消,因此需有相应的法律依据并经过严格的法律程序。

(二)公产废止的具体方式

公产废止的具体方式大致包括4类:其一,通过具体行政行为的方式予以废止。既可以是明示方式,如通过公示的方式宣告公共码头的终止使用或者封闭某一条年久失修已无使用价值的铁路,也可以是默示方式,如要求公众到新的办公大楼办理行政事务,由此表示原办公大楼已不再使用。其二,通过事实行为的方式予以废止。如修建更方便的公共设施,使公众无须再使用之前的公共设施。其三,根据特定事实的多年延续而认定为默示废止。例如,公用道路事实上已非公用,且长时间无适当的管理,主管机关长时间未为表示，属默示公用废止。① 默示公用废止以公产在客观上不再或不能继续提供公用为前提，往往伴随有公产形体灭失的情形。其四，通过变更或终止合同的方式废止公用。例如，解除租赁私人楼宇作为政府办公楼的合同，此种废止公用不影响公产形体以私物姿态继续存在。

（三）公产废止的法律效果

公产废止的法律效果包括 4 个方面：其一，“剩余财产权”向完整所有权回归，所有权人将恢复对物的占有、使用、收益及处分权能，不再受公用目的之制约。其二，公产在融通性、取得时效、征收等诸方面的限制并不适用于私物，故公产废止后将恢复私物的本来属性。其三，公产管理权在一定期间内得以保留。例如，日本《道路法》第 92 条、第 93 条规定，道路公用禁止时，就其构成道路之不使用物件，该道路管理人应于一定期间内继续管理。② 其四，公产废止后物质形态的归属存在两种可能。一种情况是归还，这是专指私人所有权状态下的公产，如被公务机关临时征用的车辆、船舶，在被征用时属于公法支配下的公产，在不再具有公务使用的必要时，应当立即返还给原所有人。这种情况还包括由行政主体管领的私人物品，如侦破盗窃集团后，应当将已经完成证据采取工作的追回物品，返还给原所有人。另一种情况是国库收回，即将原来设定公共使用的公产恢复为国家所有的财政财产。

此外，在公产废止的实施过程中，还可能涉及公产处分的问题。所谓公产的处分，是指改变公产的所有权状态，一般特指将公

---

① 参见侯宇：《行政法视野里的公物利用研究》，清华大学出版社 2012 年版，第 59 页。

② 参见[日]原龙之助：《公物公营造物》，有斐阁 1984 年版，第 84 页。转引自侯宇：《行政法视野里的公物利用研究》，清华大学出版社 2012 年版，第 59 页。

产所有权转为私人所有。在法国行政法中就存在公产不能转让的基本原则,禁止公产在公共使用目的被废止前让渡其所有权。[①] 目前国内有学者基于行政机关对公产享有所有权的学说,认为行政机关有处分公产的权利,并将上述征用物的归还纳入公产处分的范畴之中。笔者认为,基于公产物权的二元化结构理论,公产的所有权只能属于国家或者私人。其中,支配国有公产的行政主体,除非被授权以合目的处分的方式完成公产给付,否则不享有直接处分权。只有在公产的法律属性被废止之后,方能按照目前我国《拍卖法》规定的公产统一拍卖制度进行处分。[②] 或者,按照《民法典》的相关规定,在经过审批后由法定的国有财产管理机关授权进行处分。这显然已经不再是对公产的处分而是属于公产废止后对国家财政公产的处分。在私有公产被废止后,行政机关负有归还被征用或支配的私有物的法定义务,而非享有任意处分权利。这种归还义务的存在,意味着财产已经丧失公产属性后对私产所有权的复原。[③]

---

① 参见王名扬:《法国行政法》,中国政法大学出版社 1988 年版,第 334 页。

② 《拍卖法》(2015 年修订)第 9 条规定:"国家行政机关依法没收的物品,充抵税款、罚款的物品和其他物品,按照国务院规定应当委托拍卖的,由财产所在地的省、自治区、直辖市的人民政府和设区的市的人民政府指定的拍卖人进行拍卖。拍卖由人民法院依法没收的物品,充抵罚金、罚款的物品以及无法返还的追回物品,适用前款规定。"我国《行政事业性国有资产管理条例》(2021 年颁布)也明确规定上述资产统一由国家所有,行政机关和事业单位只享有占有与使用权,在处分之时需履行严格的审批程序。由此看来,对包括公产在内的国有资产的处理权并非由占有组织享有。

③ 认定私人所有公产属性的丧失更多地应当从事实上而不是依靠行政机关的意思表示认定,即处于行政主体支配下的私人所有物,一旦不再具有公共使用的必要性就应当归还,否则,行政机关将凭借其处分权的延缓实施长期占有私人财产而导致公民财产权的损害。

第二节　公产利用之归宿——公产用益权制度

一、公产利用的基本原则

公产利用,即公众对其享有的公产用益权的行使。公产的用益权制度则是指公众对公产直接使用或者因此获得受益的法律制度的总称。上述公产的设置、管理、废止制度,都是从公产行政主体的角度而言,而公产的用益权制度则是从最终获取公产利用价值的相对人角度进行探讨。从公产制度的行政给付目的性来看,公产的用益权制度无疑处于整个公产权制度的核心,它保障了人们对行政给付"分享权"的实现,也体现了公产存在的最终价值。因为,"作为公众中一员的每一个人都有公众共用物使用权"。①

从满足公产用益性实现的权利内容区分,可以将公产利用分为直接使用和受益性使用。具体到公产的种类上,前者的对象一般是公共用公产,后者的对象一般是公务用公产。按照公众同时使用公产的相对人数量,可以分为集体的共同使用和个别的独占使用。前者的用益权主体具有非限定性,如公众都享有在公路上行走之权利;后者是特定用益权主体对某一部分公产的独占使用,如道路旁的冷饮摊。按照使用人是否按照公产本来目的使用,可以分为自由使用、临时独占使用和特许独占使用。其中,自由使用是无须许可的直接依照公产设置的目的一般使用,临时独占使用是指临时超越公产设置的目的而受到许可的使用,如在广场上举办音乐会,特别独占使用是一种持续性超越公产设置目的的独占

① 蔡守秋:《论公众共用物的法律保护》,载《河北法学》2012年第4期。

使用,由于具有排除其他人使用的延续性因而需经法律的特别许可。这种分类也是公产使用实现方式的基本分类。此外,公产用益权的实现方式还可以分为强制使用与自愿使用,一次性使用和持续性使用,有偿使用和无偿使用等。须注意的是,公产使用制度并非铁板一块,其不同实现方式之间并无绝对的界限,可以相互结合,如对城市停车场的独占使用就同时属于自由使用。

一般认为,在公产利用的过程中应当遵循如下三个原则:

第一,遵从公共目的和管理规范利用原则。这一原则是公产的用益权人与管理者都必须遵守的,其中,对于使用者而言必须遵从公产设置时所明确的公共使用目的,不得违反特定公产所承载的特定公共给付功能,亦不得任意排斥其他使用者的用益权,并且应当服从公产管理者根据其管理规范所提出的正当要求。例如,路口的红绿灯作为公产的功能是用以指示车辆、维系交通秩序的,用益权人显然不应超出上述功能利用红绿灯。又如,对交通工具的利用应仅以满足用益权人自身的合理需求为限,故不得超越自身的合理需求阻却他人对交通工具的正常利用。对于公产管理者而言,不仅需保障公产使用的合目的性,而且在行使管理权的过程中,不得肆意妨碍使用者对公产的合理与正常使用,更不得任意拒绝符合资格的使用人的正当要求。

第二,以稳定性的公产利用为原则,以不稳定性的公产利用为例外原则。公产利用的稳定性是指公众对公产行使用益权时应当具有可持续性,公产支配机关不得随意地更改和撤销公产利用的时效和方式。当然,根据公产的客观状况,因公共利益的需要,公产管理者可以根据公共目的的需要,依法单方面取消和改变公产的公用目的和利用方式。此时,由于公产用益权的公权利属性相比公产管理者具有的公权力属性而言,公权力行为具有行政法中的公定力,由此,公产利用人得推定该公权力行为的合法性,尊重并服从公产管理者的“家主权”行为。如果公产利用人认为自己受到了上述公产权力行为的侵害,可以寻求行政救济要求得到补偿。例如,当保障性住房因地震而处于危房状态,住房管理部门可要求居住者立即搬离,防止发生严重的后果。又如,在城市间的高速铁路通行后,铁道部门基于公共目的考量,为提高运行效率,在增加高速动车车次的同时适当减少低速普通列车车次,应被看作符合上述原则的行为。

第三,公产的最佳使用原则。公产是一种公共财产,发挥公产的最大效能是公产管理者的法定职责,但在满足公众对公产公共给付需要的同时,在特定情况下,公产管理者可以在不影响公产目的的范围内,利用公产获得合理的经济效益,并用这种收益扩大公产的公用程度。例如,公共图书馆在不影响读者使用的情况下可以开设咖啡厅、复印室等辅助性服务设施,并以获得的收益丰富图书馆的藏书数量。适用该原则时需要注意以下三个问题,其一,所扩大的公产利用功能或利用范围仍应符合公产设置时的公用目的性;换言之,所增加的功能应与公产的利用初衷基本衔接。其二,最佳使用原则的适用需遵循适度均衡的行政法原则,不得以最佳使用为理由,缩小或变相缩小公产的基本利用方式。其三,公产扩大化利用应秉承“利益内循环”的基本规则,即由于扩大公产利用功能所获取的受益应当主要用于维系公产的正常运行、养护及公共服务水平的提高,以及用于支付提供额外利用服务者的必要成本和正常盈利。尤其在公产利用处于被垄断状况之下时,要杜绝由于垄断所导致的公产利用中公用目的的异化,注重满足公产利用人的基本用益权需求。

二、公共用公产利用法律制度

（一）自由使用

自由使用又称为一般使用或者共同使用，是指一般公众不需要对公产享有任何特殊的权利，即可直接使用公产。① 自由使用除非法律有特别规定，依照社会的一般观念或者习惯行使，因而是公产利用中最常见的一种。如在城市公路上开车，在露天广场上散步等。行政主体一般不得对潜在的自由使用权人采取选择或禁止措施。

1. 自由使用的法律性质

自由使用的法律性质涉及公众能否在此种利用受到阻碍时寻求法律救济的问题。学界存在两种对立的看法：②一种为反射利益说。该说认为公产自由使用只是公产设立的反射利益，并非赋予使用人的一种权利，使用人在不妨碍的情况下可以平等地自由使用公产以增进其生活便利，因而自由使用不能对抗公产管理机关或第三人。另一种为权利说。此说认为"反射利益说"对自由使用状态下使用人受到的侵害不能提供救济途径，因此主张将自由使用设定为使用人的法律权利。该说认为使用人不再只是行政的客体，而是将使用人行政主体化，这有助于公产自由利用受到损害救济制度的形成。目前有4种理论基础支持这种学说：自由权理论、平等权理论、诉讼利益扩大理论以及公共信托理论。但大部分学者认为，这4种理论均存在偏颇之处。③ 目前较为一致的观点认

---

①　参见王名扬：《法国行政法》，中国政法大学出版社1988年版，第343页。

②　参见李惠宗：《公物法》，载翁岳生主编：《行政法》（上册），中国法制出版社2002年版，第484～487页。

③　参见朱维究、王成栋主编：《一般行政法原理》，高等教育出版社2005年版，第256～259页。

为,自由使用权属于公法的性质,但是否构成主观公权利并不能一概而论。例如在德国,学界就认为一般使用权是不完全的主观公权利。① 判断自由使用的法律性质可以以公产与公民自由使用之间的依赖程度为标准,以是否构成依赖性划分自由使用权存在与否,进而对其进行保护和救济。在本书中,我们还是将其视为一种主观公权利对待。

2. 自由使用的基本规则

按照大陆法系公产利用的一般性原理,自由使用传统上受三个基本规则的支配,即自由的使用、免费的使用和平等的使用。但随着时代的变迁,上述三个规则受到越来越多的限制。首先,对于自由使用原则而言,公产设置时的公用目的性已不再如早期那样宽泛,而是更为细致明确,相关公产使用的规则也日趋完善。如城市中的公路只能用于车辆的一般通行,不得在公路上进行晾晒或其他非目的性使用,否则视为违反公路公用目的。② 其次,对于免费使用原则而言,对全部公产的自由使用都不收取费用显然在目前很难达到,因此,采取以免费为原则,收费为例外的理念是对免费原则的必要补充。当然,对公产自由使用的收费应当控制在法定范围和必要的程度之内。③ 最后,对平等使用原则而言,一般认为,所谓平等不应当是不分情况的绝对平等,这种形式上的平等将导致实质上的不平等。应当是区别不同具体情况的实质平等,如

---

① [德]汉斯·J. 沃尔夫等:《行政法》(第2卷),高家伟译,商务印书馆2002年版,第496页。

② 如《公路法》(2017年修订)第51条即规定:"机动车制造厂和其他单位不得将公路作为检验机动车制动性能的试车场地。"

③ 如《公路法》(2017年修订)第六章就规定了"收费公路";《公共文化体育设施管理条例》(2003年颁行)第20条也规定:"公共文化体育设施管理单位提供服务可以适当收取费用,收费项目和标准应当经县级以上人民政府有关部门批准。"

对残疾人或老年人免除公交车票就是一例。

（二）许可使用

1. 临时许可使用

临时许可使用又称临时特别使用，是指公产使用人经过法定许可程序后，享有的对公产超出自由使用程度的临时使用权。由于这种使用已经影响到他人对公产的自由使用权，因此从维护其他使用者自由使用平等的原则出发，公产管理者必须"事先设定行为禁止，基于申请予以许可而解除该禁止的制度之下的使用"。[①]如在公路上设置卖报纸的摊位，在公路上举办马拉松比赛等。

临时许可使用的实现方式根据许可人的不同，可以分为基于公产管理者许可的使用和基于一般治安警察权的许可使用。前者可以通过正式许可的方式允许，如批准某公司在公园里举办大型车展，也可以通过非正式的许可，如通过售票的方式使公众得以进入大剧院或公共体育场。后者一般以明示的方式作出许可，如交管部门许可马拉松组织者的比赛申请，或颁发临时占道许可证。

一般认为，临时许可使用并不是形成性行为，即并未对相对人设置权利。它只是对不符合条件的使用人限制其权利的行使，对符合条件的使用人解除禁止或者限制，其实质是对自由使用附条件的超越性使用。因此它并不适用自由使用中的三项基本规则：其一，不适用自由使用原则。许可机关所许可的事项通常是预先设定好的，其范围、程度、方式、时间都不得超过许可的内容，并且许可机关可以根据公产使用过程中的具体情形随时终止临时使用。其二，不适用免费原则。由于临时许可使用必然影响其他公众的自由使用权，如在广场上举办大型商业演出就会影响其他公

① ［日］盐野宏：《行政法》，杨建顺译，法律出版社1999年版，第772页。

民对广场的使用,因此应当通过收费的方式限制临时许可使用的数量。但这种收费应当与临时许可使用行为对他人可能造成的影响程度相匹配,不能借助不合理收费过度限制使用人的权利。[①] 其三,不适用平等使用原则,公产管理者可以根据公产使用的现状对申请人进行挑选,但在同等条件下得遵循平等对待原则。

2. 特别许可使用

特别许可使用,又被称为特别独占使用或继续特别使用,是指公产管理者在特定的公产上,通过特别许可,为使用人单独设立的得以排除他人使用的特殊使用权。德国学者将处于这种使用权之下的公产称为"特别用物"。[②] 在法国行政法中,特别的独占使用是指公产设定的目的是供公众直接共同使用,但例外地设定独占使用,使用者根据行政主体给予的权利,单独占用公产的一部分。[③] 在日本行政法中,学者们也明确了特许使用的排他性利用性质,但也同时指出由于使用权的客体是公共用物,故其排他性是有限的。[④]

特别许可使用与自由使用相比具有显著的不同,前者具有排他性的独占特征,后者具有共用性,因此特别许可使用也不适用自由使用的三大原则。此外,特别许可使用权是一种法定权利,这与自由使用权的权属模糊性相比更容易获得救济。特别许可使用与临时许可使用的区别也很明显,一方面,前者是持续性的使用而后

① 例外的情况是,出于公益性而对公产的临时使用,应当以免费为原则,如慈善义演、义务献血等。

② 参见李惠宗:《公物法》,载翁岳生主编:《行政法》(上册),中国法制出版社2002年版,第480页。

③ 参见王名扬:《法国行政法》,中国政法大学出版社1988年版,第345页。

④ 参见[日]盐野宏:《行政法》,杨建顺译,法律出版社1999年版,第773页。

者是临时使用;另一方面,前者具有对其他使用人的使用权的排他性,而后者只是可能影响他人的自由使用。具体而言,根据权利取得方式的不同,可以将特别许可使用权分为以下两种形式:

第一,单方行政行为特别使用许可。特别使用许可权的来源是行政主体单方面做出的许可行为。这种特别许可的单方面性也决定了许可主体可以根据公共利益的考虑随时废除这种许可。并且,除非在许可文书中载明或者有法律的明文规定,许可机关的废除许可决定不需要在一定时间前进行事先通知。但如果这种对许可的废除作为一种制裁行为时,必须给予使用权人辩护的权利。可见,这种单方行政行为作出的特别许可使用权并不稳定,而且随着社会的发展,撤销许可的理由也日趋丰富,例如,目前在很多城市,就存在大量的企业专用铁路。许可机关就可以以某企业设置的专用铁路年久失修且阻碍公路交通为由,撤销之前作出的允许铺设铁路的许可,并要求其拆除铁路。当然除了许可机关撤销许可以外,还存在几种导致这种特别使用许可权终止的情形。例如,许可期满未能延展、许可决定附款中的解除条件实现、使用人放弃许可权、使用人死亡等。值得注意的是,无论何种方式造成此种特许使用权终止,原使用人都有义务拆除所修筑的建筑或设施,恢复公产的原状。当然,如果行政主体不要求拆除,这些建筑或设施就成为公产的一部分,从而具备了公产的属性。

第二,通过行政合同方式形成的特别使用许可。通过行政合同方式形成的特别使用许可权有两种形式:一种是公务特许合同,另一种是作为公产特许合同补充的独占特许合同。其中,公务特许一词来源于法国行政法,是指行政主体和其他私法主体签订合同,由后者以自己的经费和责任管理某种公务并自负盈亏。值得注意的是,公务特许行为尽管采取合同形式,但实质上是一种半合同性质半法规性质的混合行为,是一种性质特殊的行政合同。① 这是由于通过公务特许合同,行政机关将自己所管理的公产托付给私法组织管理,既是对后者使用公产的特别许可,又同时将公产所负载的公共给付职责转由后者承担。因此,需要通过合同规范使用人的公产职责。在我国也存在类似情况,如《公路法》第59条就规定了公路收费权的转让制度,并需要签订第61条所规定的转让收费权协议。

公产的独占特许合同,是行政主体与私人签订的,由私人例外地单独占用公共公产一部分的合同。② 这种合同经常作为公务特许合同的补充,但也可以独立存在。与后者的不同在于,订立独占特许合同的当事人一般是公产使用人的自然人,并且所强调的合同目的是对公产的排他独占使用,而非实现公务目的。这种特许使用权的取得方式在我国主要体现在公民有偿获得商品房土地使用权等情形。

(三)公共用公产利用的其他方式

1. 沿线居民的增强使用

依照德国行政法的观点,沿线居民对道路或水体的使用属一般使用的下位情形,是增强的一般使用。在公产设置时,沿线居民较其他使用人承担更多义务,如因道路施工而在沿线居民住宅前堆放物料、沿线居民受到施工时的噪声污染、公共建筑物影响沿线居民住宅的采光与通风等;在公产存续过程中,沿线居民将因公众

---

① 参见王名扬:《法国行政法》,中国政法大学出版社1988年版,第516页。

② 参见朱维究、王成栋主编:《一般行政法原理》,高等教育出版社2005年版,第269页。

使用公产而承担类似于公产所有人的容忍义务，如自然景区常年有大批游客前来观光，大量车流造成沿线居民呼吸的空气质量下降；在公产灭失时，沿线居民对公产的依赖使用表现得更为强烈，如深山部落对外唯一的公共道路因地震而中断，处在震区的沿线居民将面临生命、财产安全上的严重威胁。出于补偿上述特别牺牲的考虑，沿线居民应获得对公产的增强使用权，德国学者认为沿线居民的增强使用是对"供一般使用的公产享有不受妨害使用的主观公权利。但是，原则上不存在授予或维持沿线居民使用权的主观请求权"。① 亦即这是一种只有排除妨害请求权而无受益请求权及保护请求权的不完全主观公权利。

2. 目的外使用

日本行政法注重对目的外使用的研究，②这种使用方式是指在不妨害公共使用目的之前提下，公产管理者可以与第三人设定私法上的使用关系，许可后者对公产进行使用或者收益。如在机关建筑中开设私营的食堂或小卖部，或者在各种不动产公产之上设置广告牌等。一般认为这种使用是被允许的，且这种使用许可所构建的使用关系应当受到私法调整。但是，也应当对这种目的外使用进行必要的限制，防止公产组织利用公产资源获取非正当的利益或者妨碍公产的正常使用功能。值得注意的是，现实中大量繁衍的公车私用现象并不属于目的外使用的范畴。目的外使用尽管服务于私人目的，但仍以付出相应的对价为前提，体现为私人与作为"国库"出现的国家之间的私经济活动关系；公务人员利用公

---

① [德]汉斯·J. 沃尔夫等：《行政法》（第2卷），高家伟译，商务印书馆2002年版，第511页。

② 参见[日]盐野宏：《行政法》，杨建顺译，法律出版社1999年版，第778～780页。

车不是国库行政的结果，而是代表作为“公权力者”出现的国家在履行职责，两者之间是一种公务委托关系、公法上的监督与被监督关系，故不存在以对价换取私用的意思自治空间。

3. 共同使用与独占使用

法国行政法存在普通独占许可制度，[①]这种公产使用方式也称为正常独占使用，相对于特别独占使用的不同之处在于，后者所使用的公产，其正常使用方式是公众共同使用，独占使用是例外。而前者正好相反，它以公众对公产的独占使用为正常方式，将普通独占许可使用的公产的设置目的视为独占使用，如公墓的墓地、公共市场的摊位、保障性住房等。这种独占制度以有偿的独占使用与使用的正常性为原则，其中后一原则是指行政主体只能规定独占使用的条件，拒绝或终止不符合条件使用人的使用权，而不能自由拒绝或终止符合条件的使用人的正常使用。这种制度对于我国目前正在大力推进的公租房制度以及正处于日趋混乱状态之中的城市公墓管理制度都具有指导意义。

4. 私法使用

私法使用是指于公产之上设定私权，通常表现为使用公产以获取收益，这种使用仍以公用目的之保障为前提。私法使用的主体既可以是行政主体，如行政主体利用政府办公楼的空地划定停车场，将收取的停车费用作为财政财产投入政府办公楼的维护之中；也可以是一般公众，如公众在公共汽车上刊登广告、在公共图书馆内经营咖啡厅。私法使用有时候是难以判断的，正如前例中行政主体的私法使用，其与公众的私法使用虽以营利为共同点，但前者营利只是作为获取公产运营资金的手段而非目的，其最终仍

① 参见王名扬：《法国行政法》，中国政法大学出版社1988年版，第352页。

服务于公共利益,故不乏一定的公法色彩,简单将其纳入私法使用似有不当。在当前公产给付形式多样化的局面下,私法使用的范围不断扩大,界限也日趋模糊。但无论何种私法使用形式,仍需遵循公产利用中的最佳利用原则。

5. 习惯使用

习惯使用是指未经特许,仅依习惯承认特定人在公产上有特别利用权之情形。① 习惯使用要求这种利用状态长期持续以至于潜移默化为公众的普遍共识,如湖水可供附近居民饮用、可供农地灌溉。在对习惯权利予以尊重这一点上,习惯使用与沿线居民的增强使用如出一辙,但习惯使用在效果上等同于公产特许使用,属于完全的主观公权利,而沿线居民增强使用的性质处在一般使用与许可、特许使用之间,是不完全的主观公权利。

三、公务用公产利用法律制度

公务用公产是指直接供行政机关完成公务而使用的财产,如前所述,行政机关对公务用公产的使用从另一个角度来看是为了实现公众的受益权。因为从公务用公产的原始来源而言,公众才是公务用公产的供给者。因此公众理所应当享受行政机关提供的公共服务。无论是政府修建的办公大楼,还是政府所拥有的公务车辆、设备以及其他办公用具,人民是否受益应当是评价公务用公产价值实现的唯一标准。由此,政府建造不切实际的地标性形象工程或者过于豪华的办公大楼,甚至购买并不需要的昂贵设备等公产行为都是对公众受益权的侵犯。

① 参见李惠宗:《公物法》,载翁岳生主编:《行政法》(上册),中国法制出版社2002年版,第445页。

根据公务用公产的物质形态，我们可以将其简单划分为纯公务用物和可供公用之公务用物，对前者的使用是以排除行政机关内部人员以外的其他人为必要条件的，如警车、警具、枪械和制服等。而后者并不当然排除公众的使用，但也一般以公务目的为限，如办公大楼及其内部设施等。

一般认为，公务用公产可以由管理有关公务的行政机关使用，但并不排除在一定条件下可以被私人或受特许人使用。① 具体而言分为三种情况。

其一，行政机关使用。行政机关及其工作人员对公务用公产的使用，是最普遍的情况。共营造物组织对属于自己支配之下的公产以公务的目的使用也可以看作行政机关使用的扩展理解。值得注意的是，行政机关使用公务用公产，一般由法律文件或行政机关的内部规则制约，因而属于内部行政关系的范畴。特定的公务员并不能因为没有发放给他所需的公务用品而主张诉讼救济。

其二，公务受委托人使用。行政公务除了由行政机关执行外，还可以由受委托人执行。此时，行政机关一般允许受委托人使用公务用公产。这种使用与公用公产的特许使用并不一样，要求委托人的使用必须与公务用公产所要达到的公务目的相符合，并且，公务委托人还负有修缮公产与归还公产的义务。

其三，私人使用。私人使用一般存在两种情况：一种情况是基于私法而产生的使用关系，如前述行政机关将办公大楼的楼顶提供给广告公司树立霓虹广告灯，这种使用属于公务用公产的目的外使用；另一种情况是基于公法而产生的使用关系，如公众为了办理公共事务而进入行政机关的办公场所，使用行政机关的桌椅等，

① 参见王名扬：《法国行政法》，中国政法大学出版社1988年版，第341页。

这属于公法性质上的使用。可见，除了上述纯公务用物之外，行政机关允许公众使用可供公用之公务用物从实质上看是履行行政服务的职能。公众所利用的，不是公务用公产本身而是享受了行政机关基于公产资源所提供的服务。① 这就进一步说明行政机关所支配的公务用公产也必须满足人民的受益权需要。

在公务用公产的利用过程中，需要以行政法中的均衡原则权衡利弊，以便民、利民之思想满足社会公众对公务用公产的合理私法利用需求。由此，方能体现"为人民服务"的真谛。令人欣喜的是，随着我国服务性政府理念的逐步提升，转变正在发生！②

第三节　公营造物组织的特别研究

公产从本质上看是国家为满足大众福祉需要所提供的物的手段，其核心价值实现于公众对公产的实际使用与受益之上，即公民公产用益权的行使。然而，公产并非都是一次性的给付行为，绝大多数的公产是通过持续的、稳定的方式为公众提供公共服务，如公共图书馆、公立大学和公共医疗机构等。那么，在这些公产从设立到灭失的过程之中，它们始终"处于静态的人的手段和动态的行为

① 如国内目前广泛存在的一项公安服务便民措施——"大额取款警车护送制度"在其创设之初就一度引发争议，浙江公安厅官员曾以"浪费公共资源，滥用行政资源"为由叫停下属公安部门适用该制度。但社会舆论较为普遍地认同这项举措："警车护送取款人"确是小事，费不了警方多少精力，个中却折射出"权为民用"的温情光芒，其榜样性、辐射力定是无穷的。最终该项措施在全国得以推行。参见《大额取款警车护送"引发争议》，载《每日新报》2005 年 1 月 9 日，第 3 版；《"警车护送取款人"值得提倡》，载《合肥晚报》2009 年 12 月 15 日，第 3 版。

② 参见《郑州市政府停车场面向市民 24 小时免费开放》，载《大河报》2011 年 11 月 20 日，第 4 版。

手段的交合点上”。[1] 换言之,必须有除了传统公产管理行政机关以外的,代表国家的公产特别管理人通过各种公产管理行为保证上述公产价值实现的延续性、有效性与完整性。我们将这种行政法公产制度中人与物的特殊结合体称为“公营造物”。由于这种公产形态相比其他公产行政机关有较明显的差异,因此需要对公营造物的法律地位以及利用制度作专门的研究。

一、公营造物组织的一般理论

(一)公营造物的概念

公营造物的概念首创于德国学者奥托·迈耶,主要存在于德国、日本的行政法学理论之中,通常是指“营造物主体为持续履行特定之公共目的所成立的一个集合人与物之公法的组织体”。[2] 设立公营造物的行政主体依计划对其加以领导并监督,从而确保公营造物之利用者应有之权益。[3]

实际上,上述国家和地区的行政法学界在使用公营造物概念上并不统一。如德国学者毛雷尔就将其称为一种具有权利能力的公法设施,是一种公共行政的物之组织形态。[4] 在日本,也渐有以“公共设施”取代公营造物概念的趋势,将其视为行政机关为发展居民的公共福利而设置的设施,是国家等通过非权力的事业提供一定的财力、物力和服务,以增加国民福利,实现现代行政法的

---

① 应松年、王成栋主编:《行政法与行政诉讼法案例教程》,中国法制出版社2003年版,第268页。

② 蔡震东:《行政法理论与基本人权保障》,台北,五南图书出版公司1998年版,第179页。

③ 参见马怀德:《公务法人问题研究》,载《中国法学》2000年第4期。

④ 参见[德]哈特穆特·毛雷尔:《行政法学总论》,高家伟译,法律出版社2000年版,第577页。

任务。①

在法国行政法中，与公营造物相对应的概念为"公立公益机构"或"公务法人"。② 因为法国公务法人用于公务活动的财产在法国行政法上属公产范畴。③ 所以在法国，公务法人被置于与私法人相对的"公法人"范畴之中，将其看作某种公产管理机构的人格化，是一种由国家或地方团体设立，在享有一定的公共权力的特权同时也受公共权力的控制和监督。④ 在英美法系国家，并不存在公营造物的概念，但也存在与之性质和功能相类似的公共组织。如在英国，就拥有数目众多的半独立的准行政机关。这些由政府创立的半独立机构，既不同于中央各部，也不同于地方机关；既不完全是公务机关，也不完全是私人的、民办的或者商业性组织，通常称为"公法人"(public corporations)或"边缘机构"。⑤

在我国行政法学界，一般认为公营造物、公法设施、公共机构的概念在内涵上并无差别，只是研究角度的不同，如果从"物"的角度来看，公营造物等概念中的"物"的要素依然属于公产的概念范

① 参见[日]室井力主编：《日本现代行政法》，吴微译，中国政法大学出版社1995年版，第400页。

② 前者是一种人格化的公共行政机构，它在特定的范围内能提供一种或多种专门的公共服务，但目前法国学者多采用公务法人的概念。参见[法]莫里斯·奥里乌：《行政法与公法精要》，龚觅等译，辽海出版社、春风文艺出版社1999年版，第419～427页。

③ 参见王名扬：《法国行政法》，中国政法大学出版社1988年版，第307页以下。

④ 参见王名扬：《法国行政法》，中国政法大学出版社1988年版，第127页以下。

⑤ 参见王名扬：《法国行政法》，中国政法大学出版社1988年版，第96页。值得注意的是，作为准行政机关的公法人与商法上的公法人公司在英文都用public corporation一词，但意义不同。前者是具有独立法律人格的准行政机构，后者是指股份可以在市场上公开招幕和自由转让的公司。

畴。从“人”角度来看，目前学者们不仅将对公营造物的研究作为一个组织进行研究，还有将其作为一个公法上的拟制人格主体也即一种特殊的行政主体进行研究的趋势。① 例如，国内就已经有学者从公务法人的视角出发，分析公立高等院校的法律地位。②

实际上，无论是从公产还是从行政组织的角度，都无法完全涵盖“人”与“物”这两种行政手段同时作用相互结合而产生的法律效果，无法体现公营造物所具有的独特功能。仅从“组织”的角度，容易使公营造物组织与其他行使公权力的机关或组织相混淆，而采用公共设施这种纯粹“物”的概念，也容易将行政机关所支配的一般公产与公营造物在所拥有的权力配比与属性上混为一谈。因此，笔者认为，公营造物应当是指由国家公权力机关设立的向公众提供持续公共服务并具有公法上独立人格的公产组织。

（二）公营造物的法律特征

为了进一步了解公营造物与公产、公法人、第三部门等相关概念之间的关系，我们有必要分析公营造物的法律特征。

1. 公营造物需由行政机关设立

行政机关是公营造物的设立主体，也是公营造物的唯一来源。行政机关设立公营造物可以视为国家在日趋复杂的社会中为完成行政给付，满足人民福祉之需要而采取的一种新型手段，也是提高公产给付效率与延展性的重要方式。行政机关在设立公营造物的过程中，需要同时满足公营造物人与物两个方面的条件。一方面公营造物的运行资金及硬件设备主要都来源于行政机关的经费投

---

① 参见陈爱娥：《公营造物的概念与公营造物利用的法律关系》，载《行政法争议问题研究》（下），台北，五南图书出版公司 2000 年版，第 9 页。

② 参见马怀德：《公务法人问题研究》，载《中国法学》2000 年第 4 期。

入;另一方面公营造物的人员配备(主要是担任领导职务的管理者)也往往是由行政机关选派或指定的。此外,在公营造物的运行过程中,作为设立主体的行政机关对公营造物提供公共服务的内容及方法都享有一定程度的控制权,如设立主体可以要求医疗机构派遣医疗队应对突发疫情或灾难。公营造物的这一重要构成要素,使公营造物与公共行政中的第三部门区别开来,后者的设立在财力和人员上主要以自发或自愿性为特征。第三部门尽管具有弥补政府失灵、提供社会服务的功能,但由于其财力上的相对有限性和人员活动上的相对随意性,因而始终无法取代公营造物的社会功能。

2. 公营造物必须以持续为公众提供公共服务为目的

设立公营造物的目的,就是使其以向公众提供持续公共服务的方式代替行政机关履行一定的行政给付职责。所谓持续性,是指给付的方式并非一次性而是具有对象上的非指向性和服务时间上的延展性,如自来水公司提供的用水服务,电力公司提供的用电服务等。公营造物的另一个重要特征在于它所提供的服务均附加了公营造物工作人员的劳动投入,公众所享受的并非单纯的原始物价值,往往是一种基于大于公产原始价值的公共服务,并且这种服务通常是免费的,或者至少是不以营利为目的的。如人们在公立医院中获得的是医生借助医疗设施所提供的医疗服务,学生在公立高校中获得的是教职员工借助各种教学生活设备所提供的教学和生活服务。公营造物这一特征,不仅体现了人与物的充分结合,从而使其与自然资源公产区别开来,也将其与公法人制度中主要以营利为目的的财团法人和受益性仅局限于社团成员的社团法人区分开来。

3. 公营造物具有公法上的独立人格

公营造物具有公法上的独立人格,是指公营造物具有独立的法人资格,这也被看作公营造物不同于受行政机关及其委托的组织的重要特征之一。[①] 所谓独立人格,从权能上看代表着公营造物能够独立地承担由于其行为而产生的法律后果,或者说承担既可能是公法也可能是私法上的法律责任。从权力内容上看,公营造物的独立人格说明公营造物也拥有一定的独立自主权。如公营造物可以在法定权限范围内制定公众在享受公共服务时所应当遵守的内部利用规则,进而对违反规则的社会成员行使阻却权甚至是禁止权。例如,公共剧院可以将大声喧哗者请出场外,或者禁止衣冠不整者入内。这种自主权还体现在实施公共服务之时,公营造物享有一定的对具体公产设施和工作人员的选择权。如电信公司可以选择使用何种基础电信设备,公立高校可以选择聘用所需要的教授或者是公寓管理员。基于这一特征,我们可以发现,公营造物不同于传统意义上的职权行政主体,其作为国家实现公共给付职能的代表,相对独立地履行管理公产的职能,因而通常被视为一种具有履行公法上公产职权的法人形态,是一种特殊的公务法人。此外,公营造物也不同于公产中的公用设施如公共广场、城市公路、公用水井等,后者一般不具备独立的公产组织的形态,往往是由行政机关直接管理或者委托私人管理。

二、我国公营造物组织的种类划分

划分种类有助于我们对公营造物的外延作较为全面的认识,也有利于针对不同种类的公营造物设置相适应的行为规则。公营造物按照其法律性质、设置主体、目的、利用关系等属性可区分为

① 参见吴庚:《行政法之理论与实用》(增订第8版),中国人民大学出版社2005年版,第121页。

各种不同的种类，如在德国，就存在有权力能力的公营造物、具有部分权力能力的公营造物以及不具有权力能力的公营造物的区分。① 对公营造物应当从其所实现的不同具体公共目的或者公产组织所具有的不同性质上分类，并且应当依托于我国现存的公营造物组织形态并着力予以厘清。

尽管我国立法尚没有直接使用公营造物的概念，但实际上绝大部分公营造物所承担的公共服务职能是由形形色色的事业单位完成的，可见我国特有的事业单位法人类型与公营造物在特征上有许多相似之处。除此之外，还有相当一部分关系到国计民生的公共产品的服务是由各种国有大型公营企业完成的，如公共交通、供水供电、电信服务等。尽管目前针对一些公营企业的反垄断之声日趋高涨，但仍然不能否定它们长期以来在履行公共产品给付责任中为广大社会成员作出的贡献。由于这两种主要承担公营造物功能的组织在所提供的给付种类以及其与使用人之间的法律关系上并不相同，我们可以将其区分为公益事业法人和公用企业法人两种。

（一）公益事业法人

公益事业法人除了具备公营造物的基本特征之外，还具有不以营利为目的的重要属性。这也是公益事业法人与公用企业法人的重要区别之一，后者作为一种企业，并不排除营利性目的的存在。目前公益事业法人的国内法依据主要是《事业单位登记管理暂行条例》中关于事业单位的界定，该条例第 2 条第 1 款规定："本条例所称事业单位，是指国家为了社会公益目的，由国家机关举办或者其他组织利用国有资产举办的，从事教育、科研、文化、卫生等

---

① 参见［德］哈特穆特·毛雷尔：《行政法学总论》，高家伟译，法律出版社 2000 年版，第 578～579 页。

活动的社会服务组织。”可见,事业单位与公营造物在许多方面都很相似,如都是由国家设立的公益性组织、都具有社会公益目的、都是为社会提供服务等。那么,是否可以认为我国的事业单位都是公营造物中的公益事业法人呢?笔者认为,由于我国正处于从计划经济向市场经济的转型过程中,现有的事业单位许多都来源于计划经济年代,它们数目巨大且功能繁杂,因而并不都具有公益事业法人的性质。有的事业单位通过法律法规的授权,拥有巨大的行政权力,在实践中往往就是一种特殊的行政主体,如证监会、银保监会,它们的职责往往是一种“行政规制”而非公产的供给。此外,还有部分事业单位,尽管是以提供社会服务为职责,但服务的对象并非公众,通常是特定对象,如各级党校。上述两种事业法人也不属于公益事业法人的范畴,更适合从其他种类公务法人的角度进行研究。总之,作为公营造物重要组成部分的公益事业法人,目前尚不能完全涵盖我国事业单位,而只是其中特殊的一种。但可以预见的是,随着我国对事业单位法人改革的不断深入,在大量不具有公营造物属性的事业单位被区分开来之后,两者的外延将趋于合密。

从公益事业性法人所承担的不同公共服务职能的角度,我们还可以进一步将其划分为:(1)教育类事业法人,包括基础教育、高等教育、职业教育,以及各种类型的社会培训在内的公办学校。目前,有学者主张私立学校也是一种特殊的公务法人,具有行政主体之代表组织的性质,因而应当将私立大学也纳入公营造物或公务法人的范畴之中。[①] 对此笔者认为,只有公立学校才具有公营造物

① 参见林卉:《私立学校公务法人地位问题之初探》,载《行政法学研究》2001年第3期。

的公共给付性质。国家承认学历或有权颁发毕业证的私立学校，是被授权的公务法人。至于目前市场上林林总总的各类培训班或培训机构只是提供公民额外教育服务的普通市场主体。(2)科研类事业法人，主要包括从事基础研究、社会公益研究和国家对策性研究的事业单位。其他从事应用性研究、咨询服务研究等科研机构有的应当属于市场主体，有的可以归于第三部门。(3)文化类事业法人，主要是指为公众提供公共文化服务的事业法人，如新闻出版，公共图书馆，公共大剧院，公共体育场馆，公共博物馆以及文物保护单位等。值得注意的是，诸如电影院、报社、有线电视台等自负盈亏的国有文化企业，已经被纳入市场而不再属于公益事业法人。(4)医疗卫生类事业法人，包括各类公立医疗机构、社会医疗保障机构、卫生防疫和保健机构、独立食品卫生检验检疫机构等。随着我国公费医疗制度的改革，有观点认为应当将提供免费医疗卫生服务之外的其他医疗卫生组织视作市场化运作主体，但在目前医疗保险体制不健全的情况下，决不能改变公立医疗卫生机构的公益性和非营利性的特征。(5)社会救助类事业法人，包括各种公共救助站，儿童福利院、公立养老院，戒毒所等，这类事业法人的主要职责是对没有自我生存能力的公民进行救助，在服务方式上以自愿为原则，强制为例外；以无偿为原则，有偿为例外。

(二)公用企业法人

公用企业法人源于德国的“公企业”一词，①是指负有向社会提供某种公共产品服务之义务的企业法人。公用企业法人与公益事

① 公企业一词有狭义、广义、最广意之分。本书取其中狭义的观点，即“国家或公共团体自己直接为社会公共利益所经营之非权力事业”。参见蔡茂寅：《公营造物法·公企业法》，载翁岳生主编：《行政法》，台北，三民书局2000年版，第324页。

业法人有三个不同之处：其一，公用企业法人通常采用私法组织形态，其设立、人员、运营及监督原则上大多数接受私法特别是公司法的调整。其二，由于公用企业法人的公营造物属性大多为财政公产的一种，因而通常并不排斥对利润的追求，这与公益事业法人以非营利性为原则是有区别的。由于公用企业法人的资本是由国家投入的，因此在涉及行政给付的情况下，就其与相对人关系而言，该企业法人本身也受到公法原则（特别是基本权）的约束。这也使公用企业法人追求利润的程度与范围受到一定限制。特别是在提供涉及公众基本生存权保障的公共产品如自来水、电力、煤气时，其依然应当遵循非营利性或者微利的原则。当然，当这些企业在基本公共产品之外所提供的额外服务，如高速公路企业为过往车辆提供的餐厅等设施，则不在非营利性限制之列。其三，公用企业法人提供公共服务的方式较为特殊，通常是以公用产品的形式出现的，而公众对这种公用产品的使用，也多是采取私法合同的方式。

世界各个国家都存在公用企业法人承担公共服务的现象。在英国有工商企业公法人，涉及国家重大利益，或风险大私人不愿投资的领域，以及其他一些国民经济的基础性领域，如全国煤炭委员会、原子能机构、钢铁公司、煤气公司等。① 法国则由许多公共企业承担公共服务，主要集中在能源、交通通信、原材料及加工制造、银行和保险等四大部门。② 在美国，由政府公司承担一定的公共服务。政府公司经营的业务大都是与国民经济密切相关、由于投资太大或利润太少私人不愿从事而由政府承担，如发电、运输，对小

① 参见王名扬：《英国行政法》，中国政法大学出版社1987年版，第88页。

② 参见潘小娟：《法国行政体制》，中国法制出版社1997年版，第318页。

生产者、农民和出口商提供信贷，收购剩余农产品，担保银行储蓄等。①

我国由于历史的原因，出于对关系到国计民生的公共产品给付质量上的考量，一般不允许私营或外资进入基本公共产品的生产领域。因此目前基本上都是由某些大型国有企业充当公用企业法人的角色，如自来水公司、电力公司、煤气公司、供暖公司等。这些国有企业依靠对自然资源的独占或者是对某种公共资源的独占采取垄断性的经营方式。这看似保全了公共产品给付的“单纯”性与“安全”性，却往往由于缺乏竞争对手而一家独大。

三、公营造物组织利用机制探究

（一）公营造物的设立权

公营造物的设立，是指国家行政机关依照法定程序设置公营造物的行为，这也是公营造物获得法律认可，履行公共服务职责的重要前提。广义上的公营造物设立还包括行政机关对现有公营造物进行变更或废止的行为。一般认为，设立公营造物与设置其他普通公产在公共物品或设施形态取得之上并无太大区别，也都需要获得公法认可的行政机关意思表示。所不同的是，公营造物还存在公产的物化形态取得之外的公产组织构建，因而公营造物的设立还需遵循一定的特别原则。

公营造物的设立是一种权力行为，其遵循的特别原则包括：其一，设立法定原则。由于设立公营造物的原因与国家设立职权行

① 参见王名扬：《法国行政法》，中国政法大学出版社1988年版，第190页。

政主体一样都是依照“分散原则”,①即国家将其行政任务分解到其他独立的公法组织,从而减轻国家的负担。因此公营造物所具有的代替国家行使行政给付的职责与行政主体所担负的行政公务职责具有同等的重要性。因此,公营造物组织的身份必须获得法律认可,而在法律规定不明时,至少应得到设立机关的认可。为了防止行政主体推托本应由其承担的行政职责,保证公共行政给付的充分,在设立公营造物时必须有严格的法律依据,由此确定公营造物的组织机构、公法上的管理权内容和公共服务的种类。其二,均衡原则。设立公营造物是实现公共利益的重要方式,但也必须注重公共利益与个人利益之间的权衡。不能以设置公营造物为名,过度侵犯公民的个人利益,如出现机构臃肿,人员复杂从而大量消耗公营造物运营资金。在涉及对公民财产的征收与征用或者可能对公民现有生活环境带来严重影响之时,须通过合理规划和科学论证尽量避免或减轻可能对公民个人利益造成的侵害,如设立核电站。此外,行政给付对于公营造物的使用人而言是一种受益性行为,因此,公营造物一经设立,应当持续性地履行公共服务职责,除非出现法律规定的特别条件,一般不允许随意变更或撤销。其三,正当程序原则。行政机关设置公营造物还需遵循法定的程序,在立项、审批、建设、运营、变更和废止的一系列过程中,强调公开和透明性。尤其对于向公众开放的公营造物而言,更应当注重公开,因为公营造物开始公用的意思表示,意味着公营造物的用途得以确定。② 此外,在涉及确定或变更公营造物的人员的公开选聘、

① 参见[德]哈特穆特·毛雷尔:《行政法学总论》,高家伟译,法律出版社2000年版,第579页。

② 参见肖泽晟:《公物、公物法与公营造物》,载应松年主编:《当代中国行政法》,中国方正出版社2005年版,第484页。

公示、登记和公告组织服务内容和收费时,应当注重公众的参与,通过公开论证或听证会的方式广泛听取民意。

(二)公营造物的管理权

1. 公营造物管理权的复杂性

公营造物的管理权与其他公产的管理权存在较大的差异。在公营造物之外的其他公产所构建的管理与利用关系中,由于使用者主体与公产供给主体的单一对应性,因此一般是由有关行政主体直接对公产的使用情况进行管理,如自然资源公产和公用设施,这种管理具有行政法上规制行政的色彩。如行政主体可以对违法砍伐山林或在公路上违法占道经营的行为进行行政处罚。在公营造物的管理关系中,由于存在占有和管领公产的公营造物组织,这种法律关系之中便存在三方主体,行政主体对公营造物使用者不直接行使行政管理权,而是形成行政主体管理公营造物组织,由公营造物组织管理使用者这样的双层管理体制。这也体现了公营造物在法律地位上的相对独立性。

由此,我们可以将公营造物管理方式划分为:行政机关对公营造物的管理和公营造物组织的自主管理。前者主要是指设立公营造物的行政机关对公营造物的监督和规制,具有高权行政的色彩,其手段主要包括三种:其一,对公营造物财产的调配,其二,对公营造物使用和运行状况的监控,其三,对公营造物法人组织结构(特别是重要组织成员)的调整。行政机关对公营造物的管理与公营造物法人组织的自主管理之间的最大区别在于,前者管理行为的法律依据主要是财政法、行政组织法与行政人员法(公务员法)等涉及内部行政法律关系的法律文件,是一种依职权直接作出的具体行政行为。后者实施管理的法律依据除了直接调整本营造物组织的明文法律规定以外,更多地依照其自行制定的利用公营造物的内部管理规则。

2. 自主管理权的法律属性

关于公营造物自主管理权的法律属性问题,日本学者认为它具有多重性:①其中对公营造物的修缮、改建和扩建行为,纯属行政法上的事实行为;对使用者使用公营造物的许可、认可及其他监督处分,则是一般行政法律行为;而制定有关设施利用规则,又是一种立法作用。德国学者也认为,公法设施(公营造物)不享有采取侵害和强制措施的设施权(如处罚和没收),但在法律授权的范围内,公营造物有权针对使用人和第三人制定行为规范(规章)和采取个别命令措施(行政行为)。可见,公营造物组织对公营造物的自主管理权是一种概括性的特殊权力,一方面这种权利是履行公共服务义务所必需的,否则将会导致公营造物管理的混乱;另一方面,这种权力又受到法律优先与法律保留原则的限制,否则将损害广大使用人的个人利益。

3. 自主管理权的内容

基于上述分析,我们可以根据自主管理权内容的不同简单划分如下:

第一,对公营造物物品设施的维护权。公营造物对所支配公产资源的维护权与一般公产的养护权相似。当然,公营造物可以基于其法律地位的独立性,根据所提供公共服务的需要,在法律规定的权限范围内,自主维护其所占有的物品和设施,所谓维护不仅仅是指修缮,还包括物品设施的适当添附、改建和更新,当维护权的对象超越自主范围之时,公营造物的维护应当通过政府采购中

① 参见[日]室井力主编:《日本现代行政法》,吴微译,中国政法大学出版社1995年版,第402页。

的招投标制度予以实施。

第二,对公营造物的特别家主权。家主权的概念来源于德国,一般被认为普遍存在于公产管理理论中,主要是指公产主管机关为维护公产之正常利用,对不符合资格之使用者所得拒绝之权能。① 但德国行政法学者认为,因为家主权并不是公营造物的特色,所有的主权主体都享有家主权。所以在出现妨害设施(公营造物)经营活动的情况而一般家主权不够使用时,公法设施(公营造物)的机构可以采取必要的防御措施。② 可见,该学者所指的防御措施已经超越了普通公产管理中家主权的界限,属于一种特殊的管理权。这意味着公营造物组织不仅可以采取强制性措施排除第三人对公营造物正常运行的阻碍或者制止可能导致公产损害的不当使用,如禁止携带易燃、易爆等有害物品的乘客乘坐公共交通工具,还意味着公营造物组织可以采取命令的方式要求使用人遵守公营造物的正常使用秩序,如学校对学生的管理和医院对病人的管理等。值得注意的是,这些命令的依据除了正式颁行的法律文件之外,常常直接源于公营造物自行制定的利用规则,只是后者的法律效力常常处于模糊的状态,需要进一步分析。

第三,内部规则制定权。一般认为,具有独立法人地位的公营造物,为了保证公共服务的顺利实现都享有一定的内部利用规则的制定权。依照内部规则,公营造物工作人员可以作出各种具有强制性的命令维持公营造物使用过程中的正常秩序。如高校可以制定学生守则约束学生在校的行为,公共剧院可以制定观众须知

① 参见林胜鹞:《行政法总论》,台北,三民书局1999年版,第276页以下。

② 参见[德]哈特穆特·毛雷尔:《行政法学总论》,高家伟译,法律出版社2000年版,第581页。

限制公众在剧院中的不良习惯。然而,尽管学界历来并不排斥这种内部规则制定权的存在,但对类似规则效力的质疑屡见不鲜,目前形成的共识是,传统意义上的特别权力关系理论已经被放弃,内部规则的制定必须遵循法律优先与法律保留原则,并应当对规则所制约的使用人权利种类进行详细划分,从而确定规则对使用人权利构成侵害之后的法律救济途径。

第四,资费收取权。尽管公营造物被视为国家提供行政给付之途径,但并不是说所有的公营造物都是无偿供给的,如公共救助站和儿童福利院当属免费之供给,但公立医院、公立高校等公营造物均为有偿使用的公共服务,自来水公司和电力公司等公用企业法人所提供的公共产品,也需要公民以民事契约的方式购买后方能使用,因此,资费收取权在一部分公营造物的管理过程中是客观存在的。只是这种权力的行使,多受到国家的严格控制。例如,对城市供热收费标准的改变,就需获得包括物价审核部门在内的多个行政主体的审查与许可。

(三)公营造物的用益权

公产理论中,通常涉及的法律关系是由作为公产的供给者的行政主体与作为公产用益权享有者之间构建的公产使用关系。这种公营造物与利用人之间的法律关系通常被称为公营造物利用关系,这也是公营造物作为一种建制的核心问题。① 公产使用关系的客体一般为公产本身或者在公产之上所附着的各种公产利益,其内容主要涉及公众对公产所享有的使用或受益权,以及行政主体所负有的公产给付义务。例如,在遭受自然灾害后,国家会向受灾

---

① 参见吴庚:《行政法之理论与实用》(增订8版),中国人民大学出版社2005年版,第121页。

地方群众拨付救灾款和救灾物资，由此形成了灾民与负责发放救灾款物的职能部门之间的公产使用关系。在公营造物理论中，通常所涉及的是由代表行政机关管理和经营公营造物的组织与使用者之间构建的公营造物使用法律关系，它与普通公产使用关系的不同之处在于其客体不再仅仅是公营造物管理的公产和设施本身，还通常附着了公营造物具体人员的意思表示与工作成果，同时使用人还往往受到公营造物组织内部利用规则的约束。也正是因为公营造物所提供的这种给付客体的特殊性，才造成了公营造物使用过程的复杂化和法律救济的模糊性。我们将通过以下三个方面的简要论述，尝试厘清公众在使用公营造物时可能涉及的权利及其救济问题。

1. 公营造物的利用意愿——自愿或强制？

一般认为，在普通公产的利用关系中，无论是自由使用、许可使用还是特别许可使用，需以尊重使用人的意愿为主，如除非存在其他公路无法使用的情形，司机可以自由选择行车的路线。而在公营造物使用关系中，尽管原则上属于自愿，但法律也可以规定强制使用。① 如，强制戒毒所对吸毒人员的收容，非典时期医院对患者的隔离，又如义务教育阶段学生所接受的学校教育。值得注意的是，其一，强制使用需符合公营造物公共服务之本质，否则将导致“孙志刚案”之类的悲剧；其二，强制使用不应当成为政府转嫁行政给付成本或者形成行政垄断的工具。

2. 公营造物的使用费用——无偿或有偿？

公营造物的设立目的在于代替国家承担了公共给付的职能，

① 参见［德］哈特穆特·毛雷尔：《行政法学总论》，高家伟译，法律出版社2000年版，第580页。

其与一般企业法人的最大区别在于不以营利为目的，即使作为公用企业法人，在提供基础公共产品之时，也须遵循非营利性的宗旨。但“非营利性”不等于公营造物的运作不会产生任何大于成本的收益，而仅仅是说它运作的目的并不在于获取和分配收益。国外学者就曾对公用企业法人的非营利性作出这样的评论：“这类企业的特点在于不得向控制企业的人员分配利润，但不排除向为其提供服务和资本的人提供合理的报酬。但其资本应当锁定在企业内部。”①可见，对公营造物的使用应当坚持以无偿为原则以有偿为例外，无偿并不代表公营造物难以维系，而是应当由国家承担代替支付的义务。有偿并不代表营利，而应当是对所享受公共服务成本的合理对价。当然，如果公民希望获得比其他公众更优越的公共服务，那么他理所应当为其所占据的过多公共资源而支付费用。

---

① [美]亨利·汉斯曼：《企业所有权论》，于静译，中国政法大学出版社2001年版，第332页以下。

第七章　公产利用中的法律适用与权利救济

第一节　公产利用中的公法与私法的功能定位

一、公产利用法律调整的公、私法二元化现状

当前，尽管我国的公产利用给付实践还存在显著不足，但也必须认识到一个非常现实的问题：随着国家给付范围的日趋扩大，从国家目前的财政状况（尤其是非发达地区）而言，单靠政府的力量，尚无法完整地承受人民所期待的全部公产给付。但是，人民对国家的给付依赖日渐加深，公产给付所承载的公共利益分享又不能停滞不前。因此，鉴于国家资源有限，有关社会政策之立法，必须考量国家之经济及

财政状况,依资源有效利用之原则。① 公私合营或者完全依靠私营公产提供公产供给已是大势所趋,由此,私法对原属公法调整的公产制度的介入,进而形成公法私法共治的局面不可避免。

私法对公产制度的渗透,被视作对私法公法化潮流的必然回应。这种二元化的趋势所带来的不仅仅是公产供给效率和成本上的均衡,从另一个角度来看,它也将长期以来存在于法学界之中的公法与私法功能划分的争议带入了公产制度之中。它所造成的困惑在于:其一,使公产供给法律关系中公产主体的法律属性过于复杂,以至于很难简单识别公产组织的身份究竟是公法主体还是私法主体,又或者是两者的叠加?其二,使公产供给法律关系的客体——公产的范围难以界定。例如,公法上公产供给的外延是以无偿给付为原则,有偿给付为例外,而私法上的物的给付则通常是以等价有偿,对价给付为核心理念的。在二元化趋势的影响下,这种界定标准正逐渐变得模糊。其三,使公产供给法律关系的内容——公产物权的内涵更显混乱。一方面,公物组织基于公产物权的各种行为到底应当被定性为公法行为抑或是私法行为?目前尚存在较大的理论分歧;另一方面,享有公产用益权利的公民,其权利的范围和属性如何界定以及在这些权利受到侵害后应当采取何种救济手段等问题,也往往使受侵害人与法院无所适从。尤其是在公产用益权的救济实践中,公产行政主体往往以私法的方式掩盖了公法身份,以私法契约遮挡了公法权利。此时由于欠缺“行政处分”的形态,欠缺可供救济的权利,就很难寻求行政救济。上述情形将公产救济演变为实质上的私法救济的一元主义,这并不

① 参见李惠宗:《公物法》,载翁岳生主编:《行政法》(上册),中国法制出版社2002年版,第464页。

符合现代社会的救济制度。[①] 尽管已有学者明确提出“除公物之设定、废止、使用目的之确定及依公物特征不能适用民法规定者外，有关公物之一般法律关系，仍受民法之支配，当无疑义”，[②]但这一标准仍旧模糊。从理论角度来看，要避免上述后果，唯一的途径就是对公法与私法在公产利用制度中的功能进行重新定位，厘清公产法律关系中的各基本要素，进而对既存或潜在的公产制度的法律缺位或越位现象进行弥补与修正。

二、公产利用制度中公、私法调整的识别标准

（一）寻找公产制度中公、私法之识别标准

公法与私法的二元法律结构备受关注的原因在于它是对古罗马公、私法的概念性分类的结构性升华，同时又是对中世纪权力与义务一元法律结构的否定。它的实质和功能在于维护市民权利和限制国家权力。[③] 在公产制度中，公法与私法的划分，由于涉及对区别于私有物的公产“公”的属性界定，因而被视为公产制度的基础理论之一。公产到底受何种法规之支配，从域外学界来看，一向有一元论和二元论之区别，法国有关公产之规范，完全属于公法范畴，并无私法之适用，是为一元论；德、瑞等国的公物法既包含公法也适用私法，故称为二元论。[④] 在日本，学者们认为公物的利用关系，除法令有特别规定外，一般适用私法规定，但有时鉴于其公共

---

① 参见陈新民：《公法学札记》，中国政法大学出版社2001年版，第62页。

② 吴庚：《行政法之理论与实用》（增订8版），中国人民大学出版社2005年版，第135页。

③ 参见刘楠：《论公、私法二元结构与中国市场经济》，载梁慧星主编：《民商法论丛》（第4卷），法律出版社1996年版，第29页。

④ 参见吴庚：《行政法之理论与实用》（增订8版），中国人民大学出版社2005年版，第135页。

性,要求修正适用私法。① 可谓与法国相对应之私法一元论。公产制度的建立和发展,是以公法与私法的区别为前提的。但公法与私法的界定标准,长期以来在法学界都备受争议,各种观点莫衷一是,具有代表性的观点包括以下几种。

1. 利益说。② 此种学说是由罗马法学者乌尔比安提出的,也是最早区分公私法划分界限的学说,其主要观点在于,以调整涉及公共利益事务为目的的法律为公法,以调整涉及私人利益事务的法律为私法。这种学说无法解释某些私人利益与公共利益相互混同的现象而受到广泛抨击,尤其是对公共利益与个人利益之典范的公产给付更加无所适从。

2. 权力说。③ 此种学说也被称为权力关系说或者服从关系说,主要认为公法的特征在于其构建的是一种命令与服从的关系,而私法则以构建平等主体关系为核心。但该学说却无法解释公法中也可能存在的平等关系以及私法中也可能存在的服从关系,且忽略了公产制度中国家给付实际上是一种服务而非命令。

3. 主体说。④ 此种学说以构建法律关系的主体是否包括公权力主体划分公法与私法的界限。但其同样忽略了公权力主体也可能成为私法主体并且私法主体也可能获得公法职权的现象。因此被认为过于形式化而并未认识到法律归属主体的实质意义。

4. 综合说。⑤ 此种学说为上述三种公私法划分标准的总和,认

① 参见杨建顺:《日本行政法通论》,中国法制出版社 1998 年版,第 330 页。

② 转引自涂怀莹:《行政法原理》,台北,五南出版公司 1987 年版,第 32 页。

③ 转引自林纪东:《行政法》,台北,三民书局 1988 年版,第 24 页。

④ 转引自吴庚:《行政法理论与实用》(增订 8 版),中国人民大学出版社 2005 年版,第 21 页。

⑤ 转引自郑德光:《公私法划分理论争议探究》,载《韶关学院学报(社会科学版)》2001 年第 7 期。

为应当同时从利益关系、权力关系以及权力(利)主体的性质出发，而不是采用其中一个标准做出综合性的判断。该学说尽管避免了单一标准的缺陷，显得更为详尽，但如此细致化的剖析已经很难再被称为标准了。

5. 法规+传统说。[①] 此种学说是从实践性的角度得出的结论，该说认为，没有一种理论能提出一个广泛的、使用的界线，结果是所有可考虑的观点都值得利用。恰当的做法是在具体案件中应该先从传统出发，然后检查是否可以偏离传统，通过考察法律规定的方式，在具体案件中确定属于公法还是私法的调整范围。如果有法律明文规定，则依照法律确定公私法属性，如没有法律规定，则依照传统及事理之关联性确认法律关系的属性。

综观上述区分标准，前三种学说由于存在明显的缺陷，目前已经基本被抛弃。综合说由于过于复杂通常也只能停留在理论探讨之中。法规+传统说更偏重于实践且立足于一国之成文法与传统，看似较为合理，但要求该国之成文法足够完善且有相应的法律传统作为补充。在我国，由于目前法律制度的不完善且长期以来受缺乏私权保障等传统理念的制约，这种学说无用武之地。我们应当从公产制度本身寻求突破，以分析公产法的核心——公物利用制度的属性为前提，进而确定公法与私法的功能定位。

(二)以公产用益权为核心的公法权利标准

笔者认为，对公产制度适用公法或私法调整手段的识别，其实用性主要存在于两个环节：其一，对现有的公产运行具体制度的法规范性识别。由于公产给付已经呈现于以行政合同、公私合

---

① 转引自[德]G.平特纳：《德国普通行政法》，朱林译，中国政法大学出版社1999年版，第95页。

营、私营公产为主要现象的公私法相互融合，寻找区分公私法调整之标准尤为重要。其二，对公产利用过程中的权利救济。公产最终须让人民利用与分享是个不争的事实，但当公产给付出现没有达到及时、足额、全面的程度时，公民应以何种方式主张救济？毕竟，由于公产给付主体的多元化，我们主张的权利对象往往并非以隐性形态存在的公产行政主体，而多是通过特许经营合同而获得公产管理与经营权的私法主体。私法纠纷得以掩盖实质上的行政法律关系的存在，因此需要将识别的标准作为甄别和引导的参照。

从上述公私法分野的现行标准来看，学者们仍旧关注于公共利益、行政权力与行政主体，少有以权利作为独立的判断标准。实际上，随着公民私法上的权利与其享有的公法上的权利相互分离，主观公权利已经成为一种可供选择的判断视角。更何况主观公权利理论的存在，恰恰就是用于弥补公法之中客观法权利之不足，得以成为引导与识别公法关系与公法救济的标准。公产用益权作为公产权制度乃至整个公产制度的核心权利，已成为对主观公权利的直观体现，也就具备了作为识别公法私法调整手段的可行性。

在公产利用关系中，某种权利是否构成主观公权利，需满足公产受益权的三个要件：其一，公产用益权的识别，应当以宪法上的公民基本权利作为引导，并以法律、行政法规以及其他行政规范性文件作为其权利的来源，同时遵循法律优先原则；其二，在遵循均衡原则的前提下，以法律所保护的公民受益性，作为公产用益权的私权保护要素；其三，以行政诉讼救济受案范围为公产用益权法律效力之保障。在公产运行的过程中，公民的用益权一旦满足上述三个条件，就可以被认定具有由公法进行调整的必要性。

需要说明的是，主观公权利作为一种公民权利，尽管在绝大多数情况下不允许转让,但并不排除公民作为权利主体放弃这种公法权利,除非这种公法权利同时蕴含了公法义务(如受义务教育权)。提出主观公权利可放弃性的意义在于,现行以BOT为特色的公私合营公产给付方式之中,公产行政主体的公法权力调整与私营公产组织的私法权利自治往往得以并存,一旦形成纠纷,就可能同时涉及公法纠纷与私法矛盾,此时,公法与私法具有同等的调整可能。公民并非只能依照主观公权利提出公法救济途径,因为私法救济的途径可能反而更为快捷且获得的补偿更为充分,因此,公民可以通过自主选择,要么请求公法救济,要么放弃公法救济而寻求私法救济。①

三、公产利用过程中公法与私法的功能划分

(一)以公产用益权为视角

公产用益权的具体实现——公产利用制度在现实中的情况异常繁杂,往往呈现出公法与私法调整手段相互混同的局面。因此在将公法权利作为识别标准的基础上,我们还需要具体分析公产用益权的实现方式,通过对公产利用法律关系的客体分类,确定公法与私法在保障公民用益权过程中的功能划分。

按照公产用益权的实现方式,一般可分为自由使用、临时许可使用与特别许可使用三种。其中对公产的自由使用而言,有学者认为,由于其并不发生持久之状态,因而未产生持续之法律关系。②

---

① 例如,在私法人管理的公共设施致害的情形下,公民可以选择以公共设施的实际管理人——私法人作为对象而寻求私法侵权救济,也可以向对该公共设施具有支配权的公产行政主体提出行政救济,目前已有大量案件予以佐证。

② 参见吴庚:《行政法理论与实用》(增订8版),中国人民大学出版社2005年版,第137页。

但目前较为一致的观点认为，自由使用权通常具有公法权利的性质，由此可以构建公法上的使用权法律关系，但是否必然获得公法救济不能一概而论。例如，在德国，学界就认为自由使用权是不完全的主观公权利。① 判断自由使用的法律性质可以通过行政均衡原则识别公产与公民自由使用之间的依赖程度，并以此为标准确定自由使用权存在与否，进而对其进行公法上的保护和救济。② 例如，因举行城市活动而临时封闭一条道路，那么在公民能够从其他道路绕行的情况下，就认为用益物权并未受到侵害。至于临时许可使用与特别许可使用，由于涉及通过许可行为或者公法上的契约而获得使用权，因而在大多数情况下形成公法上的公产使用关系。但也存在两种例外的情形，一种是公产的独占特许合同使用。这种用益权方式也被称为私法上的独占使用。这种使用权是行政主体与私人签订的，由私人例外地单独占用公共公产一部分的合同而成立的。③ 其所强调的合同目的是对公产的排他性延续性的独占使用，而非实现公产目的，因而属于私法意义上的契约，接受私法规则调整。这种独占特许使用权的取得方式在我国主要体现为公民有偿获得商品房土地使用权等情形。另一种是公产的目的外使用。④ 这种使用方式是指在不妨

① 参见[德]汉斯·J. 沃尔夫等：《行政法》(第2卷)，高家伟译，商务印书馆2002年版，第496页。

② 所谓依赖性，是指利用人生活或权利行使均须利用该公产才能开展的情况。参见李惠宗：《公物法》，载翁岳生主编：《行政法》(上册)，中国法制出版社2002年版，第489页。

③ 参见朱维究、王成栋主编：《一般行政法原理》，高等教育出版社2005年版，第269页。

④ 参见[日]盐野宏：《行政法》，杨建顺译，法律出版社1999年版，第778～780页。

害公共使用目的的前提下，公产管理者可以与第三人设定私法上的使用关系，许可后者对公产进行使用或者收益。如在各种办公场所院墙外设置商铺等。一般认为这种使用许可所构建的使用关系应当视为民事租赁合同的情形而受私法调整。毕竟，“适用于公物的法律规范并不以公法为限，相关的私法规范并没有完全被排除适用，而仅在达成其作为公物的使用目的的范围之内，才限制私法的适用，并且排除对公物主张或者行使其私法上的支配权限”。①

可见，尽管将主观公权利作为公法介入参照的标准可以弥补目前我国公产制度中的诸多缺陷，但还是需要与实际情形相关联。笔者认为，从目前的公产用益权的实现方式来看，唯有在否定公民的平等使用、自由使用、充分使用或者行政主体违背公产公用目的的情形下，并辅以均衡原则为参照，才能肯定公法的必然干预。在其他情形之下，私法调整的效率更为可观。

（二）以公产支配权为视角

从公产支配权效力的角度来看，识别公私法调整的情况就相对简单一些。因为此时公产使用法律关系的公私法属性，往往不是以相对人的选择为判断标准，而是以公产组织提供公产给付的方式是选择公法还是私法手段决定的。德国学者就认为：这种选择权只有在有关给付分配的公法规范还有缺位，而现行私法规范又有相应的规定时，行政机关方享有选择的权利。并且，行政机关在选择适用私法规范时不得抛弃公法的约束，特别是基本权利约束，当然也包括其他公法约束。并且，可供行政机关适用的只是私法的形式，而不是私人自治的自由和

① 侯宇：《行政法视野里的公物利用研究》，清华大学出版社2012年版，第104页。

可能性。[①] 由此可见,对公产使用法律关系的法调整方式,应当遵循公法调整为主体,私法调整为补充的基本原则,以公法保障公民对公产的基本用益权不受侵害。以适当的私法手段促进公产用益权实现的效率与成本均衡。同时,要求行政主体不得过度自由选择,造成借助私法手段回避公法给付责任的后果。

(三)以公营造物利用为视角的公法、私法调整

法律实践中,不同形态的公营造物组织与使用人之间所构建的公营造物利用关系,往往存在公法与私法手段的模糊,所以有必要进行特别说明。

在国内,尽管立法尚没有公营造物概念之直接运用,但实际上绝大部分公营造物所承担的公共服务职能是由形形色色的事业单位完成的,可见我国特有的事业单位法人类型与公营造物在特征上有许多相似之处。除此之外,还有相当一部分关系到国计民生的公共产品的服务是由各种国有大型公营企业完成的,如公共交通、供水供电、电信服务等。基于此,我们可以将我国公营造物分为公益事业法人和公用企业法人两种。需要注意的是,上述两种公营造物在所提供的给付种类以及其与使用人之间的法律关系上并不相同,因而公法与私法对两种公营造物的调整范围与程度也不尽相同,需要分别探讨。

其一,就公益事业法人而言,其公益属性决定了其提供某种社会服务的目的,并且这些目的均与相应的公民基本权利或重要权利相对应。如学生对学校的受教育权,病人对医院的医疗救护权,流浪者对城市救助站的公共救助权等。因此,但凡涉及排除公民

---

① 参见[德]哈特穆特·毛雷尔:《行政法学总论》,高家伟译,法律出版社2000年版,第38页。

主观公权利所派生的公法上的请求权的认可或否定，当属公法调整的范围。例如，公立学校拒绝招收某位符合条件的学生入学，或者通过开除等方式排除学生的受教育权（包括受教育权得以实现的凭证如学位证与学历证）；又如公立医院对贫困病人拒绝治疗等均可采取公法上的救济途径。上述权利的实现过程以及相关辅助措施，大多由私法手段或者内部规则调整。前者如学校对学生的住宿与课程安排，后者如医院医生对病人的治疗方式。至于属强制性使用的公营造物，如流行病隔离所、戒毒所、监狱等，则完全属于公法调整的内容。

其二，公用企业法人，与公益事业法人存在较大区别。首先，公用企业法人通常以民商事法人组织的形态存在，因此其设立、人员、运营及监督等事项原则上多接受私法特别是公司法的调整。其次，公用企业法人的财产属性多归于财政公产的一种，因而通常并不排斥对利润的追求。这与公益事业法人以非营利性为原则是大相径庭的。最后，公用企业法人提供公共服务的方式较为特殊，通常是以公用产品的形式出现。公众对这种公用产品的使用，也多是采取私法合同的方式，因此大多直接受到私法交易规则的调整。例如，公众与自来水公司或电力公司之间的使用关系就受合同法的调整。

然而，为了确保公用企业法人提供涉及公众基本生存权保障所必需的公共产品给付义务，在承认以私法为主要调整手段的前提下，也需要使用公法手段进行必要约束。这种约束主要体现在两个方面：第一，通过对公用企业法人经营行为的约束，保证基本公共产品供给的延续性与微利性。如在《行政许可法》中，取得直接关系公共利益的垄断性企业的市场准入特许的被许可人，应当按照国家规定的服务标准、资费标准和行政机关依法规定的条件向用户提供安全、方便、稳定和价格合理的服务，并履行普遍服务的义务；未经行政机关批准，不得擅自停业、歇业。又如，《物价法》中公用企业服务价格调整的听证与许可制度。第二，通过对公用企业法人提供服务的相对人进行约束，可以防止由于用益权的滥用而影响其他使用人的用益权实现。如授权邮政部门可以检查公民投寄包裹中的物品，授权铁路部门通过检查方式禁止携带易燃易爆物品的旅客乘坐火车等。在获得授权之后，公用企业法人就具有了行政主体的身份，其行为也具有了行政行为的效力。如果这种对公民用益权的限制或制约行为阻碍了公民获得公共产品的基本权利，或者造成了公民其他权利的损害，公法救济的介入就成为必然。

第二节　公产利用中的权利救济

在公产制度中，公产的所有权由民法中的物权制度进行保护，而公产行政主体所拥有的支配权，原本就是一种具有一定强制性效力的行政权力。加之公产组织具有实施家主权、借助治安权的手段，因此可以理所当然地对违背公产管理、损害公产形态的相对人行为采取及时而有效的防止与制裁措施。[①] 然而，身处公产权中

① 实际上，公产的所有权也是一种需要救济的公产权形态，只不过它更多地体现于因公产损毁而导致公产用益权无法实现的状态之中。现实生活中，由于公民的不当利用，或者公产行政主体的疏于管理，而导致的公产形态损毁或者价值严重减少的情况也并非罕见。对于前一种情形，由于公产行政主体支配权体系中已经包含了家主权与可借助的治安权，因此可以直接产生行政法上的强制效力，可以惩戒相对人的不当行为并追索公产损失。对于后一种情形，则具体分为两种情形。其一，公产行政主体未及时对第三人所造成的公产损害进行补救或追索。其二，公产行政主体自己未履行管理职责而导致公产受损。无论何种情形，均可被视为以不履行法定职责的方式构成行政不作为违法。并且，由于上述情形将必然导致公产用益权人的权利受到明显或潜在的威胁，因此，公产用益权人得以主观公权利为基础提出行政救济请求，而要求公产行政主体履行职责并且赔偿损失。

心的公产用益权，由于其所依据的法律存在“缺氧性”的供给不足，故寻求有效的救济途径就显得格外重要，公产利用权利救济的对象也应当以公产用益权为重心。可惜的是，相比其他类型的行政行为，我国公产利用行政救济的有效判例少之又少，绝大多数的用益权损害都是以行政法现象为载体呈现在我们面前。现实中，由于对公产用益权引发争议的关注不足，往往还会导致其转化为其他领域的严重矛盾与利益冲突，这不能不引起行政法学界的警醒。

一、主观公权利与反射利益之争

“有权利必有救济。”倘若权利的形态与救济的方式被白底黑字地载明于法律规范之中，也就无须探讨实施救济的必要性。可是，如果法律并没有以客观法律规则的方式载明权利呢？公产用益权就常常处于这种境地之下。公产用益权范畴的模糊不清，才使我们希望以主观公权利的形态发掘它的法律效力。不容忽视的是，同处公法权利理论中的反射利益学说如同一个阴影，始终与作为主观公权利形态存在的公产用益权如影随形。如果说公权理念的存在是为了促成公民权利的公法救济的话，那么反射利益的浮现则意味着这种权利救济被归于无形之中。因此，在我们开始真正探讨对公产用益权的救济之前，必须首先探讨主观公权利与反射利益的关系。

反射利益之含义“乃法规之反射效果，即法规之目的在保护公共利益而非个人利益，但因法规之规定对个人也产生一种有利之附随效果”。[①] 例如，按照法律规定，在夜晚制造噪音影响邻居休息的行为，应当受到制止与处罚。那么，邻居的安宁因此受到保护，

① 吴庚：《行政法之理论与实用》（增订8版），中国人民大学出版社2005年版，第104页。

但并未取得任何可主张之权利。①

在行政法上,反射利益就如同主观公权利的孪生兄弟,伴随后者从萌芽到成长的整个历程。实际上,反射利益和主观公权利同为私人享有的客观利益这个主枝上生长出的两个分枝。如果公民客观上能从行政主体那里获得利益,那么所依据的不是其公权利,便是反射利益。这类似于扔硬币的结论一样,非此即彼,不可能存在第三种状态或中间状态。反射利益与公权利的基本区别在于,行政法上之公权是法律赋予私人的一种值得保护的利益,其若被侵害可得法律之救济;而反射利益只是私人享受的一种客观利益,这种利益若被剥夺,则得不到法律救济。②

随着主观公权利构成要件的不断细化,反射利益的生存空间似乎越来越小。但主观公权利本身就是一种推定的权利,反射利益在无形中控制了所有未被推定的利益空间。因此在主观公权利的发展进程中,包括公权理论的诸位鼻祖:格伯、耶利内克、比勒、巴切霍夫在内的德国学者,在论及自己所主张的公权构成要件之时,都不由自主地需要从例外情形识别反射利益存在的可能性。例如,耶利内克在探讨公权理论时谈道:"亦即客观之法基于公益目的,命令行政主体作为或不作为时,就该单纯之反射效果,个人事实上所享受之利益。因法律未赋予该个人得为裁判上主张自己利益之请求权,而只是一种事实上之期待与机会,故与主观之公权有别。"③为什么学

① 参见吴庚:《行政法之理论与实用》(增订8版),中国人民大学出版社2005年版,第104页。

② 参见徐银华、肖进中:《行政法上之公权与反射利益理论的历史演变》,载刘茂林主编:《公法评论》(第4卷),北京大学出版社2007年版。

③ 转引自刘宗德:《行政不作为之国家赔偿责任》,载《政大法学评论》1987年第35期。

者们无论以何种方式构建主观公权利,都始终不能摆脱反射利益之困扰呢？笔者认为,反射利益的顽固生命力在于其寄生于主观公权利之上,以至于但凡论及主观公权利都是从正面列举其存在条件,而排除反射利益则需要从反面列举排除其他的可能性。从逻辑学的角度来看,排除性列举的难度要远高于正向推理,难怪公法学者们都不堪其扰。所以,正是由于反射利益的存在,打压了主观公权利的空间,使得在无法排除反射利益的情形下,主观公权利如同鸡肋一般,食之无味、弃之可惜。

首先为尝试摆脱这种痛苦状态做出贡献的是日本学者。"二战"以前的日本行政法,由于对权利的解释较为严格,因此造成反射利益大量滋生。例如,认为福利行政特别是扶贫行政是根据维持公共秩序和公共卫生的需要,由国家对贫民的恩惠性给付,国民因扶贫行政而得到的利益,是法律考虑公共利益的结果而产生的反射利益,绝不能看作需要保护的国民权利。但在"二战"之后,经过较长时间的反思,特别是随着国民对行政依存度的增加以及权利意识的提高,判例的解释态度也逐渐缓和。现在,判例基本上将行政主体与相对人的关系,包括给付行政领域的关系,作为权利义务的关系来把握,并且,在对第三人的关系上,将以前被认为是反射利益的事项,尽量解释为法律保护的利益。① 由此,反射利益对主观公权利的禁锢逐渐被解开。

随后,"难以判断时,就推定其有个人的法律利益"这样的权利性的推定结论,作为实定法的解释原理,正在为越来越多的学者接受。比较有说服力的学说认为,是权利还是反射利益的区别,不能成为判断有无原告资格的标准。关于某私人是否能够成为撤销诉

① 参见杨建顺:《日本行政法通论》,中国法制出版社1998年版,第200页。

讼原告的问题,即是否有法律上的利益(即为权利)的问题,只要该人就行政处分的效力争讼具有实质利益,那么无论该利益是法律保护的利益还是事实上的利益,都应该广泛承认其诉的利益。① 从此之后,反射利益与主观公权利的二元性结构终于解体。

日本行政法对反射利益理论的突破与见解,也为我们重新界定主观公权利的诉讼功能提供了借鉴。我国行政法的发展尚处于初级阶段,立法的不完善造成了公民权利框架中的诸多漏洞。尤其在公产制度之中,行政机关借助立法留下的巨大裁量空间,存在篡夺公产给付中公共利益的最终界定权的可能。由此,人民对公产的用益权始终处于不清晰的状态,这一点从有关公产利用的司法判例屈指可数的状态就可见一斑。因此,在当代中国政府转型的关键时期,我们更需要突破反射利益的阴影,积极地给予公民公法权利全面救济的可能,这将帮助公民打破行政主体在公产给付过程中的利益垄断,将大量的涉及公产利用的争端付诸于公法救济乃至于司法实践中。这对于最终实现当代行政法所追求的政府“职能升位”与公民“权利升级”而言,意义甚为重大。

二、公产利用权利救济的基本思路

公产的存续,是以行政法上行政行为的效力作为支撑的。这些“确定物的公法性质的行政行为,针对的不是一个人,而是一个特定的物;调整的不是个人的权利义务,而是物的法律状态。但这

---

① 参见[日]室井力主编:《现代行政法入门(1)——基本原理·行政组织法·行政作用法》,法律文化社 1982 年版,第 54 页。转引自杨建顺:《日本行政法通论》,中国法制出版社 1998 年版,第 202 页。

种物法上的处理行为，归根结底还是要对人产生效果，因为它是人的权利义务的关联点”。① 因此，基于公产的行政行为，通常被视为具体行政行为而非抽象行政行为，具有获得公法救济特别是行政诉讼救济的前提条件。② 当然，当代行政救济理念，早已突破了以往以纠正行政行为瑕疵为目的的一般功能，进入保护与促使公民公法权利得以实现的领域之中。所以，公产利用权利救济的基本思路，应当以公产利用法律关系中的公产用益权为核心，在充分识别公产利用侵权类型化的前提下，以公产制度中的主观公权利为指导，最终完善对公产利用权利人的救济方式。

（一）公共用公产利用中的权利救济基本思路

公共用公产直接关乎人民的切身利益，公产行政主体应当及时、充分、有效地为公民提供公共用公产的分享。因此对公共用公产用益权的救济，应当视为对公民用益权救济的主线。目前侵犯用益权的方式主要都是公产公权行为所造成。如果说法律行为是沟通“主观权利”与“客观法”之间的桥梁，③那么公法救济就应当以主观公权利与立法为指引，促成这些关乎公产目的实现的“桥梁”维系在合法且有效的状态之中，进而对以下几种情形给予充分的行政救济：第一，以行政不作为违法的方式懈怠履行公产给付职责。对于此种不作为违法，应当赋予所有受到伤害或者受到潜在威胁的公民寻求司法救济或者主张国家赔偿的可能，从而按照《行政诉讼法》及其相关司法解释之中的责令履行职责之判决督

① ［德］哈特穆特·毛雷尔：《行政法学总论》，高家伟译，法律出版社2000年版，第197页。

② 参见周佑勇：《行政法原论》（第2版），中国方正出版社2005年版，第189页。

③ 参见［法］莱昂·狄骥：《宪法论》，钱克新译，商务印书馆1962年版，第128页。

促公产行政主体消除隐患,保障公民对道路的安全使用。第二,以滥用职权违法的方式妨碍公民实现对公产的用益权。这种情形在目前也存在,例如,将原本应由广大市民合法使用的公共设施如文化馆、图书馆转卖、出租而改建成娱乐场所,由此构成滥用公产支配权的违法。又如,通过各种形式给公民对公共用公产的正常使用附加义务,如强制消费、强制搭售、强行限制等手段均属此类。对于这种形态的违法侵权,应当鼓励公民积极寻求行政诉讼救济,以期通过行政诉讼中的撤销或部分撤销判决及时予以纠正。第三,以滥用裁量权的方式侵害公民用益权实现的程度。由于上位立法的欠缺,留给了公产行政主体巨大的裁量空间,由此容易造成其滥用裁量权从而对公民利用公共用公产的程度带来严重影响。此种类型的侵权,有的是通过行政机关自行制定的行政规则体现的。例如,对廉租房、经济适用房和限价房的使用或购买者限定过于苛刻的条件等,由此构成程度裁量的侵权。还有是对公民要求设置某种公产的呼声或者对公民要求的合理的公产给付方式置之不理,由此构成事务裁量与方式裁量的侵权。在上述滥用裁量权的情形下,笔者认为司法机关应当以行政均衡原则为指导,将公民对公产分享的广泛诉求融入对行政主体裁量的正当性审查之中,通过裁定行政行为显失公正的判决形式,敦促公产组织以合理的方式、适当的程度实施公产给付。

(二)公务用公产利用中的权利救济基本思路

在现有关于公产的理论研究中,对公务用公产的监督与救济甚少为学者们提及。笔者认为,尽管广大公民对公务用公产一般不具有直接的利用权,却同样享有因公务用公产而获益的利益需求。更何况绝大多数的公产行政主体在承担公产给付职责的同时也享有对自己的公务用公产的支配权,如果不对这种支配权进行有效监控,将导致公产行政主体利用支配权将原本应当供给公民的公产转化为供自己享用的公务用公产。

公务用公产属于行政主体的行政受益权范畴,因而通常被归于内部行政关系之中。这对公民通过司法救济实现受益权构成了一定的障碍。尽管从理论上,从公民知情权的主张角度来看,行政诉讼并不应当将这种公民的权利主张排除在受案范围之外,但在现实中,以司法救济达到上述目的的前景并不乐观。

那么,在无法突破目前法律体制的基础上,如何达到对公务用公产的有效监管呢?笔者认为,从目前国家财政的运行体制来看,拨付财政资金的职能由各级财政行政部门享有。我国《宪法》第99条第2款也明文规定了县级以上的各级人民代表大会享有审查和批准本行政区域内预决算的权力,财政部门的拨款仍需要按照各级人大所批准的预算方案执行。由此,各级人大当然具有对政府及其下属部门预决算执行情况进行监督的权力。作为民选产生的各级人大代表,也当然可以代表民意对政府及其职能机构的预决算执行情况提出咨询请求了。在梳理完看似复杂的关系之后,笔者认为,对公务用公产的用益权,除考量行政救济的途径之外,更多地应通过宪法途径间接完成。公民可以通过人大代表,提出对其认为不合理的公务用公产的设置与利用的质询议案,要求行政主体进行说明,最终通过人大监督权和撤销权防止行政主体对公务用公产支配权的滥用。这种途径看似曲折,但不妨作为一种无奈之下的尝试。

(三)对公营造物"特别家主权"的权利救济

公营造物属于公产范畴,由于公营造物设置或管理存在瑕疵而给他人的财产与人身造成损害应当给予国家赔偿的观点已经基本形成通说,在此不再赘述。但值得关注的是,除了上述侵权形态以外,公营造物通过制定内部利用规则行使主权行为而对使用人的权益造成侵害的情形却常常被忽视。例如,公立高校对在校学生学历学位颁发制度的管理行为,①以及对学生违反学校管理秩序的处分行为等。目前的司法实践显得较为混乱,这主要是由于从外表看,公营造物依据内部规则作出的主权行为既不是行政行为也不是民事行为,所以依照现行法律似乎不应当受任何司法审查,因而类似案件常常被认定为不属于行政诉讼或民事诉讼的受案范围而被裁定驳回起诉。或者即使法院受理也会因为公营造物内部管理行为的效力难以确立而左右为难。这种困惑的存在实际上与在公营造物使用关系中公营造物组织与使用人之间的法律关系密切相关。对于这个问题目前存在三种学说。

1. 特别权力关系说。该说认为公营造物和其采取主权行为的使用人之间应当是一种公法上的"特别权力关系"。即行政法上相对于一般权力关系而言,基于公法上的特别原因、特定的目的,在必要的限度内,以一方支配相对方,相对方应该服从为内容的关系。特别权力关系涉及国家和公民之间的一种特殊关系,通过(强制或者自愿进入)在特定行政领域内(学校、监狱、其他设施、公务员管理关系和兵役关系)确立,特别权力关系被归于内部行政因而不受法律调整。② 从特别权力关系的表述来看,特别权力关系的管理者对被管理者的管理行为是基于行政权力的需要,是一种绝对性的支配权。在特别权力关系之中,管理者可以

① 参见田某诉北京科技大学拒绝颁发毕业证书、学位证书案,北京市海淀区人民法院行政判决书(1998)海行初字第142号;刘某文诉北京大学拒绝颁发博士毕业证书案,北京市海淀区人民法院行政判决书(1999)海行初字第104号。

② 参见[德]哈特穆特·毛雷尔:《行政法学总论》,高家伟译,法律出版社2000年版,第169页。

根据自己的权力发布为调整特别行政关系所必需的规则，更可能在没有法律授权的情况下，实施侵害行为，而被管理者不能通过司法途径寻求救济，因而受到广泛的批判。

2. 服务契约说。该说主要是从高校与学生的关系角度进行论述的。主张该学说的学者认为，按照我国民法相关规定，高校作为民事主体存在，那么它与受教育者之间的关系就应当是一种民事法律关系，具体而言是一种教育合同或者教育契约关系。在日本就有学者认为：虽然学校当局在学校教育运营中，在一定范围内具有决定的权能，但那已不是特别权力的总括性的支配权能，而是一种与私学的教育契约关系相同的教育关系权能，它在原理上是一种非权力关系的教育契约关系，①或者说是一种“在学契约理论”。② 在我国，尽管教育契约的理论并不成熟，但是也已经有学者提出了“教育合同”的观点。③ 然而，实际上作为公营造物的公立高校与作为使用者的学生之间的地位并不平等，高校管理行为所依据的规范性文件并不是高校与广大被管理者意思表示一致的产物，而是一种单方法律行为。被管理者甚至丧失了“实质意义”上的合同变更和解除权。如果说在劳动关系之中，劳动者可以由于不满用人单位的内部规定而决定辞职选择另一家用人单位，那么对于高校学生而言，他们对高校管理行为的不

① 参见尹力：《试论学校与学生的法律关系》，载《北京师范大学学报(人文社会科学版)》2002 年第 2 期。

② 参见洪家殷：《从学生地位论大学法之修正》，载《大学法研讨会论文集》，台北，东吴大学法学院 1998 年版，第 135 页。

③ 有学者认为，“教育合同是教育机构与公民、法人、其他社会组织之间或教育机构相互之间为实现一定的教育目的而签订的有关实施教育教学行为或提供教育协作行为的协议”。参见余能斌等：《论教育合同》，载《武汉大学学报(哲学社会科学版)》1996 年第 6 期。

满甚至抗拒,将会直接使他们丧失继续接受高等教育的权利,这无疑是很不公平的。这种选择权缺失的情形对于其他不服从公营造物内部管理的使用人而言也是普遍存在的。

3. 区分特别权力关系下的公务法人说。该说首先将公营造物认定为公务法人,随后引用德国理论界提出的区分特别权力关系的设想,认为公务法人(公营造物)的内部使用规则是否具有对外效力,能否与法律法规相对抗,关键在于该规则是否属于强制性使用规则,且该规则是否影响利用人的基本权利和重要权利,如果规则涉及使用人的重要或基本权利,那么依据该规则作出的决定就构成具体行政行为,使用人有权对其提起行政诉讼。

本书基本赞同第三种观点,但认为所谓基本权利与重要权利不如用主观公权利进行概括,毕竟在主观公权利体系中,已经包含了对基本权利的体现。前文已论述,公营造物是一种特殊的公务法人,其行为具有公法属性,在遵循法律保留原则的前提下,公营造物依据内部规则作出的主权行为很大一部分是出于对维持公共服务一般秩序之考量。在不涉及使用人的公法上的主观公权利之时,应当尊重这种主权行为的效力,以保障公营造物运行的效率和安全。但当主权行为影响到上述主观公权利之时,如拒绝被救助人进入救助所,①则理应赋予公民行政法上的救济权利,毕竟行政救济不仅仅是一种手段,一种途径,一种方法,它已经体现为一种法律上的权利,公民救济权的范围大小,救济权的实现程度是一国行政救济制度是否完善的重要标志。②

① 参见《先救治还是先救助?一流浪者在救助站门口死去》,载《潇湘晨报》2006年5月28日,第3版。

② 参见林莉红:《中国行政救济理论与实务》,武汉大学出版社2000年版,第10页。

第八章　公产利用理论的实践探索

第一节　公产制度视角下我国住房保障制度的反思与重构

“恒者有恒产”是中国的传统观念，从古至今，置办不动产一直以来都被国人视为实现安居乐业的主要途径。在这种观念的影响下，我国曾一度陷入了“只要控制房价，就能实现安居”的惯性思维。遗憾的是，20 年来，我国对房地产市场的调控期许屡屡落空。这说明，单纯以商品房价格为目的，以简单粗暴的行政干预为手段，只会使人民的安居梦想渐行渐远。党的十八大报告中提出：“要建立市场配置和政府保障相结合的住房制度，加强保障性住房建设和管理。”党的十九大以来所强调的“房住不炒”为我们指明了今后改革的方向。现行的住房保障制度，需要以科学的理论为指导加以必要的修正，方能期待转变现有的传统思维，实现“居有其所”的安居中国梦。

一、反思的缘起：中国房地产市场调控的“二十年之惑”

随着历史的脚步悄然跨进21世纪之时，谁也未曾想到，我国房地产市场随之将步入一段“井喷”式的发展时期。自2003年至今的20年里，伴随着城市建设脚步的加快，公房货币化改革的实施，面对着日趋增长的社会需求，大量的资金涌入房地产开发市场。刹那间，各种现代化商品住宅如雨后春笋般耸立在我们的身边，高档住宅楼、写字楼更是鳞次栉比。尽管城市发展的蓬勃生机让人们感到欢欣鼓舞，但人们也发现，随着老一辈已经享受了近半个世纪的公共福利住房政策成为过去，商品房价格的高位徘徊让人们的安居梦想变得越来越遥不可及。

在中国，“恒者有恒产”是国人传统的安居观念。在房改政策实施后，购买商品房被国人视为实现安居的唯一途径。为满足这一社会期待，遏制房地产市场的过热和泡沫，我国自2003年“18号文”出台开始，踏上了国家对房地产市场调控的20年漫漫长路。随后的“国八条”“国六条”“国四条”“国十条”“新国八条”“国五条”，以及近几年实施的落户限购和房产税试点，都体现了国家对房地产市场调控政策的不断更新和强化。更大的疑惑在于——即使中国的房价真的开始步入低潮，就一定能够满足人民的安居需求吗？

实际上，无论商品房价格的未来走向是继续大涨还是维持高位，又或者是一路狂泄，对普通公众都并非利好。毕竟20年来房价的持续高位运作给社会各阶层尤其是中产阶层带来了巨大的压力。一旦进入快速下滑的轨道，将不可避免地带来各种不容忽视的社会问题：首先，房价的下跌将给目前数量巨大的“房奴”带来巨大的经济损失，毕竟，他们在背负巨额的银行贷款利息的同时又将面临“房产贬值”的压力；其次，房地产价格一旦步入持续下降轨道，将导致整个社会抱着“买涨不买跌”的心态陷入无止境的观望之中，市场低迷的同时人民更加“不敢买房”；最后，房地产价格的下泄，将给中国原本就较为脆弱的金融秩序和经济秩序带来巨大的冲击，次贷风险将如同一把高悬头顶的达摩克利斯之剑，给我们来之不易的经济与社会稳定带来严重威胁。

在我国，城市土地专属国家所有，国家对这种不可再生的自然资源长期以来采取了较为严格的控制措施。因此，自从土地出让市场化以来，土地出让方式就备受政府和市场的关注。2004 年 3 月，国土资源部、监察部联合下发《关于继续开展经营性土地使用权招标拍卖挂牌出让情况执行监察工作的通知》，规定自 2004 年 8 月 30 日以后，各地政府不得再采用协议方式转让经营性土地使用权，国有土地使用权必须以公开招标拍卖挂牌（即所谓“招拍挂”）的出让方式进行。相比原来以协议为主的土地转让方式，“招拍挂”在一定程度上遏制了腐败寻租行为，净化了土地市场，但是存在的问题也日益明显。由于土地资源的稀缺，各地政府均采取了地方土地储备中心制度，由此控制城市土地使用权的出让幅度。

“在中国房地产调控的过程中，各级地方政府是以一种双面角色存在的。”①一方面，政府是日趋高涨的城市房地产市场的受益者。通过城市土地使用权的转让，各地政府也成为 20 年来中国商品房价格井喷的最直接获益者，大量土地使用权转让的收益、涉及

① 余睿：《公物权理论视角下我国住房保障制度之反思》，载《桂海论丛》2014 年第 1 期。

房地产的各项税收成为政府坚实的财政来源。另一方面,政府又有着房地产市场规制者的角色,通过各种政策与手段对商品房价格进行调控。更为重要的是,在市场经济中,政府原本就不宜采取过度干涉的手段妨害市场竞争的存续与价值规律的运行。因此,20年来的调控效果已经清晰表明,尽管在遏制投机资本方面取得了一定的成效,但如果政府不彻底摈弃上述双重身份,不尊重市场规律,单纯以行政手段对房地产市场强加干涉,就难以形成长效的机制。

二、公产制度对建立住房保障制度的启示

(一)公产利用理论新视角的引入

"购买商品房乃实现安居的唯一途径"之观念遭受现实拷问,安居目标的旁落呼唤以"有房住"取代"有住房"的新型住房保障模式的出台。值得欣喜的是,目前,以构建公共住房保障体制满足民生所需的执政理念已被逐步融入党和国家的一系列执政方略中。我们也需要用新的视角审视中国的市场调控与住房制度。

行政法中的公产制度,已经历了近百年的发展,"其调整人们日常享受的大量行政给付,是范围最广泛的一个国家生存照顾领域"。① 大多数法治发达国家,公产及其利用理论已形成了较为成熟的体系。在此理论支撑下构建的公共住房保障制度,由于体现了以公共给付来消弭市场刚需的"以疏代堵"思想被广泛接受,进而为各国遏制房产过热,控制市场泡沫、实现国民居有其所做出了巨大的贡献。

---

① [德]汉斯·J.沃尔夫等:《行政法》(第2卷),高家伟译,商务印书馆2002年版,第455页。

普遍认为,国有自然资源、公共设施及各种涉及社会保障的公共产品,都属于公产的范畴。公产物权则是基于公物所形成的各种权利(力)形态。与私法领域的财产权不同,公产的财产权属构成较为复杂,包括私法权利、公法权力以及公法权利三种权属内涵。首先,以国家所有权为基础形成公产所有权,与私人财产所有权一起受到民事物权制度的平等一体保护;其次,以行政权为基础形成公产的支配权,由政府行政机关对公产行使占有、维护与分配等公法权力;最后,以公民分享权为基础形成公产的利用权,由社会公众对公产尤其是公共产品行使分享、利用和受益的公法权利。在上述三种权属之中,公众利用公产的公法权利无疑是最为核心的公产物权形态。

公产利用的权属结构具有极强的公益性特征,这一特征的核心含义有二:其一,政府应当以公共利益为标准,丰富公物供给的形态,扩大公共产品和公共服务的深度和广度,严禁利用公物牟利。其二,政府应当最大限度利用公物来满足公众广泛性、普惠性、持续性的分享期许。那么,在公物权理论的指引下观察我国现有的住房保障模式,会带来哪些新的启示呢?

(二)公产利用理论视角下的新观察

借助公产利用理论的视角,能够帮助我们对当前中国的住房保障制度、土地利用制度、房地产调控制度及政府职能定位进行如下全景性的观察。

第一,土地作为一种稀缺的国有自然资源,属于公产的范畴。在私有制国家,土地可以成为私人所有权交易的标的。而在公有制经济制度下,除集体组织以外,城市公民并无获得土地所有权的其他途径。因此国有土地作为全民所有的财产就应当为全体社会成员共同分享。土地使用权出让也不能被看作像矿产、水域等其他自然资源那样仅具有单纯的国有经营性资产属性，毕竟公民可以不依赖矿产、水域和滩涂，但必须依赖土地方可安居乐业。土地使用权的转让是将原本供公众利用的公产通过特许独占使用的方式进行的价值转换。那么，在土地被政府以出让使用权的方式转化为开发商或者购房人的特许独占使用之后，实际上是在排斥其他社会成员平等分享土地的权利来换取土地收益金。那么，这笔收入就理所应当地用于对其他社会成员居住条件的合理补偿。换言之，政府不应当是土地收益的唯一受益权人，应当同时也是土地这种公产的支配人和分配者。政府应当将土地收益所得的财富以其他适当的方式反哺其他未获得独占使用的社会成员，或者至少在填补其他公共服务所需之财政开销不足之后，将这笔受益的部分转换为可供其他公民分享的公产方式达到补偿之目的。

第二，公民作为土地收益金的受益权人，享有通过合理与合法的途径分享这笔财富的公法权利。相应地，政府也承担着满足人民分享期待的行政职责。政府应当以住房保障者的角色，通过各种住房保障性质的公产供给，达到对那些无法通过自购商品房满足居住条件群体的必要帮扶，从而实现公众最基本的安居需要。换言之，如果说政府作为调控者对房地产市场的干预是一种权力身份，那么在以公共住房保障供给者的角色存在时，所强调的反而是一种义务或职责的身份。由此，我们并不能强求政府一定要抹煞价值规律和市场竞争强行限制商品房价格，但我们能够要求政府履行住房保障义务进而实现公民对基本住房保障需求的公法权利。

第三，在中国住房制度改革的背景下，按照公产利用理论，公产所有权人不限于国家，在集体财产甚至个人财产上都有设立公产之可能。打破以国有土地作为保障性住房用地唯一供应源的局面,较为可行。

通过对党的十八届三中全会公告的解读,我们不难发现,中央对于当今中国的发展在某些方面存在的失衡具有清醒的认识。公民缺少对权力和资本的制衡,使得民众在“经济发展巨大成果”的“分享博弈”中不敌“强势集团”,成为利益分享的弱势群体。① 笔者认为,将政府视作国有土地的唯一收益人也是不妥的,公民同样对国有土地享有分享与受益的权利。由此,各地政府都肩负着为广大社会成员提供公共住房保障的法定职责。从国外住房福利制度的实践来看,政府所承担的公共住房保障性给付的深度与广度,与该国之商品房价格基本呈正比。给我们带来的启迪是:对待现有的房地产市场的正确态度应当是“宜疏不宜堵”。需要建立一个全新而科学的公共住房保障体系给需求过于旺盛的房地产市场降温。这并非旧有全民福利住房政策的“倒退”,而是对政府角色的重新定位,是政府职能的应然回归。公共住房保障体系一方面将成为商品房市场无法实现的公众基本需求之有益补充,防止在社会财富二次分配过程中的马太效应;另一方面将缓解人民对商品房市场的过分依赖,帮助过热的商品房经济实现高位之后的“软着陆”,从而真正实现当代政府以人为本,有所为有所不为的服务型行政理念。

三、对现有住房保障制度的反思

中国改革开放以来,取得了可喜的社会成就。然而,在经济发展领域,也出现了社会贫富不均、两极分化的情况。

---

① 参见沈晓杰:《公共财政要让公众分享——十七大将满足“人民群众新期待”》,载《中国经济周刊》2007 年第 28 期。

党中央“以民为本、执政为民”的执政理念，就是对中国社会发展中出现的方向偏离和系统失衡的一个重大修正。以构建公共住房保障体制满足民生所需的执政理念已被逐步融入党和国家的一系列执政方略中付之于实现。我们应当从什么角度审视现有的住房保障制度的不足，又应当如何按照中国国情需求修正现有的公共住房保障体系呢？

我国现有的住房保障模式是以廉租房、经济适用房为主线的。从受益人的惠及面来看，廉租房主要是面对城市住房困难的贫困家庭，经济适用房则是面对城市低收入家庭。然而，这种现行的供给方式存在较为明显的缺陷。

首先，廉租房由于租金低廉，因此必然受到房源的限制，如果依靠政府通过国家财政供给土地和修建廉租房，将给政府背上较重的财政压力。同时，由于贫困人群的收入水平增幅有限，一般很难在短期内具备购买商品房的经济能力，造成廉租房的换手率较低。换言之，廉租房无法满足更大范围人群的反复受益，廉租房政策也始终无法对房地产市场造成有力的冲击。此外，现有的廉租房还存在如住房条件较差、保障手段单一、社区隔离现象严重等问题。①

其次，经济适用房的住房保障模式是通过所有权的转移完成公产给付的。一方面，这种模式也同样存在类似廉租房制度所带来的诸多问题，如政府负担过重，房源选址不当、供给资源有限等；②另一方面，这种住房保障模式是以一次性消耗社会有限资源为代价的，

---

① 参见郑智航：《中国适当生活水准权制度反思——以中国的廉租房制度为例》，载《法商研究》2010年第6期。

② 参见李哲：《我国经济适用房制度法律问题研究》，载《法学杂志》2011年第S1期。

只能满足一小部分人群的一次性需求。过高的市场交易规制成本同样阻却了购房者由经济适用房向商品房的流转。不仅如此，随着普通商品房价格的高位运作，经济适用房的价格也一路水涨船高，加之现有的监管手段并非严谨，其结果要么造成原本就不富裕的低收入家庭在购房后生活质量严重下降，要么由于低收入家庭无法承担购房经济负担，进而被其他并不符合购买条件的特权群体享用。

最后，无论是廉租房还是经济适用房，都存在惠及面过于狭窄的问题。除了对贫困家庭和高收入家庭的界定较为明确以外，低收入家庭、中等收入家庭之间的界限并不明显。现有住房保障模式的惠及面集中于贫困和低收入家庭，将使大量介于高收入与低收入之间的中等收入家庭不得不直面高昂的商品房价格。不能忽视的是，这些中等收入家庭在购买了昂贵的商品房成为"房奴"之后，其生活水平实际上已经降至低收入家庭的标准。

四、公产利用理论视角下住房保障制度之修正

寄希望于完全依赖国家公产给付实现全民安居，与寄希望于完全依赖房地产市场实现安居一样都不现实，前者更可能导致向旧有的全民福利住房制度的倒退！公共住房保障体系只是对商品房市场的有限补充与疏导，其潜在目的是引导商品房价格处于一个较为合理的区间，满足不同收入人群的不同需求，实现无缝链接。但在商品房价格仍处于高位运行之际，如何实现对不同社会阶层住房需求的持续性、长效性满足呢？这需要我们转变固有的思维，从公产利用的视角对现有住房保障模式进行必要的修正。

（一）住房保障模式中普惠性视角的转换

在公产利用理论中，人民平等地享有对公产供给分享的公法权利，这种权利行使的前提是公民无法仅依靠自我努力实现利益

需求,体现了人民对国家的依赖和国家对人民的帮扶。通过上述分析我们发现,目前商品房的高位运作,能够承担现有房价却不会因此降低生活水准的只有为数不多的高收入阶层。低收入阶层本来就无法在短期内购买商品房。由此,昂贵的商品房价格就由中等收入阶层无奈地承担下来,即所谓的“刚性需求”。事实上,中等收入阶层的家庭还可以进一步细分为两个群体:一类为需要改善住宅环境的群体,这个群体大多已经拥有至少一套住房,只是需要通过购买更大更好的商品房改善居住条件,现有的商品房价格对于这一群体的压力并不大,毕竟通过出售原有的住房,可以抵销部分的新购商品房价款。另一类则是城市中大量存在的无房中等收入群体。这部分群体较为年轻,且原本就没有住房,只能租房以获得栖身之所。面临婚姻、育儿、事业所带来的对住房的迫切需要,加之房屋租金的不断上扬,迫使这部分人群不得不购买商品房。值得注意的是,当商品房价格处于较为合理的区间时,按照这一人群的收入水平,依靠自力更生购买商品房原本不会给他们带来过重的负担。然而,在目前商品房价格增幅远超收入增幅水平的境地下,这部分人群就成为社会中最为尴尬的群体。首先,他们无法满足廉租房和经济适用房的给付对象标准,被抛弃在住房保障体系之外。其次,日趋高涨的租金给他们带来了沉重的经济负担,使其萌生租房不如买房的无奈之念。最后,婚姻、工作等对住房的应然需要接踵而至,原本经济基础就很薄弱的他们不得不考虑通过亲人的资助加上商业贷款的方式购买商品房,被迫披上“房奴”的外衣,生活水平大幅下降。

由于未能给予上述第二种中等收入无房家庭以必要的缓冲,迫使他们在事业起步之初就不得不面对住房问题。在欠缺公共住房保障的情况下,被迫接受高昂的商品房价格,造成自己以及亲人沉重的经济压力。恰恰是这样一个庞大的刚需群体，形成了商品房市场中巨大的购买力，从而与房地产商、投机者一起促成中国21世纪以来商品房价格的一路飙涨。与房地产商和投机者的牟利心态截然不同，这一群体所代表的是更多的彷徨与无奈。所以，在对公共住房保障体系进行修正时，我们首要的任务就是给予这个被遗忘的群体以高度的关注，只有将他们纳入住房保障的惠及面中，赋予他们主张住房保障的公法权利，给予他们独立承担买房负担之前的必要缓冲空间，方能从本质上缓解"刚需"，缓和房地产市场过度膨胀的局面，引导商品房价格的理性回归。

图8-1为普惠性的公共住房保障体系。

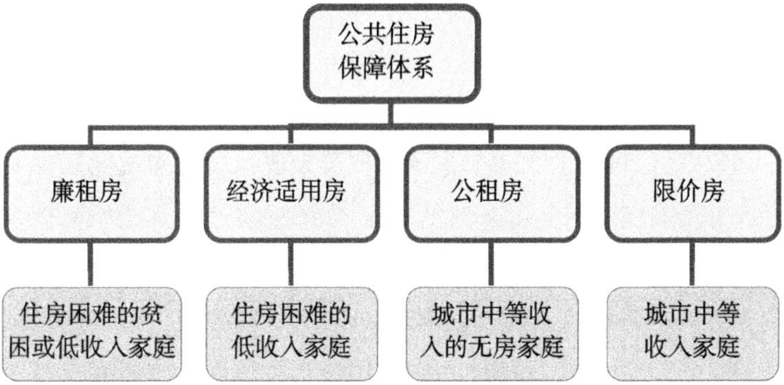

图8-1　普惠性的公共住房保障体系

（二）住房保障体系中"恒产"思想的转变

"恒者有恒产"是中华民族长期以来的固有思想，几千年来，国人对自有住房的追求始终未曾平息。这种思想本身并无可诟病之处，毕竟"人格本质上就是物权，有财产，才有人格！"①可是，在住房

① 参见[德]黑格尔:《法哲学原理》，范扬等译，商务印书馆1961年版，第51页。

保障体系之中,如果仍然遵循这种思想,就无法实现人民分享住房保障资源的持续性和广泛性。归其缘由,在“恒产”思想的束缚下,所有权始终与使用权形影不离,似乎只有所有权的获取才能映射使用权的满足。可是,一个浅显的道理在于,所有权的获取成本远远大于使用权。不动产是以土地这种不可再生的公共资源为基础的,不动产所有权人对土地的独占使用,必然会导致公共资源的不断消耗。目前的商品房价格,对有一定承受能力的中产阶层尚已构成巨大的压力,即便是从经济适用房来看,低收入家庭为了获得经济适用房的所有权,不得不倾囊而出,导致其生活水平严重下降。此外,土地资源的有限性,严重制约了经济适用房的惠及范围,由此产生千军万马争抢经济适用房的局面。因此,经济适用房这种以所有权交换为主的住房保障模式受到学界广泛的诟病。①

我们必须清醒地认识到,住房保障制度的目标是满足人民的安居需求,这种需求本质上是指受惠及人群对公共房屋的居住利用而非所有权取得。可以预见的是,如果经济适用房的所有权人今后具备了购买商品房的能力,或者成为遗产,那么私人所有权的存在终将阻碍经济适用房这种公产继续发挥公用价值。笔者认为,应当在公共住房保障体系中运用公产利用理论中所有权与使用权相互分离的二元化思路,一方面持续减少经济适用房这种不可持续的住房保障模式;另一方面则应当逐步增加不附带所有权转换的租赁保障性住房的供给,实现公众居有其所的基本需求。

(三)住房保障体系中资源与给付手段的扩张

在过去的全民福利分房制度中,主要承担公产给付责任的是

---

① 参见方言:《经济适用房扭曲社会保障,申请购房流程漏洞百出》,载《环球杂志》2005年第7期。

各级政府,给付的方式也主要依靠政府财政实现。由于这种植根于计划经济年代的单一体制给国家财政带来了庞大的经济负担,进而引发了中国住房制度的深刻变革。那么,在我们思考以新的公共住房保障体系满足人民安居的过程中,就不能重蹈覆辙。公产利用理论中所有权与使用权相互分离的二元化思路,同样能够应用于住房保障资源获取这一问题。国家所有权并非公产的唯一来源,私人所有权和集体所有权状态下的不动产,依法经由行政程序确认,同样可能成为供公众利用的保障性住房来源。在今后的改革中,应当允许以私人出资并负责管理的保障性住房,以国家划拨土地而由私人投资修建的保障性住房。

在现有的廉租房、经济适用房等手段之外,我们还应当参照域外国家的先进经验完善针对城市中等收入群体的住房保障,主要手段就是大力发展廉租房与经济适用房以外的公租房制度。这一制度是指通过政府兴建或者私人投资,为城市中等收入人群提供经济型公共租赁房。其中,无论是私人所有还是国家所有的不动产,都可以通过设定公租房的方式在政府的统一调配下供城市中等收入人群租用,由此给予这一群体,尤其中等收入流动人口必要的缓冲空间,使其不必过早直面昂贵的商品房。并且,公租房的用益权有一定的租期限制,可以促使公租房群体加快收入积累,最终通过购买商品房达到安居目的。可见,公租房的运行全过程,是对所有权中心制的突破,也是公产物权二元化的最佳印证。

在目前中央大力推行的保障性住房建设中,公租房已越来越多地受到中央和各级地方政府的关注。“大力发展公共租赁住房,是完善住房供应体系,培育住房租赁市场,满足城市中等偏下收入家庭基本住房需求的重要举措,是引导城镇居民合理住房消费,调整房地产市场供应结构的必然要求。"①然而，由于面临诸如资金回流速度较慢，地方财力匮乏等困难，公租房制度仍旧被认为无法取代经济适用房制度。笔者认为，公租房制度的发展需要政府通过各种有益的改革尝试破解目前存在的难题。公租房的房源可以通过公私合营兴建、企业自主兴建、②政府购买社会房源长期使用权、交由企业通过对私人闲置房源的收购进行集约化管理等方式加以拓宽。城市中现有城中村的集体土地也是拓展公租房房源的有效来源。长期以来，我国严格禁止集体土地所有权上的小产权房交易，这虽然确保了集体土地所有权的安全，但也阻碍了许多城中村的改造进程。城市化过程中的巨额拆迁补偿也为各地政府所负累。在不涉及集体土地所有权变更的前提下，以政府注资或公私合营的方式将城中村改造成村民住宅与公租房的混合小区是可采取的手段。这样既可以改善村民的居住条件，又可以以公租房取代原有的村民私人租赁房，保障村民的可持续收入，同时节省补偿安置的费用。当然，这种手段的实现也必须"坚持最严格保护耕地的基本国策，强化政府政管"。③

未来中国的公租房制度将成为整个中国公共住房保障体系的核心环节。并且，从域外经验来看，公租房制度所引发的诸如引导民营经济参与政府民生工程、切实满足社会住房刚性需求、推动旧城改造进程形成城市功能分区等多层次的连锁效应，终将形成政

① 2010年6月，住建部等七部委就联合下发了《关于加快发展公共租赁住房的指导意见》。

② 参见阳雪雅：《公租房若干法律问题思考——以重庆市为重点》，载《法学杂志》2011年第S1期。

③ 参见陈小君、戴威：《对"集体土地上建公租房"政策的法律思考》，载《法律科学(西北政法大学学报)》2012年第3期。

府间接调控房地产市场的重要手段。

五、结论

党的十八大报告指出,“要建立市场配置和政府保障相结合的住房制度,加强保障性住房建设和管理”。这无疑为我们指明了住房改革的新方向。在当前中国的社会转型期,商品房不应当也不可能再承载起社会各阶层的安居需求。应当打破“恒者有恒产”的传统思维,转变政府对房地产市场的调控思路,实现调控目标从“打压房价”向“遏制投机”的重心转移。同时,政府应当以科学的理论为指导对现行住房保障制度加以必要的修正,以“居有其所”为目标进一步丰富公共住房保障的手段,拓宽保障性住房的供给来源,扩大住房保障制度的惠及范围。构筑以公共租赁房保障模式为核心,以廉租房、经济适用房、限价房等其他住房保障模式为辅助的新型住房保障体系,疏导和满足不同阶层社会公众的住房需求,最终引导商品房价格的合理回归。总之,住房保障制度改革的关键在于政府要有壮士断腕的决心、执政为民的担当以及大刀阔斧的魄力,如此,实现人人“居有其所”的安居中国梦将不再仅仅是梦想。

第二节　公产利用视角下的小产权房治理

一、中国新型城镇化发展进程中的住房保障新问题

当前我国正处于新型城镇化改革的重要阶段,按照国务院在2014年颁布的《国家新型城镇化规划(2014—2020年)》的部署,到2020年,我国常住人口城镇化率将从2012年的52.6%提高至60%,户籍人口城镇化率将从2012年的35.3%提高至45%,城镇

常住人口保障性住房覆盖率将从2012年的12.5%提升至23%。[①]这意味着,在未来的数年间,将有1亿左右的农业转移人口在城镇落户,同时需要通过棚户区和城中村的改造,改善约1亿人的居住条件。[②] 而在2023年年末,中国常住人口城镇化率就已经达到66.16%,提前实现并超过了"十四五"规划到2025年达到65%城镇化率的目标,相比2012年提高了近14个百分点。按照国务院的部署,未来中国城镇化的改革将秉承"以人为本,公平共享"的理念,重在稳步推进城镇基本公共服务常住人口全覆盖,促进人的全面发展和社会公平正义,使全体居民共享现代化建设成果。由此也彰显了中央在城镇化改革过程中下大力气解决公众居住条件的坚定决心。

实际上,当前国家政策的有力指引,在一定层面而言是为了消减以往中国城镇化发展进程中的盲目性和被动性局面。尤其是在社会公共资源处于过度自主调配状况下,高质量的公共服务如医疗、教育、就业、社会保障等均呈现出加速向城市集中的趋势,由此导致公共服务供给过程中的严重城乡差异。社会人口被迫通过不断流动以寻求高质量的公共服务。以基础教育为例,由于城乡之间、小城镇与中型城市及大型城市之间存在较大的教育质量差距,社会公众只能为了寻求更好的教育而不断奔波,按照我国目前的基础教育资源分配机制,住房成为获取教育机会的最佳途径。由此呈现出农村人口到城镇购房、小城镇人口到中型城市购房、中型城市人口到大城市购房的教育资源追逐格局。也正是社会公众对类似教育这样的公共服务资源的追求,促成了我国城市房地产市场刚性需求的形成。

值得关注的是,尽管当前我国城市的商品房价格和涨幅相较

---

① 参见国务院2014年3月16日发布的《国家新型城镇化规划(2014-2020年)》。

② 国家发展改革委副主任徐宪平在《国家新型城镇化规划(2014-2020年)》发布会上回答记者提问时就"三个1亿"所做的详细说明。

历史高点已有所回落，但我国居民的房价收入比却仍处于高位。高企的房价和中低收入者购房能力不足的局面将得以延续，这无疑将影响我国未来城镇化的整体进程和质量。

可见，能否解决城镇化进程中城市中低收入者住房以及其他共享公共资源问题，在一定层面上决定了我国城镇化改革发展的节奏和质量。近年来，从中央到地方各级政府都高度关注保障性住房建设，也投入了大量资源下大力气加快保障性住房尤其是廉租房、公租房的建设，但同时也面临一些新问题和新困难，主要体现在以下4个方面：首先，保障性住房的土地供应不足。现有保障性住房的土地供给基本都来源于国有土地。但由于城市规划限制加之土地流转利益的考量，保障性住房土地供应呈现出越来越紧张的状况，亟须扩展土地供给来源。其次，保障性住房的资金来源紧张。现有保障性住房尤其是公租房的建设资金基本上都是由地方财政负担。公租房的资金回笼较慢，民营资本介入意愿有限，这无疑给地方财政带来较大的压力。再次，保障性住房建设的成本不断攀升。现有保障性住房建设使用的国有土地大多是由集体土地征收而来。由于2023年以来城市商品房价格的持续上涨，保障性住房建设过程中的土地、房屋征收和拆迁成本也随之水涨船高，造成了较大的资金压力。最后，保障性住房配套设施建设不足。由于保障性住房建设中土地和资金方面的压力，保障性住房公共配套设施的建设往往被政府忽略或拖延，因此造成了保障性住房的功能价值大打折扣。①

在住房保障制度所面临的尴尬背后，另一种并不受法律认可

① 目前，由于保障性住房选址较偏僻，配套设施不足而导致较高空置率的现象已较为普遍。参见燎原：《公租房为何变成空租房》，载《南风窗》2014年第2期；《河南6城市一半廉租房空置　生僻地建保障房凑数》，载新浪网，http://henan.sina.com.cn/news/z/2012-08-03/0721-13893.html。

的住房形态——小产权房却“意外”获得社会公众的高度关注和青睐。随着城市的不断扩张,大量的村级集体被纳入城市建设和规划区域中,形成了遍及城市周边甚至散见于城市核心区域的“城中村”。我国农村集体土地使用和流转制度的落后,使得农村集体土地无法通过流转实现其土地价值,为了使集体土地实现更大的收益,借助城市房地产刚需的东风,城镇内及周边地区许多农村集体选择了利用集体土地开发的小产权房,而高企的房价则使得小产权房成为众多城镇中低收入群体在无奈中的选择。双方的利益需求使小产权房这一游走在中国法律灰色地带的特色产物风靡一时。我国早在20世纪末即开始对小产权房进行治理,各地也前后多次开展了对小产权房的专项治理。然而,由于小产权房经过长时间的积累基数较大,且所涉及的利益群体面积较广,治理行动受到相当大的阻力,各级政府基于社会稳定的考量行动较为迟缓甚至停顿,这使许多原本处于观望态度的农村集体又看到了机遇,进而引发了新一轮的小产权房建设风潮。小产权房的治理陷入恶性循环。

一方面是保障性住房的举步维艰,另一方面是小产权房市场的乱象频出,面对这种两难的境地,是否有一箭双雕的解决方案?笔者认为,行政法上的公产利用理论似乎能为我们提供一种新的思路。

二、公产利用视角下的小产权房治理探索

“小产权房”并非一个确切的法律概念,其“小”在法律上并没有相对应的“大产权房”。作为一种约定俗成的称谓,“小产权房”主要是指在农村宅基地、集体建设用地上进行开发的用于居住的房产。①

① 参见李丽娜:《农村“小产权房”法律问题研究》,载《辽宁公安司法管理干部学院学报》2014年第1期。

小产权房作为在农村集体土地上由农村集体或个人私自建设的房屋，没有缴纳相关税费，其产权没有被国家房管部门承认，在中国现有法律当中通常被界定为违法违章建筑，国家的法律制裁也始终如同一把达摩克利斯之剑高悬在小产权房的头顶。然而不能否认的是，小产权房虽然并不合法，但其依旧具有财产的形态，也蕴含了大量的建设资金成本。因此，以合理合法的手段利用和发挥小产权房的价值远比直接抹掉其财产形态似乎更符合经济学的考量。

多年来政府一直明令禁止小产权房的开发和出售。2013 年 11 月 22 日，国土资源部办公厅、住房城乡建设部办公厅联合下发《关于坚决遏制违法建设、销售“小产权房”的紧急通知》，要求各地方政府坚决查处小产权房在建、在售行为，切实履行好监督管理职责。在随后于 2014 年 3 月召开的两会期间，时任国土资源部部长姜大明表示，全国 28 个省(区、市)已经拿出工作方案，对在建在售小产权房要做到“拆除一批，教育一批，震慑一批，问责一批”。①

笔者认为，目前国土资源部对小产权房治理的相关政策和高压态势，虽然可以遏制新的小产权房的开发和出售，但对于存量和已出售的小产权房并不能进行很好的处理。从小产权房产生的根源来看，现存的小产权房固然违法，但事实上缓解了中国这些年经济高速发展，城镇化率迅速提高过程中产生的城镇中低收入群体住房问题，而这恰恰是政府保障性住房政策需要解决的问题。这也使小产权房治理与保障性住房供给形成了可供契合的空间。

如前文所述，在行政法的公产制度中，公产物权呈现出二元化的趋势。在公产利用法律关系中，公产的供给及利用与公产的所

① 参见《小产权房处置 28 省份已出方案》，载《新京报》2014 年 3 月 11 日，第 A17 版。

有权归属并无太大的关联。只要符合公产的公用目的性需求，只要满足公产设置的物质性要求，只要经由公产管理机关的公法规制，即可实现公产被社会公众利用或受益的目的。因此，在保障性住房这种公产供给过程中，应当摒弃"恒者有恒产"的思想，而转换为"居有定所"模式，以所有权转移为代价的住房保障显然不是保障性住房供给的良性渠道，以不转移所有权为前提的公租房、廉租房才是今后住房保障制度发展的大势所趋。这种趋势已经被当前各地逐步减少甚至停止建设经济适用房，转而加大公租房建设力度的现实所印证。①

小产权房的土地所有权归集体共有，房屋所有权归集体或集体成员所有，如果现有的集体财产已经足以满足集体成员需求，那么显然可以使集体财产的余量发挥更大的社会价值。保障性住房作为一种公产，其开发建设并非一定全部由政府进行投资开发建设。② 在现有的手段之外，政府完全可以通过各种方式解决保障房在资金来源、回流方面的问题，引入社会资本，与企业共同开发建设保障性住房。通过一定的法律政策支持、税费减免和开发收益的共享吸引更多的社会资本共同参与到保障性住房的建设中，减轻政府在保障性住房投入上的压力。③ 在确保集体所有权不发生转移的前提下，集体土地上的财产比如小产权房已经具备了被纳入保障性住房加以利用的理论前提。

由此，可以将一批符合集体土地用地政策、符合各地方政府城

---

① 参见余睿：《公物权理论视角下我国住房保障制度之反思》，载《桂海论丛》2014 年第 1 期。

② 参见余睿：《论行政公产的法律界定》，载《湖北社会科学》2009 年第 9 期。

③ 参见阳雪雅：《公共租赁住房若干法律问题思考——以重庆市为重点》，载《法学杂志》2011 年第 S1 期。

镇规划的小产权房，通过法律和政策的创新机制，转换为公共租赁住房，使其合法化。将存在产权问题、管理问题的小产权房，纳入地方政府的公共租赁住房管理体系中，甚至引入企业进行共同开发建设。如果能够在不涉及集体土地性质变更的前提下，通过政府和引入企业注资的形式，将小产权房转换为合法的保障性住房，就能解决小产权房的合法性问题，并以比较低的成本获得公共租赁住房资源，省去了公共租赁住房开发所需要的大量资金和时间，还能对获得公共租赁住房的租金收益进行分配，补充政府财政收入，提高农村集体收益，增加就业，促进地方经济发展。

当然，要想将小产权房转换为公共租赁住房这一创新式的政策变为现实，需要对这一命题做出具体的分析研究，对于将小产权房转换为公共租赁住房的过程中可能遇到的困难与挑战需要做好相应的准备。最重要的是，小产权房的形成过程中，面临诸多法律上的问题，牵涉的利益主体众多。将小产权房转换为公共租赁住房，在现行相关法律制度上应当如何完善，如何在小产权房“转正”的过程中做出科学合理的安排，全面考虑牵涉其中各方利益主体的利益诉求，对未来公共租赁住房的租金收益做出合理的分配，这些将是我们重点探讨的问题。

首先，并非所有的小产权房都具有转换为公共租赁房的条件。对于不同类型的小产权房要予以区分对待。其一，房屋存在质量隐患。质量达不到国家标准，存在严重质量问题或安全隐患，又不能采取可行措施予以整改消除的小产权房不具备转换的条件。毕竟公产的设置应当确保其具有公共利用的条件，同时也应保护利用人的安全。其二，占用基本农田和耕地建设的小产权房。在原土地总体规划中被划为一般农用地、基本农田，如果具有复耕的可能性，那么应当予以拆除恢复为农用耕地。集体土地中的农业用地属于自然公产,其具有维系农业生产和粮食供应的公用目的,如将其改为保障性住房显然不符合公产设置转换的条件。当然,对于小产权房已经建设且拆除后无法复耕的土地,经过评估后可进行公产转换。其三,可能损害其他公产利用的小产权房,如占用土地为一级水源保护区或占用公共道路、绿地、河道、高压供电走廊、压占地下管线、破坏或影响文物保护和风景名胜区的小产权房。由于其具有危害其他公产利用的风险,则不再进行转换而应予以拆除。其四,严重影响土地利用总体规划、城镇规划的小产权房。这类小产权房由于已经严重影响了城市发展的空间,且必将造成今后其他公产尤其是公共设施(如铁路、公路、教育、卫生等设施)的建设,那么,从公产设置中各种公产利用价值的总体权衡出发,显然不再适合进行保障性住房转换。

其次,小产权房转换为公共租赁住房过程中,必须保障土地产权的性质不变。小产权房是在集体土地上开发的,作为集体土地,其产权归属于农村集体,这就为将其转换为公共租赁住房带来了产权上的不便。中国现有的公共租赁住房建设模式,是在国有土地上进行公共租赁住房的开发建设,或者将集体土地征收为国有土地后再进行公共租赁住房的开发建设。提出将小产权房转换为公共租赁住房这一模式,就是要利用现有小产权房资源,在节省公共租赁住房建设成本,解决城镇中低收入群体住房问题的同时,提高农村集体组织的收益,实现其对集体土地的财产权利。因此,笔者认为,集体土地不能一征了事,要为农村集体带来长期收益,就不能改变集体土地的产权性质。我国现行的《土地管理法》规定:"农村和城市郊区的土地,除由法律规定属于国家所有的以外,属于农民集体所有;宅基地和自留地、自留山,属于农民集体所有。"公共租赁住房是国家社会保障体系中的一环,小产权房本身并不是为了满足公共利益的价值追求而开发建设的，甚至小产权房本身就是违法的。因此，要将小产权房转换为公共租赁住房，将来就必须由地方政府管理，一方面，必须尊重农村集体组织对集体土地的所有权；另一方面，“转正”的房屋使用就必须符合公共利益，而不是“转正”了就可以用于谋取私利。小产权房转换为公共租赁住房的前提是保证集体土地产权性质属于村集体不变，同时要确保在这一过程中，不能损害农村集体组织的合法权利，不能违背其作为行政公产的本质属性。

最后，小产权房转换为公共租赁住房，必须保障各方主体在法律上的合法权益。小产权房的治理，牵涉众多利益主体，诸如地方政府、国家房管部门、农村集体、小产权房购买者等。如此众多的利益主体，使得小产权房的治理问题变得非常复杂，10多年来小产权房之所以在法律的灰色地带延续下来，就是因为其利益主体的复杂多样。因此，在小产权房转换公租房的过程中，应当根据保障性住房建设的要求进行详尽的评估，以确保小产权房符合保障性住房的条件。同时，由于小产权房涉及建设规划法律手续缺失，不许对缺失的许可审批程序加以补办以便于监管。此外，小产权房的转换应针对存量房屋，为防止今后继续出现违法建设小产权房的情况，应当将设置转换的行政行为与惩戒违法建设的行政行为区分开，根据违法建设的程度轻重以及转换程序中的合作状况另行进行相关的行政处罚。

三、小产权房转换为公共租赁住房的模式构想

小产权房由于在法律上存在产权问题，并违反了多项法律法规和政策，虽然通过小产权房的开发、出售能够为农村集体组织带来一定的收入，但由于不受法律的承认和保护，这样的收益具有不

稳定性。作为小产权房的购买者,对小产权房并不拥有法律意义的产权,一旦发生违约、土地征收等问题,只能通过并不合法有效的一纸合同主张自身的权利,很可能造成经济上的损失。因此,小产权房不能真正为农村集体带来合法的土地增值收益,不能真正解决城镇中低收入群体住房问题,应当依法处理。在现有条件下,应当采取手段取缔在建、在售小产权房。

对于存量、已售的小产权房,应当进行分类处理,将符合城市规划的小产权房予以“转正”,在处理过程中,平衡各利益主体的合法权益,最大化利用现有小产权房资源,以真正解决城镇中低收入群体的住房问题,实现农村集体土地的价值,提高农民收益。为此,我们提出以下转换小产权房的模式。

(一)政府主导模式

在政府主导模式下,由地方政府先行垫付资金购买村集体所建小产权房的使用权。在此过程中,小产权房所在集体土地并不改变土地产权性质,仍为农村集体组织所有的集体土地。只是通过使用权的转让,使小产权房转为合法住宅,再通过地方政府房管部门进行登记备案,划转为政府管理的公共租赁住房。转换后的住宅的管理方式,与当地政府开发建设的其他公共租赁住房一同管理。①

1. 原购房者安置

由小产权房转换而来的公共租赁住房,与其他政府开发建设的公共租赁住房一样,主要出租给城镇中低收入群体。由于符合转换为公共租赁住房条件的小产权房多为已经有大量购房者购买入住的小产权房,因此,在小产权房转换为合法的公共租赁住房之

---

① 参见陈小君、戴威:《对“集体土地上建公共租赁住房”政策的法律思考》,载《法律科学(西北政法大学学报)》2012 年第 3 期。

后,要考虑这些购房者在小产权房转换为公共租赁住房后的住房问题。对于这一部分人的安置,政府应当按当年购房者购买小产权房时所支付的购房款计算并对其进行返还,并按照公共租赁住房租金标准扣除其居住年限内应支付的公共租赁住房租金支付给村集体组织。在此之后,如原购房者符合当地申请公共租赁住房标准的,在小产权房转为公共租赁住房后,依据其申请,仍可安排其入住公共租赁住房;不符合公共租赁住房申请条件的购买者,将在政府返还购房款后搬离。

2. 转换资金来源及弥补

政府出资购买小产权房使用权的过程中,其资金来源可以是政府财政出资,即由政府承担购买小产权房使用权的全部资金,对于政府来说一次性从财政支出购买小产权房款项压力较大;也可以是政府通过发售地方政府债券的形式融资或利用政府财政收入担保向当地金融机构贷款获得资金,未来通过公共租赁住房出租收益偿还债务。

公共租赁住房的租金收益,可以分为两个部分:第一部分为农村集体组织的收益。农村集体组织开发和建设小产权房的最终原因就是为了提高自身收益。在原有的集体土地流转制度下,集体土地不像政府统一管理下的国有土地一样拥有入市的权利,集体土地的所有者难以通过集体土地的流转实现同国有土地一样的价值。将小产权房转换为公共租赁住房,就是要通过这一转换过程,使小产权房合法化,使农村集体组织能够通过集体土地实现收入的增加,保护农村集体利益。第二部分为政府财政收入。若地方政府通过地方政府债券或贷款获得资金的,需要在获得出租收益后,偿还融资债务。地方政府出售国有土地的开发使用权的财政模式在这几年遇到了瓶颈,而将小产权房转换为公共租赁住房,能够使租金收益成为地方政府财政收入的补充形式。小产权房转换为公共租赁住房,其出租收益将使地方政府得到有别于国有土地出让获得的一次性收入,租金的长期收入数额虽然不大但却提供了长期稳定的财政收入补充渠道。

3. 优势与不足

由地方政府出资购买小产权房的使用权,再将其转换为公共租赁住房是一种比较简单快速的手段。

该方案的优点在于:其一,能够在不引入新的利益主体的情况下,将小产权房转换为合法的公共租赁住房。这一方案在不引入新的利益主体的情况下,通过政府出资的形式,将小产权房转换为合法的公共租赁住房,实施起来比较简单,行政成本低,在原有的利益主体内部进行利益分配就能实现。其二,村集体通过公共租赁住房出租获得长期稳定的收益,实现了对集体土地的财产权利,进而提高了村集体组织内部成员的收入。其三,政府将小产权房转换为公共租赁住房,能够在现有土地和现有住房的情况下,在一定程度上解决当地城镇中低收入群体的住房问题,避免重新开发公共租赁住房形成的巨大时间和资金上的投入,实现现有资源利用的最大化。其四,政府通过公共租赁住房获得虽不多但保证了长期稳定的财政收入来源。其五,政府将避免过去一刀切地取缔小产权房的政策,避免了过去治理小产权房过程中可能造成社会不稳定的因素。

该方案的不足之处在于:其一,该方案在将集体土地转换为公共租赁住房的过程中,农村集体组织的收益提高不多。小产权房转换为公共租赁住房后,村集体组织虽然能够获得公共租赁住房出租后的一部分收益,但相对原有小产权房的出售,由于各地方政府实施不同的公共租赁住房价格的管理制度,不会同市场上出租房一样随着市场波动随时进行调整,因而农村集体获得的收益不会大幅提高。在这一模式下,小产权房转换为公共租赁住房对于农村集体组织而言,最大的意义在于使其开发建设的住宅由非法变为合法,公共租赁住房的出租收益有了法律保障。其二,政府在将小产权房转换成公共租赁住房后,出租收益虽然成为财政收入来源,但收益不多。公共租赁住房本身作为社会的保障性住房,其租金收益本身不高,政府在公共租赁住房出租后,获得的收益有限,不可能成为现有财政收入的代替,只能成为其补充形式。其三,对地方政府而言,投资购买小产权房使用权,一次性投入压力仍然较大,即使通过地方政府债券融资或财政担保获得了金融机构的贷款帮助,仍需要在开发获得收益后向金融机构偿还贷款。其四,可能对小产权房已购买者造成一定的损失。小产权房的购房者将获得的退回的购房款,是在按年限扣除了公共租赁住房租金后所得的当年购买小产权房的购房款。由于经济发展带来的通货膨胀,小产权房的购房者将受到经济损失。

(二)政府与企业合作开发模式

在政府与企业合作开发模式下,应由地方政府牵头地产开发商购买农村集体所建小产权房的使用权。在此过程中,小产权房所在的集体土地并不改变土地产权性质,仍为农村集体组织所有的集体土地。只是通过使用权的转让,使得小产权房转换为合法住宅,再通过地方政府房管部门的登记备案,转换为开发商拥有,为开发商办理产权证,成为受政府行政管理的公共租赁住房。同政府开发的其他公共租赁住房一样,向城镇中低收入群体出租。[1]

---

① 参见阳雪雅:《公共租赁住房若干法律问题思考——以重庆市为重点》,载《法学杂志》2011 年第 S1 期。

1. 原购房者安置

同前文所述,由开发商购买的小产权房转换为公共租赁住房,同样需要对原有的住户进行分类安排。对于已售小产权房,政府应当按当年购房者购买小产权房时所支付的购房款计算进行并对其进行返还,并按照公共租赁住房租金标准扣除其居住年限内应支付的公共租赁住房租金支付给村集体组织。在此之后,如原购房者符合当地申请公共租赁住房标准的,在小产权房转为公共租赁住房后,仍安排其入住公共租赁住房;不符合公共租赁住房申请条件的购买者,将在政府返还购房款后搬离。

开发商将在未来公共租赁住房收益中获得一部分收益的同时,在一定范围内获得公共租赁住房小区商铺的开发、收益权,用以收回小产权房购买资金,获得商业利益。当地农村经济也可以凭借公共租赁住房以及周边商铺开发获得发展。开发商在对集体土地的开发过程中,应当聘用当地村集体成员进行物业管理,从而增加村民就业,提高村民收入。

2. 转换资金的来源及弥补

在开发商出资购买小产权房使用权的过程中,其资金来源有以下几种方案。

其一,开发商独立出资。由开发商承担购买小产权房使用权的全部资金,这对于开发商的实力要求较高;其二,政府和开发商共同出资,政府和开发商按比例出资购买小产权房使用权的资金,对小产权房转换为公共租赁住房之后的商业开发收益,按政府与开发商的出资比例进行分配;其三,由政府为开发商提供信用担保,向当地金融机构贷款融资。通过政府信用为开发商进行担保,从而获得当地金融机构贷款的扶持,则未来小产权房转换为公共租赁住房之后的商业开发收益,要考虑金融机构的贷款偿还问题。

开发商将获得全部商业开发收益,并承担偿还金融机构贷款的责任。

对于公共租赁住房的租金收益,应当充分考虑购买小产权房使用权过程中的出资问题,公共租赁住房的租金收益应当在保障村集体获得一部分收益,提高村集体成员收益的前提下,按照出资比例进行分配。大致分为三个部分。

第一部分为农村集体组织的收益。在原有的集体土地流转制度下,集体土地不像政府统一管理下的国有土地一样拥有入市的权利,集体土地的所有者难以通过集体土地的流转实现同国有土地一样的价值。将小产权房转换为公共租赁住房,就是要通过这一转换过程,使小产权房合法化,使农村集体组织能够通过集体土地实现收入的增加,保护农村集体利益。

第二部分为政府财政收入,这一部分使地方政府得到了有别于国有土地出让获得的一次性收入,租金的长期收入数额不大却提供了长期稳定的财政收入补充渠道。

第三部分为开发商获得的一部分收益。在商业开发前期,开发商所获得的商业利润将主要用于补偿其购买原小产权房所付出的资金成本或偿还其通过政府担保获得的当地政府的贷款。后期则将转换为开发商所获得的利润。

3. 优势与不足

该方案的优点在于:第一,农村集体组织能够通过小产权房转换为公共租赁住房这一过程,获得合法的收益;第二,农村集体组织成员通过被开发商聘用进行社区管理,增加了农村集体组织成员的收入,促进了当地就业,促进了当地经济的发展,同时对公共租赁住房进行社区管理,也获得了更为稳定的社会环境;第三,政府通过小产权房转换为公共租赁住房,能够在现有土地和现有住房的情况下，在一定程度上解决当地城镇中低收入群体的住房问题，避免重新开发公共租赁住房带来的巨大时间和资金上的投入，实现现有资源利用的最大化；第四，政府将通过公共租赁住房获得长期稳定的财政收入来源，且相对于第一种方案，可以通过该地的商业开发，获得更高的收益；第五，政府将避免过去一刀切地取缔小产权房的政策，避免了过去治理小产权房过程中可能造成社会不稳定的因素；第六，对开发商而言，通过开发集体土地，能够为开发商带来长期稳定的商业开发收益。

该方案的不足之处在于：第一，就利益主体而言，该方案引入了新的利益主体。该方案需要通过政府引入开发商，由开发商出资购买小产权房并进行商业开发，这就引入新的利益主体，使小产权房转换为公共租赁住房的过程变得更为复杂，利益分配方案也更为复杂，利益博弈的情况增多，在此过程中，需要政府正确地处理与开发商的利益关系。第二，政府在将小产权房转换为公共租赁住房的过程中，需要引入开发商进行开发，这就使政府需要承担额外的招标、管理、监督等职能，增加了行政成本。第三，对开发商而言，投资购买小产权房使用权，一次性投入压力仍然较大。在投资购买小产权房使用权的过程中，即使通过政府提供信用担保获得了金融机构的贷款帮助，仍需要在开发获得收益后向金融机构偿还贷款。第四，小产权房已购买者可能会遭受利益损失。小产权房的购房者获得的退回的购房款，是在按年限扣除了公共租赁住房租金后所得的当年购买小产权房的购房款。由于经济发展带来的通货膨胀，小产权房的购房者将受到经济损失。

（三）政府与农村集体合作开发模式

在政府与农村集体合作开发模式下，应由地方政府提供部分资金购买农村集体所建小产权房的部分使用权，农村集体将在未来公共租赁住房收益中获得一部分收益的同时，在一定范围内获得公共租赁住房小区商铺的开发、收益权，进而促进农村集体组织收益的提高。在此过程中，小产权房所在的集体土地并不改变其土地产权性质，仍为农村集体组织所有的集体土地。只是通过使用权的转让，使小产权房转换为合法住宅，再通过地方政府房管部门的登记备案，划转为政府所管理的公共租赁住房。转换后的住宅的管理方式，与当地政府开发建设的其他公共租赁住房一同管理。同政府所开发的其他公共租赁住房一样，向城镇中低收入群体出租。

1. 原购房者安置

将开发商购买的小产权房转换为公共租赁住房，同样需要对原有的住户进行分类安排。对于已售小产权房，政府应当按当年购房者购买小产权房时所支付的购房款计算进行并对其进行返还，并按照公共租赁住房租金标准扣除其居住年限内应支付的公共租赁住房租金支付给村集体组织。在此之后，如原购房者符合当地申请公共租赁住房标准的，在小产权房转为公共租赁住房后，仍安排其入住公共租赁住房；不符合公共租赁住房申请条件的购买者，将在政府返还购房款后搬离。

农村集体将在未来公共租赁住房收益中获得一部分收益的同时，在一定范围内获得公共租赁住房小区商铺的开发、收益权，进而促进农村集体组织收益的提高。当地农村经济也可以凭借公共租赁住房以及周边商铺的开发获得发展，促进农村集体组织成员收入的提高。

2. 转换资金的来源及弥补

在政府出资购买小产权房使用权的过程中，资金来源可以由政府财政出资。由政府承担购买小产权房使用权的全部资金,这对于政府来说一次性从财政支出购买小产权房款项压力较大;当然也可以由政府通过发售地方政府债券的形式融资或利用政府财政收入担保向当地金融机构贷款获得资金,未来通过公共租赁住房出租收益偿还债务。

对于公共租赁住房的租金收益,应当充分考虑到购买小产权房使用权过程中的出资问题,公共租赁住房的租金收益应当在保障村集体获得一部分收益,提高村集体成员收益的前提下,按照出资比例进行分配。大致分为两个部分:第一部分为农村集体组织的收益。在原有的集体土地流转制度下,集体土地不像政府统一管理下的国有土地一样拥有入市的权利,集体土地的所有者难以通过集体土地的流转来实现同国有土地一样的价值。将小产权房转换为公共租赁住房,就是要通过这一转被过程,使小产权房合法化,使农村集体组织能够通过集体土地实现收入的增加,保护农村集体利益。第二部分为政府财政收入,这一部分使得地方政府得到了有别于国有土地出让获得的一次性收入,租金的长期收入数额不大但却提供了长期稳定的财政收入补充渠道。

3. 优势与不足

该方案的优点在于:第一,能够在不引入新的利益主体的情况下,将小产权房转换为合法的公共租赁住房。这一方案在不引入新的利益主体的情况下,通过政府出资的形式,将小产权房转换为合法的公共租赁住房,实行起来比较简单,行政成本低,在原有的利益主体内部进行利益分配就能实施。第二,农村集体组织能够通过小产权房转换为公共租赁住房这一过程,获得了合法的收益。第三,农村集体将在未来公共租赁住房收益中获得一部分收益的同时,在一定范围内获得公共租赁住房小区商铺开发、收益权,进而促进农村集体组织收益的提高，增加了农村集体组织成员收入，促进了当地就业，促进了当地经济的发展，同时对公共租赁住房进行社区管理，也获得了更为稳定的社会环境。第四，政府通过小产权房转换为公共租赁住房，能够在现有土地和现有住房的情况下，在一定程度上解决当地城镇中低收入群体住房问题，避免重新开发公共租赁住房带来的巨大时间和资金上的投入，实现现有资源利用的最大化。第五，政府将通过公共租赁住房获得长期稳定的财政收入来源，且相对于第一种方案，可以通过该地的商业开发，获得更高的收益。第六，政府将避免过去一刀切的取缔小产权房的政策，避免了过去治理小产权房过程中可能造成社会不稳定的因素。

该方案存在的不足在于：第一，该方案在将集体土地转换为公共租赁住房过程中，农村集体组织所获得收益提高不多。小产权房转换为公共租赁住房，从村集体组织虽然能够获得公共租赁住房出租后的一部分收益，但相对原有小产权房的出售，由于各地方政府公共租赁住房价格的管理制度，不会同市场上出租房一样随着市场波动随时进行调整，因而农村集体所获得的收益不会大幅提高。在这一模式下，小产权房转换为公共租赁住房对于农村集体组织而言，最大的意义在于使得其所开发建设的住宅由非法变为合法，公共租赁住房的出租收益有了法律保障。第二，政府在将小产权房转换成公共租赁住房后，出租收益虽然成为财政收入来源，但收益不多。公共租赁住房本身作为社会的保障性住房，其租金收益本身不高，政府在公共租赁住房出租后，获得的收益有限，不可能成为现有财政收入的代替，只能成为其补充形式。第三，对地方政府而言，投资购买小产权房使用权，一次性投入压力仍然较大，即使通过地方政府债券融资或财政担保获得了金融机构的贷款帮助，仍需要在开发获得收益后向金融机构偿还贷款。第四，小产权房已购买者可能遭受损失。小产权房的购房者将获得的退回的购房款，是在按年限扣除了公共租赁住房租金后所得的当年购买小产权房的购房款。根据经济发展带来的通货膨胀，小产权房的购房者将受到经济损失。

（四）集体组织主导模式

除了以上三种模式之外，还可以采用集体组织的主导模式。这种模式主要是将农村小产权房直接通过行政手段转换为公共租赁住房，之后与当地政府开发建设的其他公共租赁住房一同管理。同政府开发的其他公共租赁住房一样，向城镇中低收入群体出租。在这一模式中，政府不需要出资购买小产权房的使用权，因此转换为公共租赁住房后的所有出租收益和开发权都直接归属于农村集体，政府主要负责转换后的公共租赁住房的监管工作，并通过财政补贴的方式适当弥补公共租赁房租金与市场租金价格之间的差额。这种模式由于减去了对原购房人安置的成本，也无须投入大量的初始资金，因此行政成本较低。但这种模式主要适用于存量小产权房而非已出售的小产权房。由于前期建设成本回笼较慢，可能会引发集体组织的抵触。

在上述4种方案中，如果当地政府经济发达，财政资金雄厚的，可以选择政府主导模式；地方有经济实力较强，地产开发经验丰富的企业，政府可以试图建立政府与企业合作开发模式；农村集体经济水平较高的地区，政府与农村集体合作开发同样可以适用。可以说，将小产权房转换为公共租赁住房本身就在全国各地都处于探索和试点阶段，任何有利于解决当地保障性住房问题的有益模式，只要不违反相关法律政策，都值得去小心求证，大胆探索和实践。总之，小产权房的治理，不应采取一刀切的方式，[1]而应考虑在彻底杜绝新的小产权房建设的基础上，采取灵活的方式对现有存量或已售小产权房进行合理的开发利用，将其转换为公共租赁住房，充分实现现有小产权房的财产价值，使其成为中国保障性住房制度中的重要组成部分。

① 例如，有的地区就采取了强制没收的方式转换保障房，这种以剥夺财产权的方式获取的保障房来源，一方面在土地利用性质上可能存疑，另一方面可能导致相关利益群体的激烈对抗，应当慎用。参见《石家庄将强制没收违规建设住宅用房作为保障房》，载《人民日报》2011 年 5 月 9 日，第 13 版；《治小产权房不能走极端》，载新华网，http://news. xinhuanet. com/house/tj/2014 - 02 - 08/c_119246786. htm。

余 论

在一个行政法治相对完善的社会中，社会成员的身份首先应当是纳税人，其次才是公民、人民、市民、老百姓。这种以纳税人自居的传统，并非对公民身份的掩盖，它恰恰彰显出一种至关重要的精神：纳税人是政府之所以存在以及为何而存在的肌体血库与命脉来源。

如果说公民身份的存在促成了公共权力的形成，那么纳税人的存在可以被视为使公共权力得以实现的公法物质基础。无论何种公共服务的提供，无论何种公共权力的实施，都必须依靠这种公法物质基础来完成。公共行政本身就是一种权力因素、人力因素与财力因素三位一体的完整组合。总之，任何政府都不可缺少承担“输血”功能的纳税人。

可见，以公共财政为主要支撑的公产制度，不能仅仅被局限在为人民提供生存照顾中，公产的身影渗透于政府行政职权的方方面面。由此，作为政府衣食父母的纳税人，就必然获得了要求其所供养的政府，在法律所保护的利益范畴内，通过作为或不作为的方式，保障纳税人权益的天生优越性。一言以蔽之，纳税人的称谓，与其说是一种身份的标榜，倒不如说是一种权利内涵折射出的呐喊。

任何一种法律构思在未获得法律认可之前，都是纸上谈兵。毋庸置疑，公产制度发展至今，其与人民生存之间已形成紧密关系。然而，从公产理论研究看，当我们试图寻找行政法上公产制度理论的踪影时，却始终收获寥寥。我们看到的大多是刑法学者和民法学者对公产研究的热情，或者是"保护公物人人有责"之类的宣传口号。从目前的立法上看，尽管公产或者公物的概念时常出现在许多法律文件中，却始终处于一种凌乱的状态。当然，我们可以将这种现象解释为公产的形态太多太广，但这仍然无法掩盖我国公产立法中存在的种种缺憾。

公产理论的欠缺与公产立法的不完善直接导致目前我国公产法治中的一系列问题。此外，在许多大型公共设施貌似成为了城市名片的同时，真正能够为公众带来实际使用利益的基础设施却亟待改善，这提醒我们依靠立法对公产制度进行规范已经刻不容缓。

德国学者曾提到："公物法一方面调整人们日常享受的大量行政给付，是范围最广泛的一个国家生存照顾领域；另一方面调整公共行政主体为执行其任务所必要的人力和物力手段。"①公产立法的重要性可见一斑。一般认为，某个行政法上的法律制度的构建，

---

①　[德]汉斯·J. 沃尔夫等：《行政法》(第2卷)，高家伟译，商务印书馆2002年版，第455页。

通常可以通过两种方式实现。其一，制定一部以特定行政法现象为对象的统一法，用以规范所有与之相关的内容，如《行政处罚法》《行政许可法》；其二，通过制定具有不同具体调整对象的单行法律、法规及其他规范性文件以期共同打造相对完整的法律制度。从目前来看，我国现有的《公路法》《土地管理法》《水法》《草原法》《海域使用管理法》《港口法》《电力法》《铁路法》等单行法以及林林总总的行政法规、地方性法规、行政规章，都已经在为构建一个完整的公产制度做出努力。但这种查漏补缺式的立法过程，显然无法跟上我国公产制度发展的脚步。此时，一部尽管不够完善，却能直言公民权利的公产基本法，也许更能缓解目前公产制度所面临的种种困境。

目前，我国行政法学界正在推动《行政法典》的编撰工作，在传统的行政法体系三要素（组织法、行为法和救济法）之外，公共财产法似应真正地具有一席之地。当然，无论多么完善的立法，仍有待获得最终的落实与执行。这就要求我们的各级政府进一步做到以人民为中心。

参考文献

一、著作

（一）

1.《马克思恩格斯全集》(第1卷),人民出版社1956年版。

2.《马克思恩格斯选集》(第3卷),人民出版社1972年版。

3.《马克思恩格斯选集》(第4卷),人民出版社1972年版。

4.《资本论》(第1卷),人民出版社1975年版。

5.《毛泽东选集》(第1卷)(第2版),人民出版社1991年版。

（二）

1.[德]汉斯·J.沃尔夫等:《行政法》(第1卷),高家伟译,商务印书馆2002年版。

2.[德]汉斯·J.沃尔夫等:《行政法》

（第 2 卷），高家伟译，商务印书馆 2002 年版。

3.［德］汉斯・J. 沃尔夫等：《行政法》（第 3 卷），高家伟译，商务印书馆 2007 年版。

4.［德］哈特穆特・毛雷尔：《行政法学总论》，高家伟译，法律出版社 2000 年版。

5.［德］奥托・迈耶：《德国行政法》，刘飞译，商务印书馆 2002 年版。

6.［德］G. 平特纳：《德国普通行政法》，朱林译，中国政法大学出版社 1999 年版。

7.［德］米歇尔・施托莱斯：《德国公法史（1800 – 1914）》，雷勇译，法律出版社 2007 年版。

8.［德］埃贝哈德・施密特 – 阿斯曼等：《德国行政法读本》，于安等译，高等教育出版社 2007 年版。

9.［德］施密特・阿斯曼：《秩序理念下的行政法体系建构》，林明锵等译，北京大学出版社 2012 年版。

10.［德］格奥格・耶利内克：《主观公法权利体系》，曾韬、赵天书译，中国政法大学出版社 2012 年版。

11.［德］曼弗雷德・沃尔夫：《物权法》，吴越、李大雪译，法律出版社 2002 年版。

12.［德］罗尔夫・斯特博：《德国经济行政法》，苏颖霞、陈少康译，中国政法大学出版社 1999 年版。

13.［德］弗里德赫尔穆・胡芬：《行政诉讼法》（第 5 版），莫光华译，法律出版社 2003 年版。

14.［德］罗伯特・霍恩等：《德国民商法导论》，楚健译，中国大百科全书出版社 1996 年版。

15.［德］迪特尔・梅迪库斯：《德国民法总论》，邵建东译，法律出版社 2000 年版。

16. [德]黑格尔:《法哲学原理》,范扬译,商务印书馆 1995 年版。

17. [德]鲁尔夫·柯努特尔:《民法大全·学说汇纂·第七卷:用益权》,米健译,法律出版社 1999 年版。

18. [德]耶林:《为权利而斗争》,胡宝海译,中国法制出版社 2004 年版。

19. [德]康拉德·黑塞:《联邦德国宪法纲要》,李辉译,商务印书馆 2007 年版。

20. [德]威廉·冯·洪堡:《论国家的作用》,林荣远、冯兴元译,中国社会科学出版社 1998 年版。

21. [法]莫里斯·奥里乌:《行政法与公法精要》,龚觅等译,郑戈校,辽海出版社、春风文艺出版社 1999 年版。

22. [法]马里旦:《人和国家》,霍宗彦译,商务印书馆 1964 年版。

23. [法]莱昂·狄骥:《公法的变迁》,郑戈、冷静译,辽海出版社、春风文艺出版社 1999 年版。

24. [法]古斯塔夫·佩泽尔:《法国行政法》(第 19 版),廖坤明、周洁译,国家行政学院出版社 2002 年版。

25. [法]让·里韦罗、让·瓦利纳:《法国行政法》,鲁仁译,商务印书馆 2008 年版。

26. [法]莱昂·狄骥:《宪法论》,钱克新译,商务印书馆 1962 年版。

27. [法]泰·德萨米:《公有法典》,黄建华、姜亚洲译,商务印书馆 1982 年版。

28. [日]盐野宏:《行政法》,杨建顺译,法律出版社 1999 年版。

29. [日]盐野宏:《行政法总论》,杨建顺译,北京大学出版社2008年版。

30. [日]盐野宏:《行政救济法》,杨建顺译,北京大学出版社2008年版。

31. [日]盐野宏:《行政组织法》,杨建顺译,北京大学出版社2008年版。

32. [日]室井力主编:《日本现代行政法》,吴微译,中国政法大学出版社1995年版。

33. [日]室井力等主编:《日本行政程序法逐条注释》,朱芒译,上海三联书店2014年版。

34. [日]织田万:《清国行政法》,李秀清、王沛点校,中国政法大学出版社2003年版。

35. [日]和田英夫:《现代行政法》,倪健民、潘世圣译,中国广播电视出版社1993年版。

36. [日]南博方:《日本行政法》,杨建顺、周作彩译,中国人民大学出版社1988年版。

37. [日]南博方:《行政法》(第6版),杨建顺译,中国人民大学出版社2009年版。

38. [日]大桥洋一:《行政法的结构性变革》,吕艳滨译,中国人民大学出版社2008年版。

39. [日]米丸恒治:《私人行政——法的统制的比较研究》,洪英等译,中国人民大学出版社2010年版。

40. [日]铃木义男等:《行政法学方法论之变迁》,陈汝德等译,中国政法大学出版社2004年版。

41. [日]美浓部达吉:《行政裁判法》,邓定人译,中国政法大学出版社2005年版。

42. [日]美浓布达吉:《公法与私法》,黄冯明译,台北,商务印书馆1998年版。

43. [日]平冈久:《行政立法与行政基准》,宇芳译,中国政法大学出版社2014年版。

44. [日]宇贺克也:《国家补偿法》,肖军译,中国政法大学出版社2014年版。

45. [日]小早川光郎:《行政诉讼的构造分析》,王天华译,中国政法大学出版社2014年版。

46. [日]原田尚彦:《诉的利益》,石龙潭译,中国政法大学出版社2014年版。

47. [英]罗素:《权力论》,靳建国译,东方出版社1988年版。

48. [英]L. 赖维乐·布朗等:《法国行政法》(第5版),高秦伟、王锴译,中国人民大学出版社2006年版。

49. [英]弗朗西斯·培根:《培根论说文集》,水天同译,商务印书馆1987年版。

50. [英]弗里德里希·冯·哈耶克:《法律、立法与自由》(第1卷),邓正来等译,中国大百科全书出版社2000年版。

51. [英]F. H. 劳森等:《财产法》(第2版),施天涛等译,中国大百科全书出版社1998年版。

52. [英]C. V. 布朗、P. M. 杰克逊:《公共部门经济学》(第4版),张馨译,中国人民大学出版社2000年版。

53. [英]R. J. 文森特:《人权与国际关系》,凌迪等译,知识出版社1998年版。

54. [英]欧内斯特·巴克:《英国政治思想》,黄维新等译,商务印书馆1987年版。

55. [英]马丁·洛克林:《公法与政治理论》,郑戈译,商务印书馆 2013 年版。

56. [英]威廉·韦德:《行政法》,徐炳等译,中国大百科全书出版社 1997 年版。

57. [英]彼得·莱兰、戈登·安东尼:《英国行政法教科书》(第 5 版),杨伟东译,北京大学出版社 2007 年版。

58. [英]卡罗尔·哈洛、理查德·罗林斯:《法律与行政(上、下卷)》,杨伟东等译,商务印书馆 2004 年版。

59. [美]伯纳德·施瓦茨:《行政法》,徐炳译,群众出版社 1986 年版。

60. [美]欧内斯特·盖尔霍恩、罗纳德·M. 利文:《行政法和行政程序概要》,黄列译,中国社会科学出版社 1996 年版。

61. [美]朱迪·弗里曼:《合作治理与新行政法》,毕洪海、陈标冲译,商务印书馆 2010 年版。

62. [美]理查德·B. 斯图尔特:《美国行政法的重构》,沈岿译,商务印书馆 2011 年版。

63. [美]恩斯特·盖尔霍恩等:《行政法》(第 4 版)(美国法精要·影印本),法律出版社 2001 年版。

64. [美]威廉·F. 芬克等:《行政法:案例与解析》,中信出版社 2003 年版。

65. [美]斯蒂芬·G. 布雷耶等:《行政法:难点与案例》(案例教程影印系列),中信出版社 2003 年版。

66. [美]彼得·H. 舒克编著:《行政法基础》,王诚等译,法律出版社 2009 年版。

67. [美]L. 亨金:《权利的时代》,信春鹰等译,知识出版社 1997 年版。

68. [美]伯纳德·施瓦茨:《美国法律史》,王军等译,中国政法大学出版社 1990 年版。

69. [美]罗纳德·德沃金:《认真对待权利》,信春鹰、吴玉章译,中国大百科全书出版社 1998 年版。

70. [美]凯斯·R. 桑斯坦:《权利革命之后:重塑规制国》,钟瑞华译,中国人民大学出版社 2008 年版。

71. [美]汉密尔顿等:《联邦党人文集》,程逢如等译,商务印书馆 1980 年版。

72. [美]亨利·汉斯曼:《企业所有权论》,于静译,中国政法大学出版社 2001 年版。

73. [美]E. 博登海默:《法理学:法律哲学与法律方法》,邓正来译,中国政法大学出版社 2004 年修订版。

74. [韩]金东熙:《行政法(Ⅰ、Ⅱ)》(第 9 版),赵峰译,中国人民大学出版社 2008 年版。

75. [意]彼得罗·彭梵得:《罗马法教科书》,黄风译,中国政法大学出版社 1992 年版。

76. [俄]П. Т. 瓦西林科夫主编:《苏维埃行政法总论》,姜明安等译,北京大学出版社 1985 年版。

77. [俄]B. B. 拉扎列夫主编:《法与国家的一般理论》,王哲等译,法律出版社 1999 年版。

78. [印]M. P. 赛夫:《德国行政法》,周伟译,台北,五南图书出版公司 1991 年版。

79. [新西兰]迈克尔·塔格特编:《行政法的范围》,金自宁译,中国人民大学出版社 2006 年版。

80. [荷]勒内·J. G. H. 西尔登、弗里茨·斯特罗恩克编:《欧美比较行政法》,伏创宇等译,中国人民大学出版社 2013 年版。

81. [奥]凯尔森:《法与国家的一般理论》,沈宗灵译,中国大百科全书出版社 1996 年版。

82. [古希腊]柏拉图:《法律篇》,张智仁、何勤华译,上海人民出版社 2001 年版。

83. [古罗马]盖尤斯:《法学阶梯》,黄风译,中国政法大学出版社 1996 年版。

84. [意]托马斯·阿奎那:《阿奎那政治著作选》,马清槐译,商务印书馆 1997 年版。

(三)

1. 王名扬:《法国行政法》,中国政法大学出版社 1988 年版。

2. 王名扬:《英国行政法》,中国政法大学出版社 1987 年版。

3. 王名扬:《美国行政法(上、下)》,中国法制出版社 1995 年版。

4. 王名扬:《比较行政法》,北京大学出版社 2006 年版。

5. 应松年主编:《当代中国行政法》(上、下卷),中国方正出版社 2005 年版。

6. 应松年主编:《外国行政程序法汇编》,中国法制出版社 1999 年版。

7. 周佑勇:《行政法原论》(第 2 版),中国方正出版社 2005 年版。

8. 周佑勇:《行政法基本原则研究》,武汉大学出版社 2005 年版。

9. 周佑勇:《行政不作为判解》,武汉大学出版社 2000 年版。

10. 周佑勇:《行政裁量基准研究》,中国人民大学出版社 2015 年版。

11. 周佑勇主编:《行政许可法理论与实务》,武汉大学出版社 2004 年版。

12. 肖泽晟:《公物法研究》,法律出版社 2009 年版。

13. 胡肖华:《走向责任政府——行政责任问题研究》,法律出版社 2006 年版。

14. 马怀德主编:《国家赔偿问题研究》,法律出版社 2006 年版。

15. 方世荣:《论具体行政行为》,武汉大学出版社 1996 年版。

16. 方世荣:《论行政相对人》,中国政法大学出版社 2000 年版。

17. 杨解君主编:《行政法学》,中国方正出版社 2002 年版。

18. 杨解君:《走向法治的缺失言说——法理、行政法的思考》,法律出版社 2001 年版。

19. 杨解君、孟红主编:《特别行政法问题研究》,北京大学出版社 2005 年版。

20. 杨解君、肖泽晟编:《行政法学》,法律出版社 2000 年版。

21. 叶必丰:《行政法学》(修订版),武汉大学出版社 2003 年版。

22. 叶必丰:《行政行为的效力研究》,中国人民大学出版社 2002 年版。

23. 叶必丰:《应申请行政行为判解》,武汉大学出版社 2000 年版。

24. 叶必丰:《行政法的人文精神》,北京大学 2005 年版。

25. 叶必丰:《行政行为原理》,商务印书馆 2014 年版。

26. 叶必丰、周佑勇:《行政规范研究》,法律出版社 2002 年版。

27. 叶必丰、徐晨主编:《行政法与行政诉讼法案例》,中国人民大学出版社 2004 年版。

28. 李昌庚:《国有财产法原理研究——迈向法治的公共财产》,中国社会科学出版社 2011 年版。

29. 张杰:《公共用公物权研究》,法律出版社 2012 年版。

30. 侯宇:《行政法视野里的公物利用研究》,清华大学出版社 2012 年版。

31. 朱新力主编:《行政法律责任研究——多元视角下的诠释》,法律出版社 2004 年版。

32. 湛中乐:《现代行政过程论——法治理念原则与制度》,北京大学出版社 2005 年版。

33. 莫于川等:《法治视野中的行政指导》,中国人民大学出版社 2005 年版。

34. 王周户:《行政法原理论》,陕西人民出版社 1998 年版。

35. 姜明安主编:《行政诉讼案例评析》,中国民主法制出版社 1993 年版。

36. 朱芒:《功能视角中的行政法》,北京大学出版社 2004 年版。

37. 林莉红:《中国行政救济理论与实务》,武汉大学出版社 2000 年版。

38. 林莉红:《行政诉讼法学》(修订版),武汉大学出版社 2001 年版。

39. 秦前红:《宪法变迁论》,武汉大学出版社 2002 年版。

40. 石佑启:《论公共行政与行政法学范式转换》,北京大学出版社第 2003 年版。

41. 杨建顺:《日本行政法通论》,中国法制出版社 1998 年版。

42. 王和雄:《论行政不作为之权利保护》,台北,三民书局 1994 年版。

43. 城仲模主编:《行政法之一般法律原则》,台北,三民书局 1994 年版。

44. 李震山:《行政法导论》,台北,三民书局 1998 年版。

45. 黄异:《行政法总论》,台北,三民书局 1992 年版。

46. 管欧:《中国行政法总论》,台北,蓝星打字排版有限公司 1981 年版。

47. 陈敏:《行政法总论》,台北,三民书局 1998 年版。

48. 林胜鹞:《行政法总论》,台北,三民书局 1999 年版。

49. 林锡尧:《行政法要义》,台北,元照出版有限公司 2006 年版。

50. 李建良等:《行政法入门》,台北,元照出版有限公司 2004 年版。

51. 涂怀莹:《行政法原理》(修订 3 版),台北,五南图书出版公司 1986 年版。

52. 吴庚:《行政法之理论与实用》(增订 8 版),中国人民大学出版社 2005 年版。

53. 翁岳生:《行政法》(上、下册),中国法制出版社 2002 年版。

54. 蔡震东:《行政法理论与基本人权保障》,台北,五南图书出版公司 1998 年版。

55. 陈新民:《行政法总论》,台北,三民书局 1995 年版。

56. 陈新民:《中国行政法学原理》,中国政法大学出版社 2002 年版。

57. 陈新民:《公法学札记》,中国政法大学出版社 2001 年版。

58. 陈新民:《德国公法学基础理论》(上、下册),山东人民出版社 2001 年版。

59. 张载宇:《行政法要论》,台北,翰林出版社 1977 年版。

60. 林纪东:《行政法》,台北,三民书局 1988 年版。

61. 刘宗德:《制度设计型行政法学》,北京大学出版社 2013 年版。

62. 王泽鉴:《民法物权——通则·所有权》,中国政法大学出版社2001年版。

63. 范扬:《行政法总论》,中国方正出版社2005年版。

64. 张树义:《行政法与行政诉讼法学》,高等教育出版社2002年版。

65. 张树义:《变革与重构——改革背景下的中国行政法理念》,中国政法大学出版社2002年版。

66. 徐显明主编:《公民权利义务通论》,群众出版社1991年版。

67. 刘春萍:《转型期的俄罗斯联邦行政法》,法律出版社2005年版。

68. 刘华富:《行政经济学——政府行政的经济分析》,西南交通大学出版社2003年版。

69. 朱维究、王成栋主编:《一般行政法原理》,高等教育出版社2005年版。

70. 姜明安主编:《行政法与行政诉讼法》(第2版),北京大学出版社、高等教育出版社2005年版。

71. 于安:《德国行政法》,清华大学出版社1999年版。

72. 支馥生主编:《行政法教程》,武汉大学出版社1991年版。

73. 孙笑侠:《法律对行政的控制——现代行政法的法理解释》,山东人民出版社1999年版。

74. 应松年主编:《行政法学新论》,中国方正出版社2004年版。

75. 胡建淼主编:《行政法学》,复旦大学出版社2003年版。

76. 潘小娟:《法国行政体制》,中国法制出版社1997年版。

77. 张正钊、韩大元主编:《比较行政法》,中国人民大学出版社

1998 年版。

78. 罗豪才主编:《行政法学》,北京大学出版社 2000 年版。

79. 张尚鷟主编:《走出低谷的中国行政法学——中国行政法学综述与评价》,中国政法大学出版社 1991 年版。

80. 柳砚涛:《行政给付研究》,山东人民出版社 2006 年版。

81. 李龙主编:《法理学》,武汉大学出版社 1996 年版。

82. 公丕祥:《法制现代化的理论逻辑》,中国政法大学出版社 1999 年版。

83. 谢晖:《法学范畴的矛盾辨思》,山东人民出版社 1999 年版。

84. 张乃根:《西方法哲学史纲》,中国政法大学出版社 1997 年版。

85. 沈宗灵主编:《法理学》,北京大学出版社 2000 年版。

86. 周叶中:《代议制度比较研究》,武汉大学出版社 1995 年版。

87. 周叶中主编:《宪法》,高等教育出版社、北京大学出版社 2000 年版。

88. 苏国勋:《理性化及其限制——韦伯思想引论》,上海人民出版社 1988 年版。

89. 梁慧星主编:《中国物权法研究》,法律出版社 1998 年版。

90. 温世扬:《物权法要义》,法律出版社 2007 年版。

91. 杨立新等:《物权法》,中国人民大学出版社 2007 年版。

92. 王利明:《物权法研究》,中国人民大学出版社 2002 年版。

93. 李双元、温世扬主编:《比较民法学》,武汉大学出版社 1998 年版。

94. 史尚宽:《物权法论》,中国政法大学出版社 2000 年版。

95. 孟勤国:《物权二元结构论——中国物权制度的理论重构》(第2版),人民法院出版社2004年版。

96. 王泽鉴:《民法学说与判例研究》,中国政法大学出版社1998年版。

97. 孙宪忠:《中国物权法总论》,法律出版社2003年版。

98. 夏勇:《人权概念起源》,中国政法大学出版社2001年版。

99. 夏勇主编:《走向权利的时代》,中国政法大学出版社1995年版。

100. 江平等:《罗马法基础》,中国政法大学出版社1987年版。

101. 高富平:《物权法原论》,中国法制出版社2001年版。

102. 马俊驹、余延满:《民法原论》,法律出版社1998年版。

103. 朱冰:《公用物法律问题研究》,上海人民出版社2010年版。

104. 江利红:《日本行政法学基础理论》,知识产权出版社2008年版。

105. 全国人大常委会法制工作委员会民法室编:《中华人民共和国物权法条文说明、立法理由及相关规定》,北京大学出版社2007年版。

二、论文类

(一)期刊论文

1. 马怀德:《公务法人问题研究》,载《中国法学》2000年第4期。

2. 马怀德、喻文光:《公有公共设施致害的国家赔偿》,载《法学研究》2000年第2期。

3. 朱维究、孟庆武:《行政公物基础理论研究》,载《学术界》

2019年第7期。

4. 齐英程:《作为公物的公共数据资源之使用规则构建》,载《行政法学研究》2021年第5期。

5. 马颜昕:《论公物公众使用收费的标准》,载《现代法学》2018年第1期。

6. 鲁冰清:《公物理论视域下水资源国家所有权性质研究》,载《甘肃政法大学学报》2020年第6期。

7. 胡曼:《公物理论视野下少数民族非物质文化遗产私权保障的路径研究》,载《中央民族大学学报(哲学社会科学版)》2020年第4期。

8. 许玉镇、王龙军:《私人利益对行政权力的限制——欧洲大陆公法中"合法利益"概念简析》,载《北京科技大学学报(社会科学版)》2006年第2期。

9. 林卉:《私立学校公务法人地位问题之初探》,载《行政法学研究》2001年第3期。

10. 李砾、王丹:《行政公产理论问题研究》,载《广西政法管理干部学院学报》2002年第4期。

11. 杨解君、赖超超:《公物上的权利(力)构成——公法与私法的双重视点》,载《法律科学(西北政法学院学报)》2007年第4期。

12. 林莉红等:《从最低生活保障制度实施情况看湖北城市居民权利意识现状》,载《湖北社会科学》2004年第1期。

13. 方世荣:《论行政权力的主体及其制约问题》,载《湖北行政学院学报》2003年第6期。

14. 章剑生:《现代行政法基本原则之重构》,载《中国法学》2003年3期。

15. 林莉红等:《从宪定权利到现实权利——我国城市居民最

低生活保障制度调查》,载《法学评论》2001 年第 1 期。

16. 朱新力:《论行政超越职权》,载《法学研究》1996 年第 2 期。

17. 曹海晶、周昕:《行政垄断与国民待遇原则的冲突及对策研究》,载《江汉论坛》2003 年第 1 期。

18. 张力:《当代公用物法律关系的演变及其公用性的保持》,载《广西社会科学》2003 年第 3 期。

19. 王周户:《行政行为界定的法律问题》,载《行政法学研究》1995 年第 3 期。

20. 孙丽岩:《行政公产中的所有权制度演化及其法律效应》,载《集美大学学报(哲学社会科学版)》2007 年第 1 期。

21. 肖泽晟:《公物的范围——兼论不宜由国务院国资委管理的财产》,载《行政法学研究》2003 年第 3 期。

22. 肖泽晟:《论公物在中国人权保障中的作用》,载《南京大学学报(哲学、人文科学、社会科学版)》2003 年第 3 期。

23. 方言:《经济适用房扭曲社会保障,申请购房流程漏洞百出》,载《环球杂志》2005 年第 7 期。

24. 高富平:《公有和私有的法律含义——一种新的公有和私有观念》,载《清华法律评论》2000 年第 3 期。

25. 钱明星、李富成:《公有制财产的物权法构造》,载《法商研究》2002 年第 5 期。

26. 孙宪忠:《我国物权法中所有权体系的应然结构》,载《法商研究》2002 年第 5 期。

27. 曾祥瑞:《论日本行政组织类型及公物、营造物》,载《行政法学研究》1999 年第 4 期。

28. 刘丽萍:《行政法上的物权初探》,载《政法论坛》2003 年第

3 期。

29. 朱书强:《建立和完善我国行政法上的财产权制度和理论》,载《行政法学研究》1997 年第 2 期。

30. 陶攀:《2004 年行政法年会"公共利益的界定"之议题研讨综述》,载《行政法学研究》2004 年第 4 期。

31. 孟勤国:《公有制与中国物权立法》,载《法学》2004 年第 2 期。

32. 周佑勇:《行政裁量的均衡原则》,载《法学研究》2004 年第 4 期。

33. 王景斌:《论公共利益之界定——一个公法学基石性范畴的法理学分析》,载《法制与社会发展》2005 年第 1 期。

34. 周佑勇:《行政裁量的治理》,载《法学研究》2007 年第 2 期。

35. 周佑勇:《裁量基准的正当性问题研究》,载《中国法学》2007 年第 6 期。

36. 叶必丰:《论部门法的划分》,载《法学评论》1996 年第 3 期。

37. 刘丹:《公共利益的法律解读与界定》,载《行政法研究》2005 年第 2 期。

38. 钱明星:《论用益物权的特征及其社会作用》,载《法制与社会发展》1998 年第 3 期。

39. 罗豪才、崔卓兰:《论行政权、行政相对人权利及其相互的关系》,载《中国法学》1998 年第 3 期。

40. 孟勤国:《占有概念的历史发展与中国占有制度》,载《中国社会科学》1993 年第 4 期。

41. 王和雄:《公权理论之演变》,载《政大法学评论》1980 年第

43 期。

42. 罗豪才、袁曙宏等:《现代行政法的理论基础——论行政机关与相对一方的权利义务平衡》,载《中国法学》1993 年第 1 期。

43. 郑成思:《关于制定“财产法”而不是“物权法”的建议》,载《中国社会科学院要报(信息专版)》2001 年第 41 期。

44. 陈晓枫:《返视:法律文化研究》,载《河南省政法管理干部学院学报》2007 年第 2 期。

45. 刘宗德:《行政不作为之国家赔偿责任》,载《政大法学评论》1987 年第 35 期。

46. 城仲模:《二十一世纪行政法学发展的新趋势》,载《法令月刊》2001 年第 52 卷 12 期。

47. 蔡秀卿:《日本独立行政法人制度》,载《月旦法学》2002 年第 5 期。

48. 陈春生:《给付行政》,载《月旦法学教室》2003 年第 5 期。

49. 陈爱娥:《公营造物的概念与公营造物利用的法律关系》,载《行政法争议问题研究》(下),台北,五南图书出版公司 2000 年版。

50. 洪家殷:《从学生地位论大学法之修正》,载《大学法研讨会论文集》,台北,东吴大学法学院 1998 年版。

51. 李建良:《论公法人在行政组织建制上的地位及功能——以德国公法人概念与法制为借镜》,载《月旦法学》2002 年第 5 期。

52. 余能斌等:《论教育合同》,载《武汉大学学报(哲学社会科学版)》1996 年第 6 期。

53. 肖泽晟:《公物、公物法与公营造物》,载应松年主编:《当代中国行政法》,中国方正出版社 2005 年版。

54. 徐银华、肖进中:《行政法上之公权与反射利益理论的历史演变》,载刘茂林主编:《公法评论》(第4卷),北京大学出版社2007年版。

55. 梁凤云:《行政公产导论》,载罗豪才主编:《行政法论丛》(第6卷),法律出版社2003年版。

56. 程明修:《从行政法之观点论行政之公共性》,载城中模主编:《行政法之一般法律原则》,台北,三民书局1994年版。

57. 刘楠:《论公、私法二元结构与中国市场经济》,载梁慧星主编:《民商法论丛》(第4卷),法律出版社1996年版。

58. 蔡茂寅:《公营造物法公企业法》,载翁岳生编:《行政法》,台北,三民书局2000年版。

59. 李惠宗:《公物法》,载翁岳生编:《行政法》(上册),中国法制出版社2002年版。

60. 肖泽晟:《行政地役权——开启公物二元产权结构之钥》,载应松年、马怀德主编:《当代中国行政法的源流:王名扬教授九十华诞贺寿文集》,中国法制出版社2006年版。

61. 郑德光:《公私法划分理论争议探究》,载《韶关学院学报(社会科学版)》2001年第7期。

62. 林腾鹞:《公物概念之研究》,载《东海大学法学研究》2001年第16期。

63. 刘艺:《公物法中的物、财产、产权——从德法公物法之客体差异谈起》,载《浙江学刊》2010年第2期。

64. 肖泽晟:《公物的二元产权结构——公共地役权及其设立的视角》,载《浙江学刊》2008年第4期。

65. 肖泽晟:《论公物法理论视野下的道路通行权及其限制——以交通禁行措施为个案的分析》,载《江苏行政学院学报》2009年第3期。

66. 肖泽晟:《论公物附近居民增强利用权的确立与保障》,载《法商研究》2010 年第 2 期。

67. 彭涛:《法国 CGPPP 的公共财产法律制度及其启示》,载《行政法学研究》2010 年第 3 期。

68. 王克稳:《论国有资产的不同性质与制度创设》,载《行政法学研究》2009 年第 1 期。

69. 刘剑文、王桦宇:《公共财产权的概念及其法治逻辑》,载《中国社会科学》2014 年第 8 期。

70. 马俊驹、王彦:《公有制下国家所有权制度的变革和完善》,载《社会科学研究》2015 年第 4 期。

71. 蔡守秋:《论公众共用物的法律保护》,载《河北法学》2012 年第 4 期。

72. 张翔:《海洋的"公物"属性与海域用益物权的制度构建》,载《法律科学(西北政法大学学报)》2012 年第 6 期。

73. 孙宪忠:《"统一唯一国家所有权"理论的悖谬及改革切入点分析》,载《法律科学(西北政法大学学报)》2013 年第 3 期。

(二)学位论文

1. 林素凤:《论行政法学上之公物制度》,台北,台湾中兴大学法研所 1987 年硕士学位论文。

2. 李庭熙:《论附第三人效力之行政处分》,台北,台湾大学法律学研究所 2003 年硕士学位论文。

3. 徐艳荣:《公物初论》,中国政法大学 2004 年硕士学位论文。

4. 赵世奎:《公产法研究》,中国政法大学 2005 年硕士学位论文。

5. 梁凤云:《行政公产研究》,中国政法大学 2001 年博士学位论文。

6. 赖超超:《我国公物概念的设定及其权利(力)结构解析》,东南大学2006年硕士学位论文。

7. 梁君瑜:《公物利用救济论》,广西大学2014年硕士学位论文。

三、外文文献

1. Peter L. Strauss, *Administrative Law: The Hidden Comparative Law Course*, J. Legal Educ. 1996.

2. Gary Lawson, *The Rise and Rise of the Administrative State*, 107 Harv. L. Rev. 1994.

3. Kenneth Culp Davis, *Discretionary Justice*, University of Illinois Press, 1971.

4. Verwaltung Und Rechtsbindung: Festschr. Zum Hundertjahrigen Bestehen D. Bayer. Verwaltungsgerichtshofes by Theodor Maunz (Germany), Boorberg, 1979.

5. Rodulf . von . Jhering : Law as a means to an end, English translated by IsaacHusik, New York: The Macmillan Company, 1924.

6. Jeremy Bentham, *The theory of Legislation*, edited by C. K. Ogden, English translated from the French of Etienne Dumont by Richard Hildreth, London: Kegan Paul, Trench, Trubner, and Co. LTD, 1931.

7. Bachof, Otto, Reflexwirkung und subjective rechte im oeffentlichen Recht In Gedenkschrift fuer Jellinek, 1982.

8. Alan Wolfe: Fascist Philosopher Helps Us Understand Contemporary Politics; The Chronicle, April 2, 2004.

西南财经大学法学院 光华法学文丛

- 契约正义论　胡启忠　著
- 刑法科学主义初论　文海林　著
- 经济宪法学导论——转型中国经济权与权力之博弈　吴　越　著
- 中国经济法的根基　王伦刚　著
- 中国农民工非正式的利益抗争——基于讨薪现象的法社会学分析　王伦刚　著
- 公司经理权问题研究　杜　军　著
- 论保险代位权制度的建构——以权利法定代位的制度选择为中心　黄丽娟　著
- 我国民间金融规范化的法律规制　高晋康　唐清利　等　著
- 修正金融刑法适用研究：立法·理论·实务　胡启忠　石　奎　等　著
- 银行监管权边界问题研究　熊　伟　著
- 金融控股公司内部治理机制研究　梁远航　著
- 城市住宅区业主自治运行实效研究——基于个体决策的视角　陈　丹　著
- 遵从·背离·弥合——我国中央与地方财政关系的重构　马　骁　唐清利　等　著
- 中国农民专业合作社运行的民间规则研究——基于四川省的法律社会学调查　王伦刚　著
- 公私权模糊领域的合作治理研究　唐清利　著
- 民法法典化的历史追究：侧重于民族统一与复兴的视角展开　吴治繁　著
- 疑罪新论　金　钟　著
- 中国相互制保险公司治理的法律规制——基于公司治理主体权利视角　方国春　著
- 民间金融协同规制论　林越坚　著
- 执法经济学：以转型时期的中国法治为研究对象　戴治勇　著

- 公私权模糊领域的合作治理研究　　唐清利　著
- 土地利用制度变化下的乡村社会治理法律机制研究　　何　真　等　著
- 我国地方政府间竞争失范法律治理机制研究　　刘弘阳　著
- 法人代表权限制的效力规则研究
  ——基于案例统计和两大法系的比较法研究　　吴　越　等　著
- 非法集资刑法应对的理论与实践研究　　胡启忠　等　著
- 我国食品安全治理的信任机制研究　　马力路遥　著
- 民法埋藏物发现制度研究　　赖虹宇　著
- 预防与纠错：刑事司法的理念　　熊谋林　著
- 食品安全治理中的自律失范研究
  ——基于近十年我国重大食品安全事件实证分析　　鲁　篱　等　著
- 机动车强制保险赔偿制度研究
  ——兼论智能机动车强制保险的变革与展望　　印　通　著
- 扇形统合
  ——县域金融治理的权力运行研究　　郭　敬　著
- 劳动监察与劳动仲裁交叉职能优化的实证研究（1993～2019）　　王伦刚　著
- 全球视野下的中国电力期货市场构建　　唐　敏　著
- 国家治理现代化视野下公众参与国家财政投入监督运行机制研究　　陆　佳　毛　快　游　伟　著
- 重识经济法学：中国变迁与理论出路　　尹亚军　著
- 保险人恶意不当理赔的侵权规制研究：理论更新与制度构造　　黄丽娟　等　著
- 公产利用法律问题研究　　余　睿　著